金蝶 ERP 实验课程指定教材

Python在财务管理中的应用

邓茗丹　邹芳　主　编

彭　卫　杨　瑜　张保帅　熊阳春　副主编

徐晓丽　马瑞华　王春梅　范时云　参　编

清华大学出版社

北　京

内 容 简 介

本书旨在培养具有一定数智化技术功底的财务管理应用型人才。书中先结合财务背景知识介绍Python的变量、常用语句、函数等基础知识，以及Python的库、模块、可视化、数据采集和处理等功能；然后结合财务管理的专业知识，探讨运用Python解决货币时间价值、资本成本分析、投资项目评价、证券投资组合策略、成本管理、本量利分析、短期经营决策、财务报表分析、财务预测与预算管理等场景中的典型分析和决策问题；最后，通过综合实例讲解了Python在行业财务报表采集和财务报表分析中的应用。

本书提供了完善的教学资源，包括教学课件、操作视频、练习数据、参考答案等。本书适合作为高等院校财务管理、会计学、审计学、工商管理、信息管理与信息系统等相关专业的教学用书，也适合作为企业中高层财务管理人员和信息化主管的参考书。

本书封面贴有清华大学出版社防伪标签，无标签者不得销售。
版权所有，侵权必究。举报：010-62782989，beiqinquan@tup.tsinghua.edu.cn。

图书在版编目(CIP)数据

Python在财务管理中的应用 / 邓茗丹, 邹芳主编.
北京：清华大学出版社, 2024.7. -- (金蝶ERP实验课程指定教材). -- ISBN 978-7-302-66561-8
Ⅰ.F232
中国国家版本馆CIP数据核字第2024ZW1839号

责任编辑：高　屾
封面设计：周晓亮
版式设计：孔祥峰
责任校对：马遥遥
责任印制：刘海龙

出版发行：清华大学出版社
    网　　址：https://www.tup.com.cn，https://www.wqxuetang.com
    地　　址：北京清华大学学研大厦A座　　邮　　编：100084
    社 总 机：010-83470000　　邮　　购：010-62786544
    投稿与读者服务：010-62776969, c-service@tup.tsinghua.edu.cn
    质 量 反 馈：010-62772015, zhiliang@tup.tsinghua.edu.cn
印 装 者：北京同文印刷有限责任公司
经　　销：全国新华书店
开　　本：185mm×260mm　　印　　张：15.75　　字　　数：456千字
版　　次：2024年8月第1版　　印　　次：2024年8月第1次印刷
定　　价：59.00元

产品编号：103111-01

前言

当今社会,云计算、大数据、人工智能、区块链等数字技术的快速发展,已经深刻地改变了我们的生活方式和工作模式。这些技术的快速普及和应用使得信息的处理变得更加高效和精确,也为我们提供了更加智能化和便捷的服务。

在财务领域,企业当前最关注的就是财务数智化。财务数智化是指利用数字技术对财务领域进行数字化、智能化改造,涉及财务管理的各个环节,包括但不限于会计核算、报表编制、预算管理、资金管理、成本控制、财务分析、税务筹划、风险管控,其核心目标是通过技术手段提高财务工作的效率、准确性和决策支持能力,实现财务管理的精细化和智能化。RPA智能财务机器人、财务数字员工和财务大模型是财务数智化应用比较典型的代表,尤其是财务大模型的出现,给财务人员的工作方式带来了深刻的变革。

❑ 决策支持能力增强:财务大模型能够处理和分析大量数据,为财务人员提供更为精准和全面的财务分析和预测,从而提高决策支持能力。

❑ 财务流程自动化:大模型能够自动处理日常的财务任务,如账务处理、报表生成、税务申报等,减少人工操作,提高工作效率和准确性。

❑ 角色转变:随着财务工作的自动化和智能化,财务人员的角色将从传统的账房先生转变为业务伙伴和咨询顾问。

❑ 数智化能力要求提升:财务人员需要学习和掌握新的数智化能力,包括数据分析、机器学习、编程语言(如Python)等,以适应财务工作的智能化需求。

从以上的变化趋势可以看出,掌握Python相关的技术可算作财务人员适应企业财务数智化转型的基础能力。

Python在财务工作中的用途非常广泛,如果能熟练运用Python,可以在以下几个方面充分发挥作用。

(1) 数据分析与可视化。Python可以用来处理和分析大量的财务数据,如使用Pandas库进行数据清洗、转换和分析。数据可视化工具可以帮助财务分析师更直观地展示数据,便于做出决策。

(2) 风险管理。利用Python可以进行市场风险、信用风险和流动性风险等量化分析,通过模拟不同的市场情况来评估投资组合的风险,并据此制定风险管理策略。

(3) 投资组合管理。Python可以帮助财务分析师构建投资组合,通过分析历史数据评估各种资产配置的效果。

(4) 财务报告自动化。利用Python可以生成自动化财务报告,减少人工处理数据的时间和出错的可能性。通过定时任务,可以实现财务报告的定期更新和发布。

(5) 预测分析。可以使用Python的统计和机器学习库(如scikit-learn)进行财务预测,如销售预测、现金流预测等。

(6) 审计自动化。可以使用Python来分析大量财务数据,发现异常或潜在的欺诈行为。

本书基于财务管理领域的专业知识,结合Python的相关技术而编写,以期帮助财务人员从财务的视角学习Python的相关知识,并掌握解决实际问题的能力。书中引入了丰富的财务管理场景,结合Python的各种技术手段,引导读者深入解决各种财务分析、预测、决策的问题。

本书共分12章,其中前两章为Python技术基础,后10章为Python在财务管理中的深入应用。第1章为Python基础应用,结合财务知识介绍了Python的变量、常用语句、函数等基础技术;第2章为Python高级应用,结合财务场景介绍了Python的模块和库、Pandas库、数据可视化和数据采集等高级功能。从第 3 章开始，结合财务管理领域的专业知识，探讨运用 Python 解决货币时间价值、资本成本分析、投资项目评价、证券投资组合策略、成本管理、本量利分析、短期经营决策、财务报表分析、财务预测与预算管理等场景中的典型分析和决策问题，以及 Python 在财务中的综合应用，这部分内容融合了企业丰富的财务管理场景，综合运用 Python 技术来解决各种问题。

本书提供的配套教学资源包含以下内容：
- ❑ 教学课件(PPT 格式)，便于教师授课，可扫描右侧二维码获取；
- ❑ 练习数据，可扫描文中二维码查阅并下载；
- ❑ 思考题的参考答案，可扫描文中二维码查阅；
- ❑ 教学视频，可扫描文中二维码观看。

教学资源

本书适合作为高等院校财务管理、会计学、审计学、工商管理、信息管理与信息系统等相关专业的教学用书，对于学生了解大数据技术在企业经营管理中的价值和作用，以及企业财务管理数智化应用场景非常有帮助。对于企业中高层财务管理人员和信息化主管，本书也是一本不错的参考书。

本书是校企深度合作的成果，在编写的过程中结合了多所院校教师的教学经验，并与金蝶公司的相关专家进行了充分的沟通交流，参考和借鉴了公司的相关资料和实践成果。本书由重庆机电职业技术大学邓茗丹、四川农业大学邹芳担任主编，由四川农业大学彭卫、贵州电子商务职院杨瑜、重庆师范大学张保帅、广州华商职院熊阳春担任副主编，贵州电子商务职院徐晓丽、广州华商职院马瑞华、重庆机电职业大学王春梅、广州商学院范时云等参与了本书的编写工作。另外，金蝶精一信息科技服务有限公司的胡玉姣、郑菁、傅仕伟在教材的编写过程中也做出了不少贡献。他们的辛勤劳动最终凝结成了本书。在此，谨对他们表示衷心的感谢！

编者

2024 年 6 月

目 录

第1章 Python 基础应用 1
- 1.1 Python 简介 2
- 1.2 Python 基础语法 6
- 1.3 Python 常用数据结构 14
- 1.4 Python 常用语句 27
- 1.5 Python 函数 33

第2章 Python 高级应用 39
- 2.1 Python 的模块和库 40
- 2.2 Pandas 入门 51
- 2.3 数据可视化 68
- 2.4 数据采集 78

第3章 货币时间价值 91
- 3.1 复利终值和复利现值的计算 91
- 3.2 年金终值和年金现值的计算 95

第4章 资本成本分析 99
- 4.1 债权资本成本分析 99
- 4.2 股权资本成本分析 102
- 4.3 加权资本成本分析 106

第5章 投资项目评价 111
- 5.1 求解投资项目的净现值 111
- 5.2 求解投资项目的内含报酬率 114
- 5.3 求解互斥项目的优选方案 117
- 5.4 总量有限时的资本分配决策 123
- 5.5 投资决策的敏感性分析 128

第6章 证券投资组合策略 133
- 6.1 求解投资回报率预期值 133
- 6.2 证券投资风险评估 137
- 6.3 投资组合的风险与报酬 142

第7章 成本管理 149
- 7.1 生产费用的归集与分配 149
- 7.2 产品成本的计算 152
- 7.3 标准成本差异分析 156
- 7.4 作业成本法 161

第8章 本量利分析 165
- 8.1 混合成本的分解 165
- 8.2 保本分析 169
- 8.3 利润敏感性分析 173

第9章 短期经营决策 179
- 9.1 追加订单的处理决策 179
- 9.2 约束资源最优利用决策 184
- 9.3 产品成本功能决策 188
- 9.4 产品定价决策 190

第10章 财务报表分析 195
- 10.1 报表项目结构分析 195
- 10.2 报表项目趋势分析 199
- 10.3 财务指标分析 202
- 10.4 杜邦分析 207

第11章 财务预测与预算管理 211
- 11.1 销售预测 211
- 11.2 融资预测 217
- 11.3 收入预算 218
- 11.4 现金预算 221

第12章 Python 在财务中的综合应用 231
- 12.1 行业财务报表采集 231
- 12.2 行业财务报表分析 237

第 1 章 Python基础应用

> 学习目标

1. 掌握 Python 的基础语法和常用数据结构
2. 掌握 Python 的常用语句、函数和面向对象知识
3. 具备用 Python 的语法、数据结构和语句编程的能力
4. 培养从财务场景思考用编程解决问题的思维模式

> 学习导图

学习导图如图 1-1 所示。

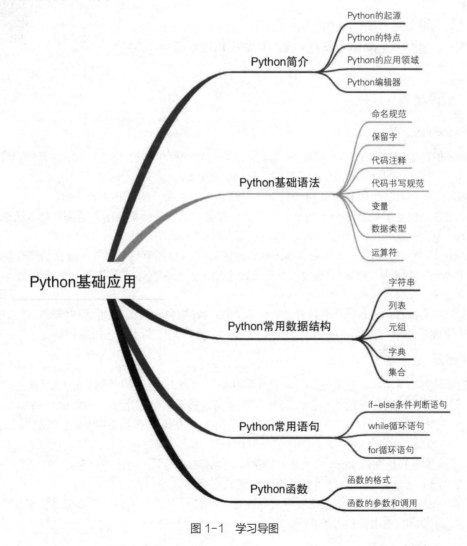

图 1-1 学习导图

1.1 Python 简介

1.1.1 概述

Python 作为一种高度灵活的编程语言,已经成为财务领域不可或缺的工具之一。它不仅具有解释性、编译性、互动性和面向对象的特点,还是数据分析和数据可视化的得力助手。

在财务领域,人工智能和大数据技术正在重塑工作职责。许多基础性的财务核算工作已被人工智能取代。因此,财务人员需要不断学习和进步,依靠独特的财务视角去理解业务,并对财务数据进行深入分析。这种能力不仅能够有效支持业务决策,还能为企业发展提供关键支持。

Python 的价值在于其优越的数据分析和可视化能力。它能够帮助财务人员更快速、更准确地处理数据,并将数据转化为可视化报告和见解,为企业提供精准的决策支持。因此,财务人员应掌握 Python 的相关技术,这不仅能提升个人竞争力,也能为企业创造更大的价值。

思考
1. 财务人员为什么要学习 Python?
2. 财务人员学习 Python 和程序开发人员学习 Python 有什么不同?

答案

1.1.2 知识准备

1. Python 的起源

Python 的起源可以追溯到 20 世纪 80 年代末和 20 世纪 90 年代初。它是由吉多·范罗苏姆(Guido van Rossum)在荷兰国家研究所(CWI)工作时设计和开发的。

吉多·范罗苏姆在设计 Python 时的目标之一是创造一种易于阅读和学习的编程语言,同时强调代码的可读性。他希望设计一种语法简单、清晰,并能够让程序员更快速、更高效地表达思想的编程语言。

Python 这个名字实际上是受到吉多·范罗苏姆喜欢的电视节目《蒙提·派森的飞行马戏团》(*Monty Python's Flying Circus*)的启发。他以此命名这个新的编程语言,并在 1991 年发布了 Python 的第一个版本。

随着时间的推移,Python 在软件开发、科学计算、数据分析、人工智能等领域变得越来越流行,并发展出了大量的第三方库和框架,使其成为一个功能强大且多才多艺的编程语言。

2. Python 的特点

Python 具有如下特点,使其成为一种受欢迎的编程语言,适用于不同类型的项目和应用场景。

- 易读易学:Python 的语法简洁清晰,使得代码易于阅读和理解,非常适合初学者。
- 开发效率高:Python 的简洁性和清晰性使得开发速度快,能让程序员用更少的代码完成更多的工作。
- 丰富的库和框架:Python 的生态系统庞大,拥有丰富的第三方库和框架,如 NumPy、Pandas、Django、Flask 等,方便开发者快速构建应用程序。
- 面向对象编程:Python 支持面向对象编程,允许开发者使用类和对象来组织和管理代码,提高代码的重用性和可维护性。

- 跨平台性：Python 可以在多种操作系统上运行，包括 Windows、macOS 和 Linux 等。
- 动态类型语言：Python 是一种动态类型语言，不需要声明变量类型等。
- 自动内存管理：即内存分配和释放由 Python 解释器自动完成，减少了开发者的工作负担。
- 社区支持：Python 拥有庞大且活跃的社区，提供了丰富的文档、教程和支持，使得开发者可以快速解决问题并分享经验。
- 应用广泛：Python 在软件开发、数据科学、人工智能、Web 开发等领域都有广泛的应用，是一种通用的编程语言。

3. Python 的应用领域

由于 Python 具有以上特点，所以其在许多领域都有着重要的应用。

- Web 开发：Python 可以用于构建 Web 应用程序和网站。Python Web 框架(如 Django 和 Flask)提供了强大的工具和库来简化 Web 开发流程。
- 自动化和脚本编写：Python 被广泛用于编写自动化脚本，简化日常任务，包括文件操作、数据处理、系统管理等。
- 网络爬虫和数据挖掘：Python 提供了强大的库和工具，是网络爬虫和数据挖掘的首选语言，用于从互联网和其他数据源收集信息。
- 数据科学和人工智能：Python 在数据科学领域有强大的影响力，主要得益于库，如 NumPy、Pandas、Matplotlib 和 sciPy 等。在人工智能方面，机器学习库(如 scikit-learn)和深度学习框架(如 TensorFlow 和 PyTorch)也广泛使用 Python。
- 科学计算：Python 在科学计算领域应用广泛，用于解决各种科学和工程问题，如数值计算、模拟和数据分析。
- 教育和科普：Python 的易学性使其成为编程教育的首选语言之一，也被用于科普工作，向大众解释计算机科学概念。

思考

Python 在财务工作中的应用有哪些？

4. Python 编辑器

围绕 Python，研究者开发了各种便捷工具，以更好地服务于这门语言。

Python 编辑器有以下几个优点：

- 可以提高代码编写的效率，如代码高亮、语法提示和自动补全等；
- 可以快速调试和执行程序；
- 可以实现多种功能，如版本管理、调试等。

常用的 Python 编辑器有 Pycharm、VSCode、Sublime Text、VI/Vim、GNU Emacs、IDLE、Atom、Spyder、Jupyter Notebook、Eclipse+PyDev 等。本书所使用的 Python 编辑器是 Jupyter Notebook。

简单来说，Jupyter Notebook(后面简称 Jupyter)是一种模块化的 Python 编辑器，在 Jupyter 中，可以把大段的 Python 代码碎片化处理，分开运行。它能让用户将说明文本、数学方程、代码和可视化内容全部组合到一个易于共享的文档中，便于研究和教学，并且用于数据处理，其用途包括数据清理和探索、可视化、机器学习和大数据分析。

答案

1.1.3 任务要求

搭建 Python 的编程环境，并且进行简单编程。

↗ 实验准备
Windows 操作系统(Windows7 以上版本)。

↗ 实验数据
无。

1.1.4 任务解析

Python 已经被移植到许多平台上,因此在安装前要了解当前计算机的操作系统是什么,并根据操作系统下载最新版本的 Python 安装包。

视频 1-1

1. 下载安装包

本课程所采用的编程环境为 Anaconda 所提供的安装包,该安装包集成了 Python 很多常用的组件,包括 Jupyter Notebook 的编辑和运行环境、常用工具库,省去较多的安装配置工作,易于上手。

第一步:访问官网。访问 Anaconda 提供的官网,下载安装包(网址为:https://www.anaconda.com/)。

第二步:下载安装包。根据操作系统的类型选择相应的安装包,单击网站提供的下载图标,进入安装包下载页面,按照网站提示选择并下载安装包。

2. 安装软件并启动

第一步:安装软件。双击下载的安装包,在打开的窗口首页中单击 Next 按钮。打开许可界面,单击 I Agree 按钮,进入安装类型界面,采用默认设置;连续单击 Next 按钮,在显示的高级安装选项界面中单击 Install 按钮,自动安装软件。

完成软件安装后,系统将显示关于 DataSpell 的说明(DataSpell 是一个数据挖掘分析和机器学习的集成开发环境),单击 Next 按钮,在打开的安装完成提示界面中单击 Finish 按钮,完成软件安装。

第二步:启动软件。在操作系统桌面单击【开始】按钮,在弹出的菜单中选择【Anaconda3(64-bit)】【Jupyter Notebook(Ananconda3)】命令启动软件。

此时,系统将开始启动服务,并在命令窗口中显示启动过程。启动完成后,将在浏览器中显示 Jupyter Notebook 主页面,如图 1-2 所示。

图 1-2　Jupyter Notebook 主页面

3. 运行第一个 Python 程序

在图 1-2 所示的页面中单击 New 按钮(页面右上角)，在弹出的下拉列表中选择【Python 3 (ipykernel)】选项，如图 1-3 所示。

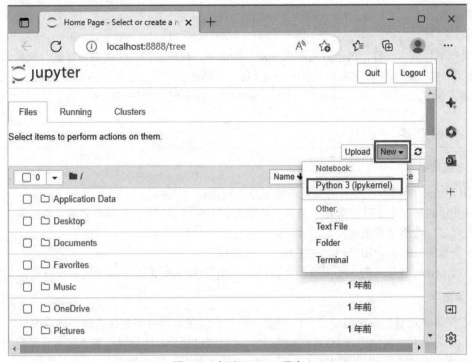

图 1-3　新建 Python 程序

此时，系统将打开 Jupyter Notebook 编辑和运行页面(以下简称"Jupyter 页面")。下面我们在该页面编写第一个 Python 程序，要求输出："欢迎带着 python 进入财务管理新世界！"

>>> **动手实践**

❏ **编写第一个 Python 代码**

```
1    print("欢迎带着python进入财务管理新世界！")
```

>>> **运行结果**

欢迎带着python进入财务管理新世界！

在代码栏中编写代码后，单击页面上的【运行】按钮，系统将输出图 1-4 所示的结果。

图 1-4　编写 Python 代码并运行

图 1-4 中代码的关键点说明如下：
❏ Print()是打印输出函数，默认是在屏幕上显示输出；
❏ Print()中的字符串需要放在双引号中才符合语法规范。

1.2 Python 基础语法

1.2.1 概述

同其他编程语言一样，Python 有命名规范、保留字、代码注释、代码书写规范、变量、数据类型、运算符、格式输出等相关内容。本节将结合财务领域的相关场景，介绍 Python 的这些基础知识，帮助读者了解 Python 的基础知识，为后续的深入学习打下坚实的基础。

1.2.2 知识准备

1. 命名规范

在用 Python 编程时，命名的变量需遵循以下规范：

- 变量的第一个字符必须是字母表中的字母或下划线"_"(字母表有很多，常用的有英文字母表、希腊字母表等);
- 变量的后续部分由字母、数字和下划线组成;
- Python 对变量名的大小写敏感，会区分大小写(如 age 和 Age 是不同的变量名)。

2. 保留字

所谓保留字，是指系统已经使用的变量命名，用户在编程时不允许再使用该命名。

Python 的标准库提供了一个 keyword 模块，可以通过命令，输出当前版本的所有关键字，便于查阅，避免命名冲突。用户可以在 Jupyter 页面中输入命令，查询保留字。

>>> **动手实践**

- 查看 Python 的保留字

```
1  import keyword
2  keyword.kwlist
```

>>> **运行结果**

```
['False',
'None',
'True',
'__peg_parser__',
'and',
...
```

3. 代码注释

【示例 1】在 Python 中对单行代码进行注释，以#号"#"开头。

>>> **动手实践**

- 代码注释示例

```
1  # 单行注释 示例
2  print ("资产负债表")
```

>>> **运行结果**

资产负债表

从上面的代码中可以看到，#号"#"之后的单行内容，系统视为注释说明内容，不予处理。只运行 print 函数并显示结果。

如果要注释的内容需要多行展示，可以用多个#号(#)、三单引号(''')或三双引号(""")来注释。

4. 代码书写规范

1) 缩进

Python 的编码方式遵循结构化、模块化的规范。与其他编程语言相比，Python 在结构化方面的要求体现为：书写时必须以前置空格的方式来体现代码块的结构化特征，否则系统将提示错误。

视频 1-2

书写规范如下：

- 同一层级代码的起始位置应相同；
- if、while 等语句体现为代码块方式，内部的语句必须采用缩进的方式。

通过下面的几个示例，可以对 Python 的代码编写规范有深入的理解。

【示例2】查看由 if 和 else 通过缩进模式构成的代码块语句。在 Jupyter 页面中输入代码并运行。

>>> 动手实践

- 代码缩进书写规范

```
1  Result_BalanceSheet= False
2  if Result_BalanceSheet:
3      print ("资产负债表结果正确")
4  else:
5      print ("资产负债表结果错误")
```

>>> 运行结果

资产负债表结果错误

图 1-5 为对上段代码的标注，说明如下：

- 针对代码结构规范，属于第一层级的有三行代码，因此这三行代码的起始位置必须相同；
- if、else 语句进行逻辑判断，下面有逻辑判断后的执行语句，这些执行语句就是第二层级，第二层级必须缩进，表示从属于 if 语句。

图 1-5 缩进书写规范说明

2) 代码块

关于代码块，我们做以下说明：对于 if、while、def 和 class 这样的复合语句，首行以 if、while 等关键字开始，以冒号"："结束，该行之后的一行或多行代码构成代码块。

【示例3】图 1-6 中给出了 if-else 中代码块的示例，并标出了代码块的位置。

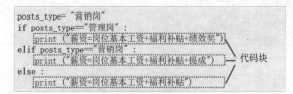

图 1-6 代码块

图 1-6 所示的语句中关键点的说明如下：
- if、elif、else 均作为关键字开头，对应的行以冒号"："结尾，作为代码块的首行，后面的一行就从属于该代码块；
- if、elif、else 构成一个完整逻辑判断框架，用于实现三种及以上条件判断的逻辑处理；
- if posts_type=="管理岗"是条件判断语句，用于判断输入的变量 posts_type 是否为"管理岗"，如果是，结果为 True，执行接下来的代码块内容；否则结果为 False，不执行代码块内容，直接跳转到下一个条件判断语句 elif posts_type=="营销岗"。

5. 变量

(1) 创建变量。与其他编程语言不同，Python 不需要声明变量；只有在首次为其赋值时，才会创建变量。

【示例 4】在 Python 中创建变量，并理解其创建变量的逻辑。

>>> 动手实践

□ 创建变量

```
1   # 营业收入
2   Revenue=1000
3   # 利息收入
4   Interest_income=50
5   # 其他业务收入
6   Other_business_income=2
7   # 业务收入合计
8   total_Revenue=Revenue+Interest_income+Other_business_income
9   # 输出业务收入
10  print(total_Revenue)
```

>>> 运行结果

```
1052
```

对上面的代码解释如下：
- Revenue 为营业收入的变量名，Interest_income 为利息收入的变量名，Other_business_income 为其他业务收入的变量名，这三个变量都是在赋值时才创建的；
- total_Revenue 为业务收入合计的变量名，在将前面三个变量相加的结果赋给这个变量时创建的。

(2) 变量变更。创建变量后，可根据需要变更变量类型。

【示例 5】变更变量，理解 Python 变更变量的逻辑。

>>> 动手实践

□ 变更变量

```
1   # 营业收入为 int 类型
2   Revenue=1000
3   print(Revenue)
4   # 营业收入为字符串类型
5   Revenue='主营业务收入'
6   print(Revenue)
```

>>> 运行结果

```
1000
主营业务收入
```

对上面的代码解释如下：
- Revenue 第一次赋值时，定义为 int 类型(即整数类型)；
- Revenue 第二次赋值时，更改为字符串类型；

从两次 print 输出结果可以看到数据类型已经产生变化。

6. 数据类型

在 Python 中，变量可以存储不同类型的数据，这些不同类型的数据可以执行不同的运算。Python 内置的数据类型具体如下。
- 文本类型：str。
- 数值类型：int，float，complex。
- 序列类型：list，tuple，range。
- 映射类型：dict。
- 集合类型：set，frozenset。
- 布尔类型：bool。
- 二进制类型：bytes，bytearray，memoryview。

Python 中的常见数据类型本书后面的内容中将详细介绍。

7. 运算符

运算符用来进行变量、常量之间的运算。在 Python 中常见的运算符有算术运算符、比较运算符、赋值运算符、逻辑运算符、位运算符、成员运算符、身份运算符等。

(1) 算术运算符。Python 中常见的算术运算符有加、减、乘、除等。相关运算符的计算说明如下：
- 加(+)、减(-)、乘(×)、除(÷)已经很常见，不再说明；
- %为求余运算符(取模)，用于返回除法的余数，如 x%y=25%8=1；
- **为幂运算符，用于返回幂次方的计算结果，如 x**y=2**3=8；
- //为整除运算符，用于执行两数相除并返回不大于结果的最大整数，在其值为正数时，x//y=12//5 的结果为 2；在其值为负数时，x//y=-12/5 的结果为-3。

【示例 6】选取部分关键运算符编写 Python 代码，并在 Jupyter 页面中运行。

视频 1-3

>>> **动手实践**

- 算术运算符

```
1   # 字符串与整数相乘的示例
2   x="a"
3   y=3
4   print("x*y =",x*y)
5   # 取模%的示例
6   x=34
7   y=5
8   print("x%y =",x%y)
9   # 取整除的示例
10  x=12
11  y=5
12  print("正数 x//y =",x//y)
13  x=-12
14  y=5
15  print("负数 x//y =",x//y)
```

>>> 运行结果

```
x*y = aaa
x%y = 4
正数 x//y = 2
负数 x//y = -3
```

针对上面的部分代码，说明如下：
- //为取整除，负数向下取接近商的整数；
- 当商的值为正整数时，x//y=12//5 结果为 2；在其值为负数时，x//y=-12/5 结果为-3。

(2) 比较运算符。比较运算符用于衡量运算符两边的关系，计算结果为布尔值，也就是 True 或者 False。比较运算符返回 1 表示真，对应 True；返回 0 表示假，对应 False。相关规则说明如下：
- ==(等于)用于比较两个对象是否相等，比如，若 x=2，y=3，则 x==y 返回 False；
- !=(不等于)用于比较两个对象是否不相等，比如，若 x=2，y=3，则 x!=y 返回 True；
- >(大于)、>=(大于或等于)用于比较两个对象谁大，比如，若 x=2，y=3，则 x>y 和 x>=y 都返回 False；
- <(小于)、<=(小于或等于)用于比较两个对象谁小，比如，若 x=2，y=3，则 x<y 和 x<=y 都返回 True。

【示例 7】公司财务部在判断物料实际采购价格与公司设定的标准价格的关系时，可以采用比较运算符。针对上述部分比较运算符，结合采购价格的场景，编写 Python 代码。

>>> 动手实践

- 比较运算符

```
1  # 比较运算符应用的示例
2  P_采购价格=205
3  S_标准价格=200
4  if ( P_采购价格 == S_标准价格 ):
5      print ("采购价格 等于 标准价格")
6  else:
7      print ("采购价格 不等于 标准价格")
```

>>> 运行结果

采购价格 不等于 标准价格

(3) 赋值运算符。赋值运算符的作用是将一个值或表达式赋值给左边的变量。赋值运算符的功能说明如下：
- =(等号运算符)用于将右边的值赋给左边的变量，如 x=2，y=3，z=x+y=5；
- +=(加等于运算符)用于将右边的值加到左边的变量上，并将结果赋值给左边的变量，如 x+=2 等效于 x=x+2；
- -=(减等于运算符)用于将右边的值从左边的变量中减去，并将结果赋值给左边的变量，如 x-=2 等效于 x=x-2；
- *=(乘等于运算符)用于将右边的值乘以左边的变量，并将结果赋值给左边的变量，如 x*=2 等效于 x=x*2；
- /=(除等于运算符)用于将左边的变量除以右边的值，并将结果赋值给左边的变量，如 x/=2 等效于 x=x/2；
- **=(幂赋值运算符)用于将右边的值对左边的变量进行幂运算，然后将结果赋值给左边的变量，如 x**=2 等效于 x=x**2；

- //=(整除赋值运算符)用于将左边的变量除以右边的值进行整除运算，返回不大于结果的最大整数，并将结果赋给左边的变量，如 x//=2 等效于 x=x//2；
- :=(海象运算符)，可以调用语句两次，以简化代码。

【示例 8】赋值运算符*=的应用场景。由于物料价格上涨，需要调整物料标准采购价格，将其上调 1.2 倍。

>>> 动手实践
- 赋值运算符

```
1  # 赋值运算符应用的示例
2  S_标准价格=200
3  F_价格系数=1.2
4  S_标准价格 *= F_价格系数
5  print(S_标准价格)
```

>>> 运行结果
```
240.0
```

(4) 逻辑运算符。Python 的逻辑运算符用于对布尔值进行逻辑运算。常见逻辑运算符的功能及说明如下：
- and 为逻辑与运算符，如果 x 为 False，x and y 返回 x 的值，否则返回 y 的计算值；
- or 为逻辑或运算符，如果 x 是 True，x or y 返回 x 的值，否则返回 y 的计算值；
- not 为逻辑非运算符，如果 x 为 True，返回 False。如果 x 为 False，返回 True。

【示例 9】逻辑运算符 and 的示例。有两个变量 a 和 b，当两者为不同的布尔值时，进行 and 运算，分析其运算结果。

>>> 动手实践
- 逻辑运算符

```
1  # a 不为 False，返回 b
2  a = 1
3  b = 2
4  print(bool(a),bool(b),(a and b))
5
6  # a 为 False，返回 a
7  a = 0
8  b = 9
9  print(bool(a),bool(b),(a and b))
```

>>> 运行结果
```
True True 2
False True 0
```

针对上面的代码的说明具体如下。
- bool(a)为布尔函数，用于判断 a 的布尔值为 True 还是 False。如果变量的值为 0，其布尔值为 False；如果不为 0，其布尔值为 True。
- a=1，b=2 时，bool(a)=True，bool(b)=True，所以 a and b 返回 b 的值。
- a=0，b=9 时，bool(a)=False，bool(b)=True，所以 a and b 返回 a 的值。

逻辑或运算符 or 和逻辑非运算符 not 的运用可参照示例 9 进行练习。

(5) 位运算符。在 Python 中，位运算符是一组用于操作二进制数据的特殊运算符。位运算符一共有 6 种，其各自的说明如下。

- &为按位与运算符：参与运算的两个值如果两个相应位都为 1，则该位的结果为 1，否则为 0，如 10&01=00。
- |为按位或运算符：只要对应的两个二进位有一个为 1，结果位就为 1，如 10|00=10。
- ^为按位异或运算符：当两个对应的二进位相异时，结果为 1，如 01^10=11。
- ~为按位取反运算符：对数据的每个二进制位取反，即把 1 变为 0，把 0 变为 1，如~+01=-10，这是有符号二进制数的补码形式。
- <<为左移运算符：将操作数的所有位向左移动指定的位数(由<<右边的数指定移动的位数，高位丢弃，低位补 0)，如 011 << 1=110。
- >>为右移运算符：将一个操作数的所有位向右移动指定位数(由>>右边的数指定移动的位数，低位丢弃，高位补 0)，如 011>>1=001。

(6) 成员运算符。Python 中的成员运算符主要是针对多元素类的数据类型，用于测试一个值是否在序列(如字符串、列表、元组等)中，返回的结果为布尔值(True 或 False)。成员运算符的相关说明如下。

- in 运算符：如果在指定的序列中找到值，返回 True，否则返回 False。
- not in 运算符：如果在指定的序列中没有找到值，返回 True，否则返回 False。

【示例 10】针对成员运算符，编写 Python 代码，分析其运算逻辑。

>>> **动手实践**

- **成员运算符**

```
1   # in 示例
2   a="营业收入"
3   b=["营业收入","利息收入","已赚保费","手续费及佣金收入"]
4   print("a in b=",a in b)
5
6   # not in 示例
7   c="营业成本"
8   b=["营业收入","利息收入","已赚保费","手续费及佣金收入"]
9   print("c not in b=",c not in b)
```

>>> **运行结果**

```
a in b= True
c not in b= True
```

(7) 身份运算符。身份运算符主要用于判断两个元素的身份标识是否相同，即 id 是否相同。在 Python 中，一个变量有三个要素：类型、身份标识、值。以 x=3，y=3 为例，对这三点做说明。

- 类型：指变量的类型。在 x=3 中，x 的类型为 int。
- 身份标识：指变量的地址。如果 x=3，y=x，这时就可以说 x 和 y 的地址相同，两者的身份标识相同，即 x is y。
- 值：指变量的值，两个变量的值是否相同，一般用==来判断，如 x=3，y=3，则 x==y。

身份运算符的功能说明如下。

- is 运算符：用于判断两个元素是否引用同一个对象，如 x is y，类似 id(x)==id(y)，如果引用的是同一个对象，则返回 True，否则返回 False。

- is not 运算符：用于判断两个元素是否引用自不同对象。如 x is not y，类似 id(x)!=id(y)，如果引用的不是同一个对象，则返回结果 True，否则返回 False。

1.2.3 任务要求

华盛科技公司有三家竞争对手，分别是 A 公司、B 公司、C 公司。已知这三家公司上年利润分别是 30 万元、20 万元、25 万元，华盛科技公司的利润是三家竞争对手公司上年利润总和的一半，使用 Python 编写代码输出华盛科技公司的上年利润，以及各公司上年利润占 4 个公司的利润总和的比率(可自行设计代码输出格式，以方便使用者阅读)。

1.2.4 任务解析

针对本案例的背景，列出主要解题思路并分享讨论。

任务解析参考思路如下。

A 公司、B 公司、C 公司、华盛科技公司的利润分别用 4 个变量 a、b、c、d 来表示，列出表达式为：

```
a=30
b=20
c=25
d=(a+b+c)/2
```

各公司所占利润的比率，用变量 e、f、g、h 来表示，列出表达式为：

```
e =(a/(a+b+c+d))
f =(b/(a+b+c+d))
g =(c/(a+b+c+d))
h =(d/(a+b+c+d))
```

视频 1-4

按格式输出时，可以用 print()函数结合 format()函数来实现。

>>> 动手实践

- 计算利润及占比

```
1   #四家公司的利润
2   a = 30
3   b = 20
4   c = 25
5   d = (a+b+c)/2
6
7   #四家公司的利润占比：
8   e =(a/(a+b+c+d))
9   f =(b/(a+b+c+d))
10  g =(c/(a+b+c+d))
11  h =(d/(a+b+c+d))
12
13  print("--------------------------------------")
14  print("华盛科技的利润为：",d, "万元")
15  print("--------------------------------------")
```

```
16  print("四家公司的利润占比")
17  print("----------------------------------------")
18  print("A 公司: ","{:.2%}".format(e)," |    B 公司:      ","{:.2%}".format(f))
19  print("C 公司: ","{:.2%}".format(g)," |    华盛科技:    ","{:.2%}".format(h))
20  print("----------------------------------------")
```

>>> 运行结果

```
----------------------------------------
华盛科技的利润为:  37.5 万元
----------------------------------------
四家公司的利润占比
----------------------------------------
A 公司:  26.67%   |   B 公司:     17.78%
C 公司:  22.22%   |   华盛科技:   33.33%
----------------------------------------
```

1.3 Python 常用数据结构

1.3.1 概述

本节将结合财务领域的相关场景，讲解 Python 的字符串、列表、元组、字典、集合等数据结构的使用方法，为后续的深入学习打下坚实的基础。

1.3.2 知识准备

Python 编程语言中内置了常用的数据结构，如字符串(Str)、列表(List)、元组(Tuple)、字典(Dictionary)、集合(Set)等。

1. 字符串

1) 访问字符串中的值

用户需要先了解字符串中的索引位置，才能访问字符串中的值。以图 1-7 所示字符串索引位置为例，详细说明如下。

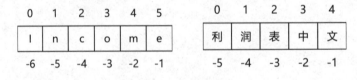

图 1-7　字符串索引位置

- ❏ 如果从左往右计数，字符串的索引值为从 0 开始，参见图 1-7 中的两个字符串。
- ❏ 如果从右往左计数，字符串的索引值为从 -1 开始，参见图 1-7 中的两个字符串。
- ❏ 针对 Unicode(如中文)，虽然一个文字占两个字符位，但一个字符也仍按一个索引计数，参见图 1-7 右图所示的中文字符串。
- ❏ 要访问字符串中某个位置的字符，可以使用 Str[i]。用法示例：字符串 Str1="Income"，要访问第 2 个字符，用 Str1[1]；要访问倒数第 3 个字符，用 Str1[-3]。

- 要访问字符串中某一段位置的字符，可使用 Str[i:j]。用法示例：字符串 Str1="Income"，要访问第 2~5 个字符，用 Str1[1:5]，结果为"ncom"。注意：此处算头不算尾，1 对应的"n"在输出结果中，但 5 对应的"e"没有输出。
- 只能从左往右访问字符串中某一段位置的字符，不能从右往左访问。用法示例：Str[-6:-3]输出结果为"Inc"，但 Str[-3:-6]没有输出结果。

【示例 11】针对字符串的索引，编写 Python 代码进行验证。

视频 1-5

>>> 动手实践

□ 字符串索引

```
1   Str1="Income"
2   Str2="利润表中文"
3   #从左向右-访问某个位置的字符
4   print("单字符-正向索引：",Str1[4],Str2[2],sep=" | ")
5   #从右向左-访问某个位置的字符
6   print("单字符-反向索引：",Str1[-3],Str2[-2],sep=" | ")
7
8   #访问某一段位置的字符
9   print("多字符-正向索引：",Str1[0:4],Str2[1:3],sep=" | ")
10  print("多字符-省略写法：",Str1[:4],Str2[1:],Str2[:],sep=" | ")
11  print("多字符-反向索引：",Str1[-6:-3],Str2[-3:-1],sep=" | ")
12  print("多字符-从右向左：",Str1[-3:-6],Str2[-1:-3],sep=" | ")
```

>>> 运行结果

```
单字符-正向索引： | m | 表
单字符-反向索引： | o | 中
多字符-正向索引： | Inco | 润表
多字符-省略写法： | Inco | 润表中文 | 利润表中文
多字符-反向索引： | Inc | 表中
多字符-从右向左： | |
```

针对上面的代码，部分关键内容做如下说明。

- Str1[-3]：访问的是字符串 Str1="Income"倒数第 3 个字符，因此输出结果为"o"。
- Str1[-2]：访问的是字符串 Str2="利润表中文"倒数第 2 个字符，因此输出结果为"中"。
- Str1[0:4]：访问的是字符串 Str1="Income"第 0 到第 4 之间的字符(第 4 不算)，因此输出结果为"Inco"。
- Str1[:4]：省略了起始位的数字，默认为 0，等同于 Str1[0:4]，因此输出结果仍旧为"Inco"。
- Str2[1:]：省略了结束位的数字，默认取第 1 位开始到最后的所有字符，等同于 Str2[1:5]，因此输出结果为"润表中文"。
- Str2[:]：省略了起始位和结束位的数字，默认取所有的字符，等同于 Str2[0:5]，因此输出结果为"利润表中文"。
- Str1[-6:-3]：虽然使用反向索引计数，但仍旧要求从左向右取数，因此输出结果为"Inc"。
- Str1[-3:-6]：使用反向索引计数，从右向左取数，系统并没有输出结果。因此，可验证系统要求的取数方法应该是从左向右。
- Str1[-3:-6]：没有输出结果，原理同上。

2) 字符串运算符

字符串常见的运算符如下所示(假设 a="Income"，b="statement")。

- +用于将字符串进行连接，如 a+b 输出结果为 Incomestatement。

- *用于重复输出字符串，如 a*2 输出结果为 IncomeIncome。
- []用于通过索引获取字符串中的字符，如 a[1] 输出结果为 n。
- [:]用于截取字符串中的一部分，遵循左算右不算(左闭右开)原则，如 a[1:4]输出结果为 nco。
- in 为成员运算符，如果字符串中包含给定的字符，返回 True，如'c' in a 输出结果为 True。
- not in 为成员运算符，如果字符串中不包含给定的字符，返回 True，如'p' not in a 的输出结果为 True。
- r/R 为原始字符串，所有字符串都原样输出，没有转义或不能输出的字符，如 print('\n')将换行，但 print(r'\n')的输出结果为 "\n"。

【示例 12】选取部分内容编写 Python 代码进行验证。

>>> 动手实践

- 字符串运算符

```
1  #+运算符示例
2  Str2="利润表中文"
3  Str2=Str2[:3]+"格式"
4  print(Str2)
5
6  # r/R 运算符示例
7  print(r'\n','\n')
8  print("输出测试")
```

>>> 运行结果

利润表格式
\n

输出测试

针对上面的代码，部分关键内容做以下说明。
- Str2=Str2[:3]+"格式"是将字符串 Str2="利润表中文"的 0~2 的字符取出来，再与"格式"进行组合，然后重新赋值给 Str2(结果为："利润表"+"格式")，输出结果为"利润表格式"(这种方式可以修改原字符串的值)。
- print(r'\n','\n')中 r'\n'直接输出 "\n"，'\n'为增加一行，因此下一个 print 语句的输出结果为增加一行后再输出，这里 r 运算符起到了屏蔽转义的作用。

3) 字符串转义

在字符中使用特殊字符时，Python 用反斜杠 "\" 来转义字符，常见的使用方法可参见下面的说明。

- \用在行尾时，为续行符。如 print("line1 \ 就表示 print 语句还没有结束，下一行和该行是连接的。
- \\输出反斜杠符号，如 print("\\")的输出结果为 "\"。
- \'输出单引号，如 print("\' ")的输出结果为 "'"。
- \"输出双引号，如 print("\"")的输出结果为 """。
- \a 输出铃声，如 print("\a")执行后电脑会发出响铃声。
- \b 表示退格(Backspace)，如 print("Account\b Title")输出结果为 "Account Title"。
- \n 表示换行，如 print("\n")输出的结果为换一行。

- \v 表示纵向制表符，如 print("Account \v Title")输出的结果为"Account"在本行，"Title"在下一行。
- \t 表示横向制表符，如 print("Account \t Title")输出的结果为"Account   Title"。
- \r 表示将后面的内容移到字符串开头，并逐一替换开头部分的字符，直至将后面的内容完全替换完成，如 print("Account \rTitle")输出的结果为"Titlent"。

【示例 13】针对转义字符，选取部分内容编写 Python 代码进行验证。

>>> 动手实践
- 字符串转义

```
1  print("\\","\'","\"")
2  print("Hello\b World!")
3  print(r"\000 输出起始","\000","结尾")
4  print("Hello \t World!")
5  print("HelloKitty\rWorld!")
```

>>> 运行结果

```
\ ' "
Hell World!
\000 输出起始 结尾
Hello    World!
World!itty
```

4) 字符串格式化

Python 支持格式化字符串的输出，常见的字符串格式化字符说明如下。
- %c 用来格式化输出字符及其 ASCII 码。
- %s 用来格式化输出字符串。
- %d 用来格式化输出整数。
- %u 用来格式化输出无符号整型。
- %f 用来格式化输出浮点数字，可指定小数点后的精度。
- %e、%E 用来格式化输出科学记数法浮点数。

对于常用的格式，选取部分内容编写 Python 代码进行验证。

【示例 14】编写字符串格式化的示例。

>>> 动手实践
- 字符串格式化

```
1  print ("表中 %s 的值为 %d" % ('营业收入', 2000))
```

>>> 运行结果

```
表中 营业收入 的值为 2000
```

针对上面的代码，说明如下。
- %s 和%d 为两个格式化字符，在用%进行字符串格式化运算时，将%s 替换为字符串'营业收入'，将%d 替换为整数 2000，然后输出。

从这一例子可以看出，在编写代码时必须先知道格式化字符将替换的变量类型。如%s 必须是替换字符串，%d 必须是替换整数。如果变量类型事先不确定，会导致格式化字符与变量类型不匹配，系统将会报错。

2. 列表

1) 访问列表中的元素

用户需要了解 Python 列表中每个元素的索引位置,以访问列表中的元素。列表的索引与字符串的索引类似,以图 1-8 所示列表的索引位置为例,详细说明如下。

图 1-8 列表的索引位置

- 如果从左往右计数,列表元素的索引值为从 0 开始。
- 如果从右往左计数,列表元素的索引值为从-1 开始。
- 针对 Unicode(如中文),一个元素也按一个索引计数。
- 要访问列表中某个位置的元素,可以用 list[i]。用法示例:在图 1-8 左图所示的列表 list1=["Income","Interest","Insure","cost","refunds","develop"],要访问第 2 个元素,用 list1[1];要访问倒数第 3 个元素,用 list1[-3]。
- 要访问列表中某一段位置的元素,可以用 list[i:j]。用法示例:在图 1-8 左图所示的列表 list1=["Income","Interest","Insure","cost","refunds","develop"],要访问第 2~5 个元素,用 list1[1:5],结果为['Interest', 'Insure', 'cost', 'refunds']。注意:此处是算头不算尾,1 对应的'Interest'在输出结果中,但 5 对应的'develop'没有输出。
- 只能从左往右访问列表中某一段位置的字符,不能从右往左访问。用法示例:list1[-6:-3]输出结果为['Income', 'Interest', 'Insure'],但 list1[-3:-6]就没有输出结果。

【示例 15】针对上面的说明,编写 Python 代码进行验证。

>>> **动手实践**

- **列表位置索引**

```
1  #list 位置索引示例
2  list1=["Income","Interest","Insure","cost","refunds","develop"]
3  print(list1[1])
4  print(list1[-3])
5  print(list1[1:5])
6  print(list1[-6:-3])
7  print(list1[-3:-6])
8  print(list1[:-1])
9  print(list1[2:])
10 print(list1[:])
```

>>> **运行结果**

```
Interest
cost
['Interest', 'Insure', 'cost', 'refunds']
['Income', 'Interest', 'Insure']
[]
['Income', 'Interest', 'Insure', 'cost', 'refunds']
['Insure', 'cost', 'refunds', 'develop']
['Income', 'Interest', 'Insure', 'cost', 'refunds', 'develop']
```

针对上面的代码，部分关键内容做以下说明。
- list1[-3:-6]：是从右向左访问，因此没有输出结果。
- list1[:-1]：省略了开始位置的值，访问的是列表 list1 第一个元素到倒数第 2 个元素，因此输出为['Income', 'Interest', 'Insure', 'cost', 'refunds']。
- list1[2:]：省略了结束位置的值，访问的是列表 list1 第 3 个元素到最后一个元素，因此输出为['Insure', 'cost', 'refunds', 'develop']。
- list1[:]：省略了开始位置的值和结束位置的值，访问的是列表中的所有元素，因此就输出所有元素。

2) 列表元素的增删改

(1) 列表元素的新增。列表添加元素有以下两种方法。
- append 方法，是在列表的末尾添加元素，语法为：list.append(元素值)。
- insert 方法，可以指定元素要插入到列表的具体位置，语法为：list.insert(位置,元素值)。

(2) 列表元素的删除。删除列表元素有以下两种方法。
- del 命令，可删除指定位置的元素，不返回任何值，语法为：del list[位置]。
- pop 方法，可移除指定位置的元素，并返回任何值，语法为：list.pop(位置)，如果不指定位置值，默认为最后一个。

(3) 列表元素的修改。修改列表元素时可直接对指定位置的元素重新赋值，语法为: list[位置]=新值。

3) 列表的运算

列表常用的运算如下。
- +用于将列表合并，如[x,y, z] + [0, 1, 2]的结果为[x,y, z, 0, 1, 2]。
- *用于重复列表元素，如['Inc'] * 4 的结果为['Inc','Inc','Inc','Inc']。
- in 用于判断元素是否在列表中，如 3 in [1, 2, 3]的结果为 True。
- len()用于判断列表的长度，如 len(1,2,3)的结果为 3。

3. 元组

元组与列表类似，两者之间的差异是元组中的元素不可修改。

1) 访问元组中的元素

用户首先需要了解元组中每个元素的索引位置，才能访问元组中的元素。元组的索引和列表的索引类似，以图 1-9 所示元组的索引位置为例，详细说明如下。

图 1-9　元组的索引位置

- 如果从左往右计数，元组元素的索引值为从 0 开始。
- 如果从右往左计数，元组元素的索引值为从-1 开始。
- 针对 Unicode(如中文)，一个元素也按一个索引计数，参见图 1-9 右图所示的中文元组。
- 要访问元组中某个位置的元素，可以用 tuple[i]。用法示例：针对图 1-9 左图所示的元组 tuple1=("cost","refunds","Insure","subinsu","mgmg","finance")，要访问第 2 个元素，用 tuple1[1]；要访问倒数第 3 个元素，用 tuple1[-3]。
- 要访问元组中某一段位置的元素，可以用 tuple[i:j]。用法示例：图 1-9 左图所示的第一个元组 tuple1=("cost","refunds","Insure","subinsu","mgmg","finance")，要访问第 2~5 个元素，用

tuple1[1:5]，输出结果为("refunds","Insure","subinsu","mgmg")。注意：此处是算头不算尾，1 对应的"refunds"在输出结果中，但 5 对应的"finance"没有输出。
- 只能从左往右访问元组中某一段位置的字符，不能从右往左访问。用法示例：tuple1[-6:-3] 输出结果为("cost","refunds","Insure")，但 tuple1[-3:-6]就没有输出结果。

【示例 16】针对上面的说明，编写 Python 代码进行验证。

>>> 动手实践

- 元组位置索引

1	#tuple 位置索引示例
2	tuple1=("cost","refunds","Insure","subinsu","mgmg","finance")
3	print(tuple1[1],tuple1[-3])
4	print(tuple1[1:5])
5	print(tuple1[-6:-3])
6	print(tuple1[-3:-6])
7	print(tuple1[:2])
8	print(tuple1[-2:])
9	print(tuple1[:])

>>> 运行结果

```
refunds subinsu
('refunds', 'Insure', 'subinsu', 'mgmg')
('cost', 'refunds', 'Insure')
()
('cost', 'refunds')
('mgmg', 'finance')
('cost', 'refunds', 'Insure', 'subinsu', 'mgmg', 'finance')
```

针对上面的代码，做以下说明。
- tuple1[-3:-6]：是从右向左访问，因此没有输出结果。
- tuple1[:2]：省略了开始位置的值，访问的是元组 tuple1 第一个元素到第 2 个元素，因此输出为('cost', 'refunds')。
- tuple1[-2:]：省略了结束位置的值，访问的是元组 tuple1 倒数第 2 个元素到最后一个元素，因此输出为('mgmg', 'finance')。
- tuple1[:]：省略了开始位置的值和结束位置的值，访问的是元组中所有元素，因此输出所有元素。

2) 元组的删改

元组中的元素是不能修改的，但元组作为整个对象是可以修改的，修改方式为直接重新赋值。修改后实际上是生成了新的对象，其在内存中的地址已经改变。

元组中的元素是不能删除的，但元组作为整个对象是可以删除的，语法为：del tuple 对象。

3) 元组的运算

元组常用的运算如下。
- +用于将两个元组合并，如(x,y, z) + (0, 1, 2)的结果为(x,y, z, 0, 1, 2)。
- *用于将元组元素重复，如('Inc',) * 4 的结果为('Inc','Inc','Inc','Inc')。这里需注意的是：单个元素的元组写为('Inc',)，而不是('Inc')。如果写成('Inc')，系统会识别为 str 字符串类型，而不是元组类型。
- in 用于判断元素是否在元组中，如 3 in (1, 2, 3)的结果为 True。

- len()用于判断元组的长度，如 len(1,2,3)的结果为 3。

4．字典

1）创建字典

创建字典有以下两种方法：
- 用花括号{ }来创建，系统默认为字典类型；
- 用 dict()函数创建，在括号()中可以是赋值运算式、映射函数、可迭代对象(本节只介绍赋值运算式的用法，另外两种用法读者可自行查阅相关资料学习)。

【示例 17】创建字典，理解其创建逻辑和方法。

>>> 动手实践

- 创建字典

```
1   #创建字典示例
2   dict1={}
3   print(dict1, type(dict1))
4   dict2=dict(Income=30, Asset=200, cost=20)
5   print(dict2)
6   dict3=dict([('one', 1), ('two', 2), ('three', 3)])
7   print(dict3)
```

>>> 运行结果

```
{} <class 'dict'>
{'Income': 30, 'Asset': 200, 'cost': 20}
{'one': 1, 'two': 2, 'three': 3}
```

针对上面的代码，做以下说明。
- dict1={}是用{}直接创建一个空字典，因此用 type(dict1)函数可显示该变量的类型为 dict。
- dict(Income=30, Asset=200, cost=20)是用 dict()来创建一个字典，字典中的键值对用 3 个表达式来生成，转换为{'Income': 30, 'Asset': 200, 'cost': 20}。
- dict([('one', 1), ('two', 2), ('three', 3)])是用 dict()来创建一个字典，字典中的键值对用列表[('one', 1), ('two', 2), ('three', 3)]来生成，转换为{'one': 1, 'two': 2, 'three': 3}。

2）字典的元素组成

字典内的每对元素由 key-value 组成，每对元素用逗号分隔，表示为

$$dict\{key:value, key:value,\ldots\}$$

针对字典内的元素，有如下关键说明：
- key 必须用不可变元素，也就是字符串、数字、元组等，不能用列表、集合；
- key 值不要重复，如果重复，系统只会记住最后一个。

【示例 18】针对上面的说明，编写 Python 代码进行验证。

>>> 动手实践

- 字典的元素

```
1   #字典的 key 值示例
2   dict1={"营业收入":2000,"销售费用":300,34:89.2}
3   print(dict1)
```

>>> 运行结果

```
{'营业收入': 2000, '销售费用': 300, 34: 89.2}
```

针对上面的代码，做以下说明：
- 在 dict1 中，有一个 key 值为 34，其值为 89.2，说明用数字作为 key 是允许的。在实际编程中，这种情况一般将 key 值作为元素值的序号或者 ID 来使用。

3) 访问字典的值

访问字典的值时，需要将相应的 key 放入到方括号中。

【示例19】编写代码，访问字典的值。

>>> 动手实践

- 访问字典的值

```
1  dict1={"营业收入":2000,"销售费用":300,"研发费用":89.2}
2  print(dict1["销售费用"])
```

>>> 运行结果

```
300
```

在上面的语句中，可以看到 dict1["销售费用"]是通过 key "销售费用"来访问其对应的值的。

4) 字典元素的增删改

(1) 字典元素的新增。往字典中新增元素就是直接增加新的键/值对。

【示例20】字典元素的新增。

>>> 动手实践

- 新增字典元素

```
1  dict1={"营业收入":2000,"销售费用":300}
2  dict1["研发费用"]=89.2
3  print(dict1)
```

>>> 运行结果

```
{'营业收入': 2000, '销售费用': 300, '研发费用': 89.2}
```

在上面的语句中，在执行 dict1["研发费用"]=89.2 时，系统会先查找 dict1 中是否有 key "研发费用"，如果没有，就将新的键/值对{'研发费用': 89.2}添加到 dict1 中，因此最后输出的 dict1 中包含了 3 个键值对。

(2) 字典元素的修改。要修改字典中的值，只需要给 key 对应的值重新赋值即可。

(3) 字典的删除。字典删除的具体方法如下。
- 移除字典中的一个键/值对，可用 pop 方法。
- 清空字典中的所有键/值对，可用 clear 方法。
- 删除字典对象，可直接用 del 命令来删除对象。删除字典对象后，系统将不能再访问该字典对象。

5. 集合

集合用一对大括号"{ }"表示，用于包含一组无序的对象。本节将对集合的特性做更深入的介绍。

1) 创建集合

创建集合有以下两种方法：
- 用 set()函数创建集合，在括号中的数据类型可以是字符串、列表、元组、字典；
- 用{ }来创建，要求其中至少包含一个元素，否则系统会默认创建字典类型，而不是集合类型。

【示例21】创建集合。

>>> 动手实践

❑ 创建集合

```
1   set1=set("营业收入")
2   print(set1)
3   set2=set({"收入":20,"资产":300})
4   print(set2)
5   set3={"Income"}
6   print(set3,type(set3))
```

>>> 运行结果

```
{'入', '收', '营', '业'}
{'收入', '资产'}
{'Income'} <class 'set'>
```

针对上面的代码，做以下说明。

❑ set("营业收入")是将字符串转化为集合，转化后每个字都作为一个元素。

❑ set({"收入":20,"资产":300})将字典转化为集合，转化后仅保留 key 部分作为元素。

❑ set3={"Income"}直接创建一个集合，要求其中至少有一个元素。如果不添加元素，系统会默认创建字典类型，而不是集合类型。

❑ type(set3)为 type()函数，用于判断变量的类型。从输出结果可以看出，set3 的类型为 set。

集合的元素具有如下特点：

❑ 集合中的元素是无序排列的，因此无法通过位置索引进行访问；

❑ 集合中的元素不能重复(如果重复，系统默认只保存一个)。

2) 集合元素的增删

(1) 添加元素。在集合中新增元素可以用 add()、update()两种方法。假设 x 为元素，可使用 add(x)方法。如果该元素已经存在于集合中，则不做任何操作。

【示例 22】用 add()方法添加集合元素。

>>> 动手实践

❑ 添加集合元素

```
1   #集合新增元素示例-add
2   set1 = set(("营业收入", "利息收入", "已赚保费"))
3   set1.add("利息收入")
4   print(set1)
5   set1.add("其他业务收入")
6   print(set1)
```

>>> 运行结果

```
{'营业收入', '利息收入', '已赚保费'}
{'营业收入', '利息收入', '已赚保费', '其他业务收入'}
```

针对上面的代码，对关键的内容做以下说明：

❑ set(("营业收入", "利息收入", "已赚保费"))用 set()函数将元组转换为集合类型；

❑ set1.add("利息收入")是将"利息收入"添加到集合中，但因为原集合中已有该元素，因此可以看到集合元素没有改变；

❑ set1.add("其他业务收入")将"其他业务收入"添加到集合中，原集合中没有该元素，因此从输出结果可以看出，该元素在集合中已新增。

(2) 移除元素。对集合的元素进行删除有 remove()、discard()、pop()、clear()等 4 种方法。其中，remove()方法是将元素从集合中移除，如果元素不存在，则会发生错误；discard()方法是将指定的元素移除，如果目标元素不存在，系统不会报错；pop()方法是在集合随机排序后，删除第一个元素；clear()方法是将集合的元素全部清空。

【示例 23】用 remove()方法移除元素。

>>> 动手实践

❑ 移除集合元素

```
1   #集合 remove()方法——移除存在的元素
2   set2 = {"Income", "Interest", "Revenue"}
3   set2.remove("Income")
4   print(set2)
```

>>> 运行结果

```
{'Interest', 'Revenue'}
```

从上面的运行结果可看出，set2.remove("Income")查找到元素"Income"后将其删除，因此最终的集合中没有"Income"。

3) 集合的运算

集合的主要运算包括相减(-)、或(|)、与(&)、异或(^)等，如图 1-10 所示。

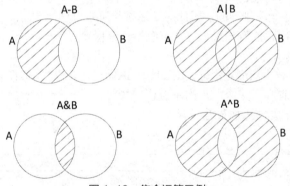

图 1-10　集合运算示例

图 1-10 说明如下：
❑ A-B 是指集合 A 中包含，而集合 B 中不包含的元素；
❑ A|B 是指包含于集合 A 或集合 B 中的元素；
❑ A&B 是指既包含于集合 A 又包含于集合 B 的元素；
❑ A^B 是指不同时包含于集合 A 和集合 B 的元素。

【示例 24】集合的运算示例。

>>> 动手实践

❑ 集合运算

```
1   #集合运算示例
2   A=set("Income")
3   B=set("Revenue")
4   print("A=",A)
5   print("B=",B)
6   print("A-B 为: ",A-B)
```

```
7    print("A|B 为: ",A|B)
8    print("A&B 为: ",A&B)
9    print("A^B 为: ",A^B)
```

>>> **运行结果**

```
A= {'c', 'e', 'I', 'm', 'n', 'o'}
B= {'e', 'u', 'v', 'n', 'R'}
A-B 为: {'c', 'o', 'm', 'I'}
A|B 为: {'c', 'e', 'I', 'u', 'm', 'v', 'n', 'R', 'o'}
A&B 为: {'e', 'n'}
A^B 为: {'c', 'I', 'u', 'm', 'v', 'R', 'o'}
```

针对上面的代码，关键内容做以下说明。
- A=set("Income")中，set()是建立集合的函数，将字符串"Income"拆散为单个字符，去除重复的元素，构成集合 A。B=set("Revenue")功能相同，不重复描述。
- A-B 以集合 A 为基准，把在集合 B 中出现的元素剔除，就得到相应的结果。
- A|B 把集合 A 和集合 B 的元素合并，并去除重复的元素，得到相应的结果。
- A&B 把集合 A 和集合 B 中都出现的元素选出来，得到相应的结果。
- A^B 实际是 A&B 的补集，把集合 A 和集合 B 中都出现的元素剔除，得到相应的结果。

此外，集合还有以下两个比较典型的运算：
- 判断集合的元素个数，用 len()函数来判断；
- 判断元素是否在集合中，用 in 运算符。

1.3.3 任务要求

查阅华盛科技公司的资产负债表和利润表，可以列出该公司连续 4 年的营业成本、年初存货、年末存货数据，如表 1-1 所示。

表 1-1 任务数据 (单位：亿元)

序号	第 1 年	第 2 年	第 3 年	第 4 年
营业成本	68.96	63.10	71.53	102.00
年初存货	22.90	29.03	25.32	36.82
年末存货	29.03	25.32	36.82	50.15

根据表 1-1 所示的数据，计算华盛科技公司连续 4 年的存货周转率，并根据计算结果，分析该公司的存货周转率的变化情况。具体要求如下：
- 要求利用元组类型来定义计算项目，利用列表类型来定义项目对应的数值；
- 要求采用对列表元素的访问方法来构建计算公式；
- 要求采用对元组元素的访问方法来输出计算公式的文字说明；
- 要求对数据结果进行对比，自动输出简要的指标分析说明；
- 要求对输出的结果格式化(可自行定义格式)。

1.3.4 任务解析

在开始任务前，可以先思考下面的问题。
- 思考如何根据任务要求，查阅存货周转率的计算公式，理解存货周转率的含义。

- 思考如何利用元组、列表来构建数据结构，并通过元组、列表来访问数据，同时构建计算公式。

针对以上问题，思考后解析如下。

(1) 存货周转率的计算公式为

$$存货周转率=营业成本÷平均库存=营业成本÷((期初库存+期末库存)÷2)$$

存货周转率用于反映存货的周转速度，即存货的流动性及存货资金占用量是否合理。

(2) 元组用于定义"营业成本""年初存货"(即期初库存)"年末存货"(即期末库存)等计算项目；列表用于定义计算项目每个年度的值；可通过元组的位置索引、列表的位置索引来访问这些计算项目和值，从而构建计算公式和公式文字说明。

>>> **动手实践**

- 计算存货周转率并分析

```
1    #用元组构建计算项目
2    fItem=("营业成本","年初存货","年末存货")
3    #用列表构建项目的值
4    fValue1=[68.96,22.9,29.03]
5    fValue2=[63.10,29.03,25.32]
6    fValue3=[71.53,25.32,36.82]
7    fValue4=[102.00,36.82,50.15]
8
9    #通过列表索引的值构建计算公式
10   fIvt_trn1=fValue1[0]/((fValue1[1]+fValue1[2])/2)
11   fIvt_trn2=fValue2[0]/((fValue2[1]+fValue2[2])/2)
12   fIvt_trn3=fValue3[0]/((fValue3[1]+fValue3[2])/2)
13   fIvt_trn4=fValue4[0]/((fValue4[1]+fValue4[2])/2)
14
15   #通过元组索引的值显示公式说明
16   print("计算公式：")
17   print("    存货周转率={Item0}÷(({Item1}+{Item2})÷2)".\
18         format(Item0=fItem[0],Item1=fItem[1],Ttem2=fItem[2]))
19   print("----------------------------------------")
20
21   #格式化输出计算结果26
22   print("计算结果：")
23   print("----------------------------------------")
24   print("    第1年 | 第2年 | 第3年 | 第4年    ")
25   print("----------------------------------------")
26   print("   ","{:.2f}".format(fIvt_trn1),"| {:.2f}".format(fIvt_trn2), \
          " | {:.2f}".format(fIvt_trn3), \
          " | {:.2f}".format(fIvt_trn4))
27   print("----------------------------------------")
28
29   #简单分析存货周转率的变化趋势
30   print("数据分析：")
31   if fIvt_trn2>fIvt_trn1:
32       print("  第2年存货周转率为上升趋势")
```

```
33     else:
34         print("   第2年存货周转率为下降趋势")
35     if fIvt_trn3>fIvt_trn2:
36         print("   第3年存货周转率为上升趋势")
37     else:
38         print("   第3年存货周转率为下降趋势")
39     if fIvt_trn4>fIvt_trn3:
40         print("   第4年存货周转率为上升趋势")
41     else:
42         print("   第4年存货周转率为下降趋势")
```

>>> 运行结果

```
计算公式：
    存货周转率=营业成本÷((年初存货+年末存货)÷2)
--------------------------------------
计算结果：
--------------------------------------
  第1年  |  第2年  |  第3年  |  第4年
--------------------------------------
  2.66  |  2.32  |  2.30  |  2.35
--------------------------------------
数据分析：
第2年存货周转率为下降趋势
第3年存货周转率为下降趋势
第4年存货周转率为上升趋势
```

1.4 Python 常用语句

1.4.1 概述

Python 代码在一般情况下是按顺序执行的，也就是一条一条从上往下按顺序执行。但在某些情况下，需要根据条件来有选择地执行某些语句，这就要使用到条件判断语句。在某些情况下，需要反复执行某些语句，这时就需要使用循环语句。本节将介绍 Python 的条件判断语句和循环语句的相关知识。

1.4.2 知识准备

1. if-else 条件判断语句

if-else 语句是 Python 中经常用到的条件判断模式，它允许用户根据特定条件控制代码的流程。图 1-11 所示为条件判断语句的逻辑流程图(本章前面的内容已经使用过 if-else 语句，本节将做系统的介绍)。

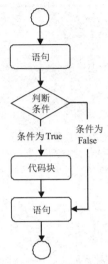

图 1-11 条件判断语句的逻辑流程图

当需要在两个分类模式中通过判断决定该执行哪条语句或代码块路时,就需要用 if-else 语句。

【示例 25】华盛科技公司财务部对公司费用进行了规范,规定日常费用中有移动话费、水电费、市内车费等,专项费用中有培训费、招待费、市场活动费等。专项费用必须先有专项预算,并且在报销时会对预算进行严格的管控。因此,需要对报销的发票进行严格分类。财务部小张刚收到几张相关部门的报销发票,项目包括市场活动费、水电费、培训费、招待费。编写 Python 代码,用 if-else 语句写程序来判断这些报销发票中,哪些属于专项费用,哪些属于日常费用。

思考

1. 用什么数据结构表示财务部门的日常费用类型、专项费用类型?
2. 用什么数据结构表示小张收到的报销发票类型?
3. 如何判断发票属于专项费用还是日常费用?

根据思考分析的结果编写代码。

答案　　视频 1-6

>>> **动手实践**

❑ **if-else 语句**

```
1   #用元组类型表示日常费用类型
2   dly_exps=("移动话费","水电费","市内车费")
3   #用元组类型表示专项费用类型
4   spe_fee=("培训费","招待费","市场活动费")
5   #用列表类型表示收到的报销发票
6   sbmt_fp=["市场活动费","水电费","培训费","招待费"]
7   #用 if 语句判断要报销的发票是否为日常费用
8   if sbmt_fp[0] in spe_fee:
9       print(sbmt_fp[0],"属于专项费用")
10  else:
11      print(sbmt_fp[0],"属于日常费用")
```

>>> **运行结果**

市场活动费 属于专项费用

针对上面的代码，做以下说明。

- ❏ dly_exps 是元组类型，记录了财务部规定的日常费用类型，属于基础数据。
- ❏ spe_fee 是元组类型，记录了财务部规定的专项费用类型，属于基础数据。
- ❏ sbmt_fp 是列表类型，记录了财务部每天收到的报销发票的费用项目。
- ❏ sbmt_fp[0] in spe_fee 中，sbmt_fp[0]从列表中提取第一个元素，然后与元组 spe_fee 进行成员运算。如果提取的元素属于其成员之一，就返回 True，也就属于专项费用类型。
- ❏ else 表示如果经过前面判断后，确定元素不属于专项费用类型，那么元素就属于日常费用类型(这是二分法的逻辑判断模式)。

上面代码仅判断了列表第一个元素的费用类型，用户可以参考这段代码，举一反三，用类似的方法判断其他元素的费用类型。

2. while 循环语句

while 语句主要是用于循环执行代码块。在 while 语句中包含条件，当条件为 True 时，就执行 while 后面的代码块。执行完毕后，再返回到 while 语句，开始下一轮循环。当条件为 False 时，跳出 while 循环，执行代码块后面的程序语句。while 循环语句的逻辑示例如图 1-12 所示。

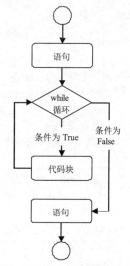

图 1-12　while 语句逻辑流程图

while 语句的语法格式如下。

```
while <条件表达式>:
    <代码块语句>
```

其中，条件表达式作为是否执行循环的依据。在书写时，要注意条件表达式结束时用"："，代码块语句要缩进(语法格式比较抽象，用户可参考本节后面的示例代码进一步理解)。

【示例 26】华盛科技公司财务部对费用报销中的网络费用进行了规范，将该类费用细分为 4 个子类：网络安全维护费、数据费、云租赁费、短信费。财务部小张收到信息部张文华提交的 3 张报销单，分别为：数据费、移动话费、短信费。编写 Python 代码用 while 循环语句来实现自动判断报销单是否为网络费用。

思考

1. 用什么数据类型来定义网络费用？
2. 用什么数据类型来定义提交的报销单？
3. 如何用 while 循环语句来进行判断？

答案

根据思考分析的结果编写代码。

>>> 动手实践

❑ **while 循环判断费用类型**

```
1   #用元组定义网络费用的细分子类
2   Ntfe_typ=("网络安全维护费","数据费","云租赁费","短信费")
3   #用列表来定义报销单
4   sbmt_fp=["数据费","移动话费","短信费"]
5   #调用 len 函数来计算提交了多少张报销单
6   len_sbmt=len(sbmt_fp)
7   #设置循环的初始值从 0 开始
8   i=0
9   #当循环次数小于提交的报销单数量时，就执行
10  while i<len_sbmt:
11      #判断列表中的报销单类型是否在元组的元素中
12      if sbmt_fp[i] in Ntfe_typ:
13          #在元组的元素中，就判断为网络费用
14          print(sbmt_fp[i],"的费用类型为：网络费用")
15      else:
16          #不在元组的元素中，就判断为其他费用
17          print(sbmt_fp[i],"的费用类型为：其他费用")
18      #循环次数加 1，然后跳转回 while 语句
19      i=i+1
20  print("---报销单类型判断完毕---")
```

>>> 运行结果

数据费 的费用类型为：网络费用
移动话费 的费用类型为：其他费用
短信费 的费用类型为：网络费用
---报销单类型判断完毕---

针对上面的代码，做以下说明。

❑ Ntfe_typ=("网络安全维护费","数据费","云租赁费","短信费")是元组类型，定义网络费类型的子项。
❑ sbmt_fp=["数据费","移动话费","短信费"]是列表类型，定义所提交的报销单。
❑ len(sbmt_fp)调用了 len()函数，用来计算列表的元素个数，即计算所提交的报销单有多少张。
❑ while i<len_sbmt：用于判断是否要继续循环。当循环的次数小于提交的报销单数量时，继续循环，直到所有的报销单都判断完毕。
❑ if sbmt_fp[i] in Ntfe_typ：采用了 in 运算符判断提交的费用类型是否在财务部定义的网络费用子项中。如果是，就执行后面的代码块。sbmt_fp[i]动态调用列表中的元素，每次循环时，i 的值会加 1，所提取的列表元素就往后挪一位。

在 while 语句中，也可以结合 break 语句和 continue 语句来使用，其逻辑流程如图 1-13 所示。

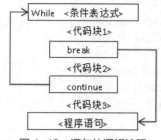

图 1-13 语句的逻辑流程

从图 1-13 中可看出：

- 当程序执行到 break 语句时，不再执行后面的<代码块 2><代码块 3>等代码，而是跳出 while 循环，执行后面的<程序语句>部分；
- 当程序执行到 continue 语句时，不再执行后面的<代码块 3>，而是直接跳转回 while 循环的前面，重新开始下一轮循环。

3. for 循环语句

for 循环语句与 while 循环语句有类似的功能，当条件判断为 True 时，就继续循环。当条件判断为 False 时，就结束循环。其主要用途是用循环的方式对数据对象进行遍历，如对字符串、列表、字典中的所有元素进行访问，具体应用场景将在后面详细介绍。

for 循环语句针对数据对象进行遍历的语法格式如下。

```
for <变量> in <数据对象>:
    <代码块>
```

在书写时，要注意条件表达式结束时用"："，代码块语句要缩进(用户可参考本节后面的示例代码进一步理解)。

【示例 27】以示例 26 相同案例为例。华盛科技公司财务部对费用报销中的网络费用进行了规范，将该类费用细分为 4 个子类：网络安全维护费、数据费、云租赁费、短信费。财务部小张收到信息部张文华提交的 3 张报销单，分别为：数据费、移动话费、短信费。编写 Python 代码，用 for 循环语句来实现自动判断报销单是否为网络费用类型。

思考

1. 用什么数据类型来定义网络费用？
2. 用什么数据类型来定义提交的报销单？
3. 如何用 for 循环语句来进行判断？

答案

根据思考分析的结果编写代码。

动手实践

□ for 循环判断费用类型

```
1  #用元组定义网络费用的细分子类
2  Ntfe_typ=("网络安全维护费","数据费","云租赁费","短信费")
3  #用列表来定义报销单
4  sbmt_fp=["数据费","移动话费","短信费"]
5  #循环遍历所有的报销单
6  for i in sbmt_fp:
7      #判断列表中的报销单类型是否在元组的元素中
```

```
 8      if i in Ntfe_typ:
 9          #在元组的元素中，就判断为网络费用
10          print(i,"的费用类型为：网络费用")
11      else:
12          #不在元组的元素中，就判断为其他费用
13          print(i,"的费用类型为：其他费用")
14  print("---报销单类型判断完毕---")
```

>>> 运行结果

```
数据费 的费用类型为：网络费用
移动话费 的费用类型为：其他费用
短信费 的费用类型为：网络费用
---报销单类型判断完毕---
```

针对上面的代码，做以下说明。

- Ntfe_typ=("网络安全维护费","数据费","云租赁费","短信费")是元组类型，定义网络费类型的子项。
- sbmt_fp=["数据费","移动话费","短信费"]是列表类型，定义提交的报销单。
- for i in sbmt_fp：用于遍历列表中的每个元素，每次将每个元素的值赋予i。遍历完毕，则循环完成。
- if i in Ntfe_typ：采用了 in 运算符，判断提交的费用类型是否在财务部定义的网络费用子项中。如果是，就执行后面的代码块。

在 for 循环语句中，也可以结合 break 语句和 continue 语句来使用，可查阅相关资料，此处不再详细介绍。

1.4.3 任务要求

华盛科技公司年底要根据各区域的销售额计算对应的年终奖金(奖金包)，华东区销售额为 580 万元，华南区销售额为 110 万元，东北区销售额为 44 万元，西南区销售额为 180 万元，中部区销售额为 350 万元，华西区销售额为 440 万元。公司规定销售额低于 50 万元(含 50 万元)，没有年终奖金；销售额在 50 万元到 200 万元(含 200 万元)之间，年终奖金为销售额的 2%；销售额在 200 万元到 500 万元(含 500 万元)之间，年终奖金为销售额的 5%；销售额在 500 万元到 1000 万元(含 1000 万元)之间，年终奖金为销售额的 8%；销售额在 1000 万元以上，年终奖金为销售额的 10%。

编写 Python 代码根据统计的信息计算各个区域的年终奖金额度。

1.4.4 任务解析

可以先思考下面的问题：

- 用什么数据类型来构建各区域的销售额比较合适？
- 用什么语句来循环调取各区域的销售额？
- 用什么语句来判断各区域销售额的年终奖金提成比例？

针对以上问题，思考后解析如下。

(1) 可以用字典、列表来定义各个区域的销售额(本案例采用字典来定义，具体内容可参考案例代码)。

(2) 可以用 for 循环语句、while 循环语句来循环调用各个区域的销售额(本案例采用 for 循环语

句来调用,具体内容可参考案例代码)。

(3) 各区域的销售额提成比例的判断需要使用多条件语句,可以用 if-elif-else 这样的结构来判断。根据上面的分析,编写代码。

>>> **动手实践**

☐ 计算奖金包

```python
#用字典定义每个区的销售额
SalesInfo={"华东区":580,"华南区":110,"东北区":44,\
          "西南区":180,"中部区":350,"华西区":440}
#用 for 循环调用字典中的 key
for i in SalesInfo.keys():
    #通过 key,调用对应的值
    sales=SalesInfo[i]
    #根据值的大小,判断其适用的提成比例
    if sales<=50:
        bonus=0
        print(i+"奖金包",bonus,"万元")
    elif sales<=200:
        bonus=sales*0.02
        print(i+"奖金包",bonus,"万元")
    elif sales<=500:
        bonus=sales*0.05
        print(i+"奖金包",bonus,"万元")
    elif sales<=1000:
        bonus=sales*0.08
        print(i+"奖金包",bonus,"万元")
    else:
        bonus=sales*0.1
        print(i+"奖金包",bonus,"万元")
```

>>> **运行结果**

```
华东区奖金包 46.4 万元
华南区奖金包 2.2 万元
东北区奖金包 0 万元
西南区奖金包 3.6 万元
中部区奖金包 17.5 万元
华西区奖金包 22.0 万元
```

1.5　Python 函数

1.5.1　概述

　　Python 的函数、类和对象等相关知识非常重要,它们是 Python 编程的核心概念,也是实现面向对象编程的基础。

　　通过学习函数,可以将复杂的任务分解为较小的、可重用的代码块,从而提高代码的可读性和可维护性。类和对象则提供了一种组织和封装数据及相关操作的方式,使代码结构更加模块化和灵活。

本节将学习函数、类和对象的基本语法,并结合财务管理案例场景,来介绍这些基本语法的典型应用。学习这些内容有助于构建大型、复杂的软件项目,并使代码更加高效、易于扩展和维护。相关知识也是许多主流 Python 库和框架的基础,掌握这些知识有助于用户更好地利用 Python 来解决工作中的各种问题。

1.5.2 知识准备

1. 函数的格式

Python 函数是一组封装好的代码块,其中包含了单一或者相关联的功能,可供开发者后续重复调用,从而减少开发的工作量,提升开发效率。Python 本身提供大量丰富的函数,用户可在编写代码时直接调用。用户也可根据需要,按照函数编写规范自定义函数,构建模块化的结构,扩展更多的功能。

自定义函数的语法格式如下。

```
def 函数名(参数1,参数2...):
    函数体
    [return 返回值列表]
```

先通过下面的示例,建立对函数的自定义和格式的初步认知。

【示例 28】用函数来判断要报销的费用是否超过预算。

思考

1. 如果要判断预算是否超标,需要传入哪些参数?
2. 如何描述函数实现的逻辑。

答案

根据思考分析的结果编写代码。

>>> **动手实践**

☐ 函数示例

```
1  #函数的定义
2  def Judge_fee(fee,budget):
3      "判断是否超过预算"
4      if fee<=budget:
5          return "没有超预算"
6      else:
7          return "超过预算"
```

针对上面的示例代码,相关说明如下。

☐ 函数以 def 关键字开头,其后为函数名 "Judge_fee",该行后面加冒号。
☐ 函数需要传递参数时,参数应放在圆括号中,参数之间用逗号分隔。
☐ 函数内容在冒号后开始,代码块在书写时注意要缩进。
☐ 函数的第一行语句可以是字符串,用于说明该函数(也可以用 Python 注释符 "#" 来进行说明)。
☐ return 语句用于返回函数计算后的结果,便于程序直接引用该结果。

2. 函数的参数和调用

1) 必需参数

默认情况下，调用函数时参数值和参数名称是按函数声明中定义的顺序匹配的，其数量必须保持一致。这种情况下调用的参数称为必需参数。因此，在调用时应按照定义的顺序、数量进行赋值，才能得到预期的结果。

【示例29】已知收入1000万元，成本820万元，要求通过定义函数来计算利润。

思考
1. 函数需要传入哪些参数？
2. 函数需要返回哪些值？是如何计算的？

根据思考分析的结果编写代码。

答案　　视频1-7

>>> 动手实践

□ 函数的必需参数

```
1   #函数的必需参数
2   def Profit(Revenue,Cost):
3       #计算利润值并返回
4       return Revenue-Cost
5
6   #假设收入=1000,成本=820
7   #第一种调用顺序：
8   print("利润为：",Profit(1000,820))
9
10  #第二种调用顺序：
11  print("利润为：",Profit(820,1000))
```

>>> 运行结果

利润为：	180
利润为：	-180

从上面的运行结果可以看到，收入为1000万元，成本为820万元，正确的利润应该是180万元。在调用时，应该用Profit(1000,820)来赋值。如果参数值传递的顺序错了，返回的结果也就错了。因此，在编写代码的时候，应特别注意参数的顺序。

2) 关键字参数

关键字参数是指在调用函数时，用关键字来标识参数，这样即使调用时参数的顺序与函数声明中的不一致，Python解释器依然能够用参数名匹配参数值。

【示例30】两名员工的信息为：马元，年龄35岁，司龄5年，基本薪资8000元；张明，年龄25岁，司龄5年，基本薪资5000元。员工奖金的计算方法为：司龄大于等于10年的，奖金=基本薪资×2；司龄在5~10年(不含10年)的，奖金=基本薪资×1.5；司龄小于5年的，奖金=基本薪资。要求定义函数来计算员工奖金，输出计算结果并返回具体奖金数额。

思考
1. 函数需要传入哪些参数？
2. 函数需要返回哪些参数？
3. 如何描述函数实现的逻辑。

答案

根据思考分析的结果编写代码。

>>> **动手实践**

☐ 函数的关键字参数

```
1   #函数的关键字参数
2   def Employee(name,age,lenSrv,bsSlry):
3       #lenSrv 为司龄, bsSlry为基本薪资
4       #根据司龄来计算奖金bonus
5       if lenSrv>=10:
6           bonus=bsSlry*2
7       elif lenSrv>=5:
8           bonus=bsSlry*1.5
9       else:
10          bonus=bsSlry
11      print("|姓名",name,"|年龄",age,"|司龄",lenSrv,\
12          "|基本薪资",bsSlry,"|奖金",bonus)
13      return bonus
14
15  #用关键字参数调用
16  Em1=Employee(age=35,lenSrv=5,name="马元",bsSlry=8000)
17
18  #也可以用必需参数和关键字参数混合调用
19  Em2=Employee("张明",25,bsSlry=5000,lenSrv=2)
```

>>> **运行结果**

```
|姓名 马元 |年龄 35 |司龄 5 |基本薪资 8000 |奖金 12000.0
|姓名 张明 |年龄 25 |司龄 2 |基本薪资 5000 |奖金 5000
```

针对上面的示例代码，相关说明如下。

☐ Employee(name,age,lenSrv,bsSlry)定义了函数的参数名称、数量和顺序。
☐ if语句的代码块通过判断司龄，来计算员工的奖金，此处不详细解释。
☐ Em1=Employee(age=35,lenSrv=5,name="马元",bsSlry=8000)采用关键字参数的调用方法，Python 解释器匹配关键字来给参数赋值，因此参数顺序不同时，调用也没有问题。
☐ Em2=Employee("张明",25,bsSlry=5000,lenSrv=2)采用必需参数和关键字参数混用的方式来调用。如果调用时不提供关键字，系统就默认按照定义的参数个数和顺序来赋值；当调用提供关键字时，就按照关键字名称来匹配赋值。

1.5.3 任务要求

已知华盛科技公司近三年的资产总额和负债总额，需要判断资产负债率是否有异常(该公司所处行业资产负债率的合理范围在 40%~60%之间)，要求：根据所学的函数知识，编写函数，并且通过调用该函数来判断华盛科技公司三年的资产负债率是否正常。相关的数据如表1-2 所示。

表1-2 任务数据

会计年度(年)	2021	2022	2023
资产总额(元)	14824743567	15074434759	19146994680
负债总额(元)	8668952922	13424278936	10641931399

1.5.4 任务解析

可以先考虑下面的问题：
- 如果用函数来实现，函数需要传入哪些参数？函数要完成哪些计算任务？需要返回哪些值？
- 如果用类和对象来实现，类应该定义哪些属性？定义哪些方法？
- 用什么数据类型来定义三年的资产、负债数据？应该定义几个变量？
- 用什么语法结构来复用语句并计算出三年的资产负债率？

针对上面的问题，参考的分析思路如下。

(1) 如果用函数来实现，函数需要传入资产、负债两个数据。函数需要计算出资产负债率，并判断该值是否在正常范围内。函数需要返回判断的结果。

(2) 可以考虑用列表来定义三年的资产、负债数据，包含三个变量：年份列表、资产列表、负债列表。

(3) 可以用循环语句来复用语句，通过调用函数的方法，来计算出三年的资产负债率，并获得判断结果。

根据任务解析的思路，编写相应的代码。

>>> **动手实践**

□ 判断资产负债率是否正常

```
1   #判断资产负债率是否在正常范围的函数
2   def Asset_liability_ratio(asset,liability):
3       Asset_liability_ratio=liability/asset
4       #判断资产负债率
5       if 0.4<Asset_liability_ratio<0.6:
6           return "资产负债率正常"
7       else:
8           return "资产负债率异常"
9
10  #用列表表示数据
11  lst_year=[2021,2022,2023]                                #年份数据
12  lst_asset=[14824743567,15074434759,19146994680]          #资产数据
13  lst_liability=[8668952922,13424278936,10641931399]       #负债数据
14
15  #用循环语句来计算资产负债率
16  i=0
17  while i<len(lst_year):
18      IsNormal=Asset_liability_ratio(lst_asset[i],lst_liability[i])
19      print(lst_year[i],IsNormal)
20      i = i+1
```

>>> **运行结果**

```
2021 资产负债率正常
2022 资产负债率异常
2023 资产负债率正常
```

第 2 章 Python高级应用

📌 学习目标

1. 理解 Python 的模块和包的概念
2. 了解常用的可视化库
3. 理解爬虫的基本原理和"Web 三件套"
4. 掌握 openpyxl、NumPy、Pandas 数据处理库的初步应用
5. 掌握 Matplotlib 库和 requests 模块的初步应用

📌 学习导图

学习导图如图 2-1 所示。

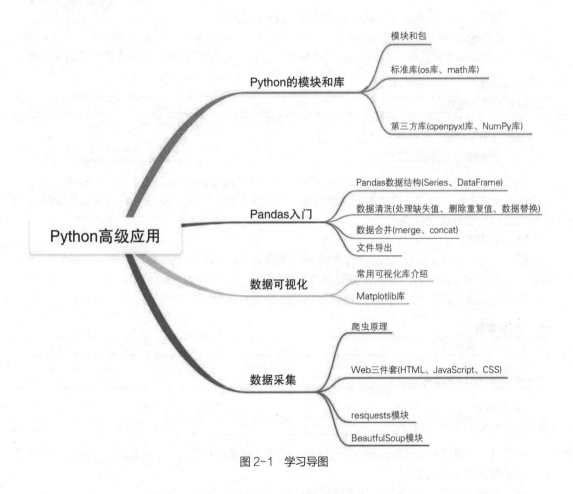

图 2-1　学习导图

2.1 Python 的模块和库

2.1.1 概述

"如果我比别人看得更远,那是因为我站在巨人的肩膀上。" Python 之所以强大,很大程度上得益于其开源活跃的生态系统。近年来,Python 提高了对类库的支持,除了标准库,Python 语言还有超过 12 万个第三方库,可以帮助用户解决文档管理、数据分析与数据科学方面的问题。

2.1.2 知识准备

1. 模块和包

在 Python 程序的开发过程中,为了代码维护和重复使用代码更方便,可以将一些可实现相对独立功能的代码保存为扩展名为 .py 的文件,此类文件就是模块(module)。

1) 创建模块

创建模块,只需将所需代码保存在扩展名为 .py 的文件中。

(1) 在 Jupyter Notebook 首页中新建一个文本文件,单击页面右边的 New 的下拉按钮,在弹出的列表中选择 Text File 选项,在显示的界面中编写一个自定义函数,计算一年内多次计息的实际利率。

>>> **动手实践**

☐ 编写自定义函数

```
1  # 计算一年内多次计息的实际利率,r 为名义利率,m 为一年内的计息次数
2  def actual(r,m):
3      return (1+r/m)**m - 1
```

(2) 单击顶部的文件名"untitled.txt",将其重命名为"actualinterest.py",然后保存并关闭文件。

以上文本文件也可以通过文本编辑器编写,将其保存为扩展名为 .py 的文件并存放在 Python 文件所在的位置便可以直接调用。

2) 调用模块

模块的调用通过 import 语句实现,如果模块名称较长,可以通过 as 将其命名为一个简称,此时调用其中的自定义函数时,需要在函数前添加模块名。

编写 Python 代码,用 import 语句调用创建的模块并运行。

>>> **动手实践**

☐ 用 import 调用模块

```
1  import actualinterest as ai
2  ai.actual(0.08,12)
```

>>> **运行结果**

```
0.08299950680750978
```

用户也可以通过 from…import…语句只调用模块中的某个对象,此时调用其中的自定义函数量,不需在函数前添加模块名。

编写 Python 代码,调用前面创建的模块中的"actual 对象",并运行。

>>> 动手实践
- 调用 actual 对象

```
1  from actualinterest import actual
2  actual(0.08,12)
```

>>> 运行结果

```
0.08299950680750978
```

按惯例，所有 import 语句都放在模块(或脚本)开头。

3) 包

包就是多个模块的集合。当项目较大，模块较多时，可以把模块放在包中，便于管理。包的调用代码如下所示。

```
import 包名.模块名
from 包名 import 模块名
from 包名.模块名 import 函数/变量
```

2. 标准库

标准库是 Python 官方内置的一些模块，安装 Python 时就已经把这些库集成到本地电脑，可以直接使用 import 导入使用。在财务管理应用中常用的标准库包括 os 库、datetime 库、math 库等。

1) os 库

os 模块提供各种 Python 程序与操作系统进行交互的接口，包含几百个函数。通过使用 os 模块，可以进行常用路径操作、进程管理和设置环境参数等。常用的应用包括使用 import 语句将 os 模块导入，用 getcwd()函数获得当前目录。

>>> 动手实践
- 获取目录

```
1  import os
2  # 获取当前目录
3  os.getcwd()
```

>>> 运行结果

```
'/Users/hu/Python 在财务管理中的应用/代码 2.1-1 讲解与练习'
```

可用 listdir()函数列出当前目录中的文件。

>>> 动手实践
- 列出当前目录中的文件

```
1  # 列出目录中的文件
2  os.listdir()
```

>>> 运行结果

```
['.DS_Store',
 '代码 2.1-1 讲解与练习.ipynb',
 '__pycache__',
 ...]
```

可用 chdir()函数切换目录，然后显示当前目录。

>>> 动手实践
- 切换目录

```
1  os.chdir("/Users/hu/Python 在财务管理中的应用/代码 2.1-1 讲解与练习")
2  os.getcwd()
```

>>> 运行结果

'/Users/hu/Python 在财务管理中的应用/代码 2.1-1 讲解与练习'

可以看到,在括号中填写路径即可切换到相应目录。如果填写"..",可切换到上一级目录。如果要遍历当前目录,可用 walk()函数。

>>> 动手实践
- 遍历当前目录

```
1  # 遍历目录
2  list(os.walk("."))
```

>>> 运行结果

```
[('.',
  ['__pycache__', '.ipynb_checkpoints'],
  ['.DS_Store',
   '代码 2.1-1 讲解与练习.ipynb',
   ...])]
```

上面的语句中,walk(".")中的点表示当前目录。

该语句与 os.listdir 的区别是:用 os.walk 可将当前目录下的所有子目录及其中的内容都遍历到;而用 os.listdir 只会遍历当前目录中所包含的内容。os.walk()缺省后面的参数量返回的是一个三元组(root,dirs,files),其中 root 所指的是当前正在遍历的这个文件夹的本身的地址;dirs 是一个 list,内容是该文件夹中所有目录的名字(不包括子目录);files 也是一个 list,内容是该文件夹中所有的文件(不包括子目录)。

如果要遍历并显示指定目录下的所有内容,可以用 for 语句结合 walk()函数来实现。

>>> 动手实践
- 遍历目录下的所有内容

```
1  root_dir = os.getcwd()
2  for files in os.walk(root_dir):
3      print(files)
```

>>> 运行结果

('/Users/hu/Python 在财务管理中的应用/代码 2.1-1 讲解与练习', ['__pycache__', '.ipynb_checkpoints'],...)

如果要拼接路径,可以用 join()函数来实现。例如,将当前目录与指定目录下的文件名进行拼接。

>>> 动手实践
- 拼接目录和文件

```
1  dir1 = os.getcwd()
2  for file in os.listdir():
3      print(os.path.join(dir1,file))
```

>>> 运行结果

```
/Users/hu/Python在财务管理中的应用/代码2.1-1讲解与练习/.DS_Store
/Users/hu/Python在财务管理中的应用/代码2.1-1讲解与练习/代码2.1-1讲解与练习.ipynb
...
```

可以看出，join()函数将参数中的路径进行拼接，例如：os.path.join("xx","yy","zz")可输出路径为：xx/yy/zz。

在用listdir()函数获取文件时，由于文件路径与文件名是分开的，因此对文件进行处理时常利用该语句对文件路径和文件名进行拼接。

如果想遍历当前目录下的所有子目录及文件，并将目录与文件名拼接后显示出来，可以利用for语句、walk()函数和join()函数来实现。

>>> 动手实践

☐ 遍历目录和子目录并拼接

```
1  root_dir = os.getcwd()
2  for files in os.walk(root_dir):
3      root,dirs,file = files
4      for f in file:
5          print(os.path.join(root,f))
```

>>> 运行结果

```
/Users/hu/Python在财务管理中的应用/代码2.1-1讲解与练习/.DS_Store
/Users/hu/Python在财务管理中的应用/代码2.1-1讲解与练习/代码2.1-1讲解与练习.ipynb
/Users/hu/Python在财务管理中的应用/代码2.1-1讲解与练习/Hello,Python.pdf
...
```

从上面两个例子可以看出，采用listdir()只会遍历当前目录中所包含的内容，而os.walk将当前目录下的所有子目录及其中的内容都遍历到。

2) math 库

在财务管理的应用中，会应用到大量的公式，而Python中的math库提供了非常实用的计算函数，如表2-1所示。

表2-1 math 库常用函数

函数	返回值
ceil(x)	大于或等于 x 的整数
exp(x)	e 的 x 次方
factorial(n)	计算 n 的阶乘(n!)
log(x)	以 e 为底的 x 的对数
log(x,b)	以 b 为底的 x 的对数
pow(x,y)	x 的 y 次方
二进制类型	bytes, bytearray, memoryview

【示例1】导入 math 模块，根据经济订货批量基本模型自定义经济订货批量的函数，其中 Q 表示经济订货批量，c 为单次订货成本，r 为总需求量，h 为单位产品的库存成本。

>>> 动手实践

☐ 经济订货批量

```
1  # Q表示经济订货批量，c为单次订货成本，r为总需求量，h为单位产品的库存成本
```

```
2  import math
3  def Q(c,r,h):
4  return math.sqrt(2*c*r/h)
5
6  Q(5000,10000,50)
```

>>> 运行结果

```
1414.213562373095
```

3. 第三方库

第三方库由 Python 社区提供,与标准库不同的是,要使用第三方模块,需要使用 pip 安装。如果通过安装 Anaconda 来使用 Python,该程序已自动安装常用的第三方库,可以启动 Anaconda navigator 后,在 Environment 菜单中进行查看或搜索第三方库。如果需要用到其他第三方库,或者通过其他方式安装 Python,则需要使用 pip 安装第三方库。

1) openpyxl 库

openpyxl 库是一个比较综合的工具,它可以处理 Excel 2007 及以上版本产生的 .xlsx 文件,能够同时读取和修改 Excel 文档。

【示例 2】调用 openpyxl 库创建 Excel 工作簿和工作表,并读取 Excel 文件,操作单元格。

77.xlsx

>>> 动手实践

❑ 读取 Excel 文件并操作

```
1  import openpyxl
2  wb = openpyxl.Workbook()              # 创建工作簿
3  ws = wb.create_sheet("Mysheet")       # 创建工作表
4  wb.save("77.xlsx")
5  wb = openpyxl.load_workbook("77.xlsx")    # 打开 77.xlsx 文件
6  ws = wb["Mysheet"]   # 使用工作表名获取该文件中的工作表
7  ws["A2"] = 2                          # 为单元格赋值
8  ws["A3"] = 3                          # 为单元格赋值
9  ws["A1"] = "=SUM(A2:A3)"              # 编辑单元格公式
10 ws.merge_cells("B2:B3")               # 合并单元格
11 wb.save("77.xlsx")
12 ws["A2"].value                        # 获取单元格的值
```

>>> 运行结果

```
2
```

【示例 3】遍历 Excel 数据表中的数据。

>>> 动手实践

❑ 遍历 Excel 中的数据

```
1  for row in ws.values:
2      for value in row:
3          print(value)
```

>>> 运行结果

```
=SUM(A2:A3)
None
```

```
2
None
3
None
```

2) NumPy 库

NumPy 库是目前 Python 数值计算中最为重要的基础库,它提供多种数据结构、算法及大部分涉及 Python 数值计算所需的接口,也可在算法与库之间作为数据传递的容器。对于数值计算,NumPy 能够比 Python 内建数据结构更为高效地存储和操作数据。NumPy 最为核心的数据类型是 ndarray,使用 ndarray 可以处理一维、二维和多维数组。

(1) 创建 ndarray 对象(数组)。

创建数组最简单的方法是使用 array 函数。array 函数接收任意的序列型对象(如字符串、列表、元组等),生成一个新的包含传递数据的数组。

【示例4】调用 NumPy 中的 array 函数来写入数据,创建一维数组。

>>> **动手实践**

❏ **创建一维数组**
```
1   import numpy as np              # 导入 NumPy,np 为 NumPy 的惯常简写
2   array1 = np.array([1,2,3,4,5])  # 创建一维数组
3   array1
```

>>> **运行结果**
```
array([1, 2, 3, 4, 5])
```

此外,还可以利用 arange 函数创建一维数组,如 arange(10,50,3)表示生成从 10 到 50 的数,间隔为 3。如果只写 1 个参数,如 arange(10)表示从 0 开始生成小于 10 的序列,间隔为 1。

【示例5】利用 arange 函数创建一维数组。

>>> **动手实践**

❏ **用 arange 创建一维数组**
```
1   array2 = np.arange(10)     # arange 是 Python 内建函数的数组版
2   array2
```

>>> **运行结果**
```
array([0, 1, 2, 3, 4, 5, 6, 7, 8, 9])
```

【示例6】给定列表,利用 array 函数创建二维数组。

>>> **动手实践**

❏ **用 array 创建二维数组**
```
1   data1 = [[1,2],[3,4],[5,6]]
2   array3 = np.array(data1)       # 创建二维数组
3   array3
```

>>> **运行结果**
```
array([[1, 2],
       [3, 4],
       [5, 6]])
```

可以通过 shape 属性查看数组的形状，还可以通过.reshape 属性对数组的形状进行转换。

【示例 7】用 shape 属性查看二维数组的形状，通过 reshape 属性对数组形状进行转换。

>>> 动手实践

	查看和调整数组形状
1	print(array3.shape)
2	array2.reshape(2,5)

>>> 运行结果

```
 (3, 2)
array([[0, 1, 2, 3, 4],
       [5, 6, 7, 8, 9]])
```

除 np.array 之外，还有一些函数也可以新建数组。比如，zeros 函数和 ones 函数分别可以创建指定长度或形状的全 0 或全 1 数组。要用这些方法创建多维数组，只需传入一个表示形状的元组即可。

【示例 8】创建一个全 0 的数组。

>>> 动手实践

	创建全 0 的数组
1	array4 = np.zeros((3,6))
2	array4

>>> 运行结果

```
array([[0., 0., 0., 0., 0., 0.],
       [0., 0., 0., 0., 0., 0.],
       [0., 0., 0., 0., 0., 0.]])
```

采用同样的方式，可自行尝试用 ones 方法创建一个全 1 的数组。

(2) 数组的运算。

数组可以不使用 for 循环而进行批量运算，因此其数值运算的效率远高于 Python 方法，占用更少的内存。两个形状相同的数组运算对数组中的每个元素逐个对应计算。

【示例 9】编写 Python 代码实现两个数组的相乘。

>>> 动手实践

	数组相乘	
1	array6 = np.array([[1,2,3],[4,5,6]])	
2	array6 * array6	# 数组的相乘

>>> 运行结果

```
array([[ 1,  4,  9],
       [16, 25, 36]])
```

采用同样的方式，可自行尝试数组的相减运算。

【示例 10】数组与标量进行运算(相乘)，标量会与数组中的每一个元素进行计算。

>>> 动手实践

	数组与标量相乘
1	array6 * 3

>>> 运行结果
```
array([[ 3,  6,  9],
       [12, 15, 18]])
```

【示例11】两个形状相同的数组进行比较，会输出一个布尔值数组。

>>> 动手实践
- 形状相同的数组进行比较
```
1    array7 = np.array([[3,2,1],[6,5,4]])
2    array6 > array7
```

>>> 运行结果
```
array([[False, False,  True],
       [False, False,  True]])
```

【示例12】运用 sum()、mean()、cumsum()等常用的数学函数对整个数组进行统计计算。

>>> 动手实践
- 数组的数学函数
```
1    array11 = np.arange(10)
2    print(array11.sum())         # 求数组的元素和
3    print(array11.mean())        # 求数组的元素平均值
4    print(array11.cumsum())      # 数组的元素累积和
```

>>> 运行结果
```
45
4.5
[ 0  1  3  6 10 15 21 28 36 45]
```

上面代码中，array11.cumsum()函数是指基于已有的一维数组返回一个新的数组，其中每个元素是原数组中从开始到该位置的元素的和。

基础数组统计方法如表 2-2 所示。

表 2-2　基础数组统计方法及说明

方法	说明
sum	对数组中全部或者某轴向的元素求和(零长度的数组的 sum 为 0)
mean	算数平均数(零长度的数组的 mean 为 NaN)
std, var	分别为标准差和方差，自由度可调(默认为 n)
min, max	最大值和最小值
argmin, argmax	分别为最大和最小元素的索引
cumsum	所有元素的累计和
cumpord	所有元素的累计积

数组可以使用通用函数对其中的元素进行计算或操作，其中一元函数接收一个标量数值并产生一个标量结果，二元函数接收两个数组进行计算并返回一个数组。

【示例13】一元函数的应用。

>>> 动手实践
- 一元函数的应用

```
1    array12 = np.arange(10)
2    print(array12)
3    array13 = np.sqrt(array11)         # 对数组元素进行平方根计算
4    print(array13)
5    print(np.rint(array13))            # 对数组元素按四舍五入进行取整
```

>>> **运行结果**

```
[0 1 2 3 4 5 6 7 8 9]
[0.         1.         1.41421356 1.73205081 2.         2.23606798
 2.44948974 2.64575131 2.82842712 3.        ]
[0. 1. 1. 2. 2. 2. 2. 3. 3. 3.]
```

常用一元函数如表 2-3 所示。

表 2-3 常用一元函数

函数	说明
abs / fabs	求绝对值的函数
sqrt	求平方根的函数，相当于 array ** 0.5
square	求平方的函数，相当于 array ** 2
exp	计算 e^x 的函数
log / log10 / log2	对数函数(e 为底 / 10 为底 / 2 为底)
sign	符号函数(1 为正数；0 为零；-1 为负数)
ceil / floor	上取整/下取整
isnan	返回布尔数组，NaN 对应 True，非 NaN 对应 False
isfinite / isinf	判断数值是否为无穷大的函数
cos / cosh / sin	三角函数
sinh / tan / tanh	三角函数
arccos / arccosh / arcsin	反三角函数
arcsinh / arctan / arctanh	反三角函数
rint / round	四舍五入函数

【示例 14】二元函数的应用。

>>> **动手实践**

❑ 二元函数的应用

```
1    array14 = np.arange(10,50,3)
2    print(array14)
3    array15 = np.arange(0,80,6)
4    print(array15)
5    # 比较两个数组并选取对应元素中的最大值返回一个数组
6    np.maximum(array14,array15)
```

>>> **运行结果**

```
[10 13 16 19 22 25 28 31 34 37 40 43 46 49]
[ 0  6 12 18 24 30 36 42 48 54 60 66 72 78]
array([10, 13, 16, 19, 24, 30, 36, 42, 48, 54, 60, 66, 72, 78])
```

常用二元函数如表 2-4 所示。

表 2-4 常用二元函数

函数	说明
add(x, y)/ substract(x, y)	加法函数/减法函数
multiply(x, y)/ divide(x, y)	乘法函数/除法函数
floor_divide(x, y)/mod(x, y)	整除函数/求模函数
allclose(x, y)	检查数组 x 和 y 元素是否几乎相等
power(x, y)	数组 x 的元素 x_i 和数组 y 的元素 y_i，计算 $x\_i^{y\_i}$
maximum(x, y)/ fmax(x, y)	两两比较元素获取最大值 / 获取最大值(忽略 NaN)
minimum(x, y)/ fmin(x, y)	两两比较元素获取最小值 / 获取最小值(忽略 NaN)
intersect1d(x, y)	计算 x 和 y 的交集，返回这些元素构成的有序数组
union1d(x, y)	计算 x 和 y 的并集，返回这些元素构成的有序数组
in1d(x, y)	用于比较两个数组 x 和 y，返回一个布尔数组，表示数组 x 中的元素是否包含在数组 y 中
setdiff1d(x, y)	计算 x 和 y 的差集，返回这些元素构成的数组
setxor1d(x, y)	计算 x 和 y 的对称差，返回这些元素构成的数组

(3) 数组的切片和索引。

一维数组的索引比较简单，与 Python 的列表类似。

【示例 15】获取一维数组中的单个元素、一组元素及调整指定位置的元素。

>>> 动手实践

视频 2-1

❏ 获取数组元素

```
1    array8 = np.arange(10)
2    print(array8[3])         # 获取一维数组的第 4 个元素
3    print(array8[5:8])       # 获取一维数组的第 6~9 个元素
4    array8[5:8] = 10         # 在指定位置新增元素
5    array8
```

>>> 运行结果

```
3
[5 6 7]
array([ 0,  1,  2,  3,  4, 10, 10, 10,  8,  9])
```

对于二维数组，每个索引值对应的是一个一维数组，如果需要获取其中的元素，需要定义数组的坐标，如图 2-2 所示。

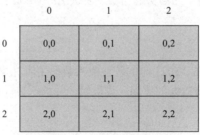

图 2-2 二维数组的索引

【示例 16】获取二维数组中的单个元素、指定行列的元素，并对照二维数组的索引表进行理解。

>>> 动手实践

❏ 获取二维数组的元素

```
1    array9 = np.array([[1,2,3],[4,5,6],[7,8,9]])
```

```
2    print("array9[2]: ",array9[2])
3    print("array9[1,2]: ",array9[1,2])      # 获取第 2 行第 3 列的元素
4    print("array9[:2]: \n",array9[:2])      # 获取前两行的元素
5    print("array9[:]: \n",array9[:])        # 获取整个数组
```

>>> 运行结果

```
array9[2]:  [7 8 9]
array9[1,2]:  6
array9[:2]:
 [[1 2 3]
 [4 5 6]]
array9[:]:
 [[1 2 3]
 [4 5 6]
 [7 8 9]]
```

(4) 数组的转置。

【示例 17】数组具有特殊的属性,可以将其行列进行转换。

>>> 动手实践

❏ 数组的转置

```
1    array16 = np.arange(15).reshape(3,5)
2    print(array16)
3    array16.T
```

>>> 运行结果

```
[[ 0  1  2  3  4]
 [ 5  6  7  8  9]
 [10 11 12 13 14]]
array([[ 0,  5, 10],
       [ 1,  6, 11],
       [ 2,  7, 12],
       [ 3,  8, 13],
       [ 4,  9, 14]])
```

精通基于数组的编程和思考是成为 Python 科学计算专家的重要一步,通过对这些知识的学习,可以深入理解 NumPy 的能力,为财务管理计算中应用 Python 打下坚实的基础。

2.1.3 任务要求

附表 2-1 是招商银行 2016—2021 年的营业收入数据(扫描右侧二维码获取),要求通过第三方库读取数据,将数据创建为一维数组,并求解各年收入的和、平均值与最大值。

附表 2-1

2.1.4 任务解析

首先思考下面问题。

根据任务要求,要用到哪些 Python 库与用法?

针对问题，参考思路如下：
- 任务给出 Excel 表格，因此需要利用学到的 openpyxl，利用循环读取表格中的数据。
- 需要创建一维数据，因此需要使用 NumPy 库进行创建。
- 可以使用 NumPy 中的数组统计方法，如.sum()、.mean()和.max()。

根据任务解析编写代码。

>>> 动手实践

❑ 计算各年收入值

```
1  import openpyxl as op
2  import numpy as np
3  wb = op.load_workbook("附表2-1.xlsx")
4  ws = wb["Sheet1"]
5  a = []
6  for row in ws["A1":"A5"]:
7      for revenue in row:
8          a.append(revenue.value)
9  
10 b = np.array(a)
11 print("收入合计：",b.sum())
12 print("平均收入：",b.mean())
13 print("最大收入：",b.max())
```

>>> 运行结果

收入合计： 1360890000000
平均收入： 272178000000.0
最大收入： 331253000000

2.2　Pandas 入门

2.2.1　概述

不同于会计核算的相对标准化输出可以在系统中进行固化，在财务管理过程中，常常需要处理大量的非标准化数据，而 Pandas 是 Python 数据处理和分析中应用最为广泛的大型类库。Pandas 包含更快更简单的数据结构和处理工具，这对财务管理过程中的分析计算及辅助决策尤为重要。

Pandas 经常和其他工具一同使用，如前面学到的数值计算工具 NumPy，以及后面将要学习的数据可视化库 Matplotlib。Pandas 是基于 NumPy 数组构建的，特别是基于数组的函数和不使用 for 循环的数据处理。虽然 Pandas 采用了大量的 NumPy 编码风格，但二者最大的不同是 Pandas 是专门为处理表格和混杂数据设计的，而 NumPy 更适合处理统一的数值数组数据。

2.2.2　知识准备

1. Pandas 数据结构

Pandas 最核心的数据结构包括 Series 和 DataFrame。顾名思义，Series 只有一个值"序列"，而 DataFrame 是可以含有多个序列的"数据框"，如图 2-3 所示。

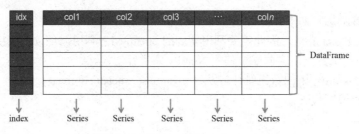

图 2-3　Series 和 DataFrame

1) Series

Series 本质是一个含有索引的一维数组，包含值序列和数据标签(索引)，可以在引入 Pandas 后直接创建。

【示例 18】用 Series 创建数组。

>>> 动手实践

□ 创建 series

```
1  # 创建一个Series
2  import pandas as pd
3  s1 = pd.Series([2,4,6,8])
4  s1
```

>>> 运行结果

```
0    2
1    4
2    6
3    8
dtype: int64
```

从运行结果可以看到，输出的第一列为索引值，第 2 列才是 Series 数据值。

【示例 19】创建带索引的 Series 数组，并指定索引的值。

>>> 动手实践

□ 创建指定索引的 Series 数组

```
1  s2 = pd.Series(data = [10,20,30],index = ["一月","二月","三月"])
2  s2
```

>>> 运行结果

```
一月    10
二月    20
三月    30
dtype: int64
```

与 NumPy 的一维数组相比，Series 的索引可以自定义；与 Python 中的字典相比，Series 可以向量化运行(效率更高)。

2) DataFrame

DataFrame 是一种表格型的数据结构，既有行索引，也有列索引，每一列可以是不同的数据类型。日常工作中 DataFrame 使用最为广泛，因为二维的数据本质就是一个有行有列的表格(在财务管理中处理的 Excel 电子表格和关系型数据库中的二维表)。

(1) DataFrame 对象创建。有多种方式可以构建 DataFrame，可以根据参数直接写入数据创建。

【示例 20】创建 DataFrame。

>>> 动手实践

❑ 创建 DataFrame

```
1   # 创建一个 DataFrame
2   df1 = pd.DataFrame(data = [[80,400,3200],[30,500,15000],[100,500,50000]],
3                      index = ["产品 A","产品 B","产品 C"],
4                      columns = ["数量","价格","金额"])
5   df1
```

>>> 运行结果

	数量	价格	金额
产品 A	80	400	3200
产品 B	30	500	15000
产品 C	100	500	50000

从运行结果可以看到，DataFrame 的数据表非常直观。

在财务管理实务中经常需要导入 Excel 表格或其他格式的方式获取数据，Pandas 通过 read_excel 来读取 Excel 文件。可以在 Pandas 的方法或属性后面加"？"来获取其使用说明，即 pd.read_excel?(用户可以在 Jupyter 页面中自行尝试查阅)。

【示例 21】用 read_excel() 来读取文件。如果文件与 Python 文件在同一个文件路径下，可以直接输入文件名称，否则需要输入路径及文件名(扫描右侧二维码查看示例中的数据)。

招商银行

>>> 动手实践

❑ 读取 Excel 文件

```
1   import pandas as pd
2   df2 = pd.read_excel("招商银行.xlsx","sheet1",header = 0,index_col = 0)
3   df2
```

>>> 运行结果

报告期	营业总收入	营业总成本	营业利润	利润总额	净利润
2021	3313.00	1832.00	1480.00	1482.00	1199.00
2020	2905.00	1678.00	1226.00	1224.00	973.40
2019	2697.00	1527.00	1170.00	1171.00	928.70
...	...	...	...	...	...
2001	86.49	42.04	51.12	20.54	13.75

(2) 基本方法和属性。如果数据表比较大，可以用 head() 方法显示前几行，如果没有参数，则默

认显示前 5 行。另外,用 info()方法可以查看对象的相关信息(关于这两种方法的使用,用户可以自行在 Jupyter 页面中尝试验证)。

【示例 22】在 DataFrame 中可以指定列名进行显示。如果指定的列名不在数据中,则会显示为缺失值。

>>> 动手实践

□ 指定列名显示

```
1  # 指定列名显示
2  pd.DataFrame(df2,columns=["净利润","营业总收入","营业利润","扣非净利润]).head()
```

>>> 运行结果

报告期	净利润	营业总收入	营业利润	扣非净利润
2021	1199.0	3313.0	1480.0	NaN
2020	973.4	2905.0	1226.0	NaN
2019	928.7	2697.0	1170.0	NaN
2018	805.6	2486.0	1066.0	NaN
2017	701.5	2209.0	905.4	NaN

【示例 23】在 DataFrame 中可以通过列标题检索其中的某列数据为一个序列,也可以通过属性方式来显示序列。

>>> 动手实践

□ 使用列标题方式显示序列	□ 使用属性方式显示序列
1 # 使用列标题进行显示 2 df2["净利润"].head()	1 # 使用属性方式进行显示 2 df2.净利润.head()

>>> 运行结果

```
报告期
2021    1199.0
2020     973.4
2019     928.7
2018     805.6
2017     701.5
Name: 净利润, dtype: float64
```

```
报告期
2021    1199.0
2020     973.4
2019     928.7
2018     805.6
2017     701.5
Name: 净利润, dtype: float64
```

【示例 24】与列表一样,通过索引可以直接修改某列数值,要求编写代码将"净利润"一列的值修改为 0。

>>> 动手实践

□ 修改列的值

```
1  # 修改列的值
2  df2["净利润"] = 0
3  df2.head()
```

>>> 运行结果

报告期	营业总收入	营业总成本	营业利润	利润总额	净利润
2021	3313.0	1832.0	1480.0	1482.0	0
2020	2905.0	1678.0	1226.0	1224.0	0
2019	2697.0	1527.0	1170.0	1171.0	0
2018	2486.0	1419.0	1066.0	1065.0	0
2017	2209.0	1304.0	905.4	906.8	0

【示例 25】给列赋值一个 Series 时，序列元素的个数应与 DataFrame 的列长度一致。

>>> 动手实践

□ 给列赋值一个 Series

```
1  # 给列赋值的长度与 dataframe 一致
2  import numpy as np
3  df2["净利润"] = np.arange(21)
4  df2.head()
```

>>> 运行结果

报告期	营业总收入	营业总成本	营业利润	利润总额	净利润
2021	3313.0	1832.0	1480.0	1482.0	0
2020	2905.0	1678.0	1226.0	1224.0	1
2019	2697.0	1527.0	1170.0	1171.0	2
2018	2486.0	1419.0	1066.0	1065.0	3
2017	2209.0	1304.0	905.4	906.8	4

在上面的代码中，因 df2 的列长度为 21，故用 arange(21) 赋值。

【示例 26】用 del 方法删除列。

>>> 动手实践

□ 删除列

```
1  # 用 del 方法删除列
2  del df2["净利润"]
3  df2.head()
```

>>> **运行结果**

报告期	营业总收入	营业总成本	营业利润	利润总额
2021	3313.0	1832.0	1480.0	1482.0
2020	2905.0	1678.0	1226.0	1224.0
2019	2697.0	1527.0	1170.0	1171.0
2018	2486.0	1419.0	1066.0	1065.0
2017	2209.0	1304.0	905.4	906.8

【示例 27】drop 方法也可以用来删除行或列，其方法中的参数 axis=1 表示删除列。如果 axis=0，则表示要删除行，默认为删除行。

>>> **动手实践**

❑ **用 drop 方法删除行或列**

```
1  # 用drop方法删除列
2  df2.drop(["利润总额"],axis = 1).head()
```

>>> **运行结果**

报告期	营业总收入	营业总成本	营业利润
2021	3313.0	1832.0	1480.0
2020	2905.0	1678.0	1226.0
2019	2697.0	1527.0	1170.0
2018	2486.0	1419.0	1066.0
2017	2209.0	1304.0	905.4

drop 和 del 的区别是，del 直接作用于原对象，drop 删除后会返回一个新对象，原对象并未变化。如果要在原对象上删除，需要设置参数 inplace 为 Ture，即 df.drop(["利润总额"],axis= 1, inplace=True)。

【示例 28】DataFrame 也可以用 T 方法进行转置，对 df2 进行转置后将列变为年份。

>>> **动手实践**

❑ **对 DataFrame 转置**

```
1  # 对DataFrame进行转置
2  df2.T.head()
```

>>> 运行结果

报告期	2021	2020	2019	...	2001
营业总收入	3313.0	2905.0	2697.0	...	86.49
营业总成本	1832.0	1678.0	1527.0	...	42.04
营业利润	1480.0	1226.0	1170.0	...	51.12
利润总额	1482.0	1224.0	1171.0	...	20.54

4 rows × 21 columns

【示例29】在查找数据时,可以用 loc 方法和 iloc 方法。其中,loc 可以通过行列标签的特殊属性来获取数据,iloc 通过使用行标签和列标签定义数据坐标来获取数据。

>>> 动手实践

□ 使用 loc 查找数据

```
1  # 利用特殊属性检索数据
2  print(df2.loc[2021,["营业总收入","营业总成本"]])
3  # 利用标签检索数据
4  df2.iloc[2,[0,1]]
```

>>> 运行结果

```
营业总收入     3313.0
营业总成本     1832.0
Name: 2021, dtype: float64
营业总收入     2697.0
营业总成本     1527.0
Name: 2019, dtype: float64
```

【示例30】sort_index()方法可以对数据按索引进行排序,默认为升序,编写代码用 sort_index()以列"报告期"为索引值进行升序排序,并显示前 5 行。

>>> 动手实践

□ 按索引进行排序

```
1  # 利用标签检索数据
2  df2.iloc[2,[0,1]]
3  # 按索引进行排序
4  df2.sort_index().head()
```

>>> 运行结果

报告期	营业总收入	营业总成本	营业利润	利润总额
2001	86.49	42.04	51.12	20.54
2002	95.69	54.52	58.58	25.70

报告期	营业总收入	营业总成本	营业利润	利润总额
2003	135.90	52.00	55.85	34.45
2004	169.30	90.47	78.88	50.12
2005	191.80	127.50	64.27	65.00

【示例 31】如果要指定按照一列或多个列的值进行排序，可以用 sort_values()方法，编写代码指定列"营业总收入""利润总额"的值进行升序排序。在排序时，先考虑"营业总收入"值的大小，当其值相同时，再考虑"利润总额"值的大小。

>>> 动手实践

❑ 指定列的值进行排序

```
1  # 指定列的值进行排序
2  df2.sort_values(by = ["营业总收入","利润总额"]).head()
```

>>> 运行结果

报告期	营业总收入	营业总成本	营业利润	利润总额
2001	86.49	42.04	51.12	20.54
2002	95.69	54.52	58.58	25.70
2003	135.90	52.00	55.85	34.45
2004	169.30	90.47	78.88	50.12
2005	191.80	127.50	64.27	65.00

(3) 数据运算与统计。两个 DataFrame 可以进行相加，相加后的数据是两个 DataFrame 的并集，如果存在未交叠的标签位置，则返回缺失值。

【示例 32】利用示例 31 的数据表 df2 进行处理，编写 Python 代码创建两个数据表 df3 和 df4，然后将 df3 和 df4 相加，得到两个数据表的并集相加，未交叠的部分返回缺失值 NaN。可自行尝试显示 df3 和 df4 的结果，并手工计算验证该结果。

>>> 动手实践

❑ 数据集相加

```
1  # 显示 DataFrame 的数据
2  df2.head()
3  # 创建 df3 的数据表
4  df3 = df2.loc[:2019,["营业总收入","营业总成本","营业利润"]]
5  # 创建 df4 的数据表
6  df4 = df2.loc[:2018]
7  # 两个数据集相加
8  df3 + df4
```

>>> 运行结果

报告期	利润总额	营业利润	营业总成本	营业总收入
2018	NaN	NaN	NaN	NaN
2019	NaN	2340.0	3054.0	5394.0
2020	NaN	2452.0	3356.0	5810.0
2021	NaN	2960.0	3664.0	6626.0

两个数据集相减的运算方式与相加运算类似，用户可以自行尝试计算 df3 和 df4，并手工验证计算结果。

【示例33】在数据表 df3 上使用 add 方法，将数据表 df4 作为参数传入，如果有缺失值，可以通过 fill_value 参数进行填充，获取 df4 中的数据，对 df3 进行补全。

>>> 动手实践
- 数据集填充

```
1  # 数据集填充
2  df3.add(df4,fill_value = 0)
```

>>> 运行结果

报告期	利润总额	营业利润	营业总成本	营业总收入
2018	1065.0	1066.0	1419.0	2486.0
2019	1171.0	2340.0	3054.0	5394.0
2020	1224.0	2452.0	3356.0	5810.0
2021	1482.0	2960.0	3664.0	6626.0

NumPy 的通用函数对 Pandas 对象也有效，如 np.sqrt(df3) 就是对数据集中的每个元素求平方根，可自行编写程序验证。

当然，Pandas 本身也配置了常用的数学、统计学方法的集合。

【示例34】sum() 方法可以对各行或者各列数据进行求和。在 sum() 中设置参数 axis=1 表示按列求和，设置 axis=0 或者不设置则为按行求和。

>>> 动手实践
- 数据集按列求和

```
1  # 按列求和
2  df3.sum(axis = 1)
```

>>> 运行结果

```
报告期
2021    6625.0
```

```
2020    5809.0
2019    5394.0
dtype: float64
```

【示例 35】与 NumPy 类似，Pandas 中也可以用 cumsum()方法对数据进行累积求和。编写代码，要求在以报告期排序后，按照报告期进行累计求和。

>>> 动手实践

□ 对数据集进行累计求和

```
1  # 对数据集按报告期排序
2  df5 = df2.sort_index()
3  # 对数据集按列累计求和
4  df5.cumsum().head()
```

>>> 运行结果

报告期	营业总收入	营业总成本	营业利润	利润总额
2001	86.49	42.04	51.12	20.54
2002	182.18	96.56	109.70	46.24
2003	318.08	148.56	165.55	80.69
2004	487.38	239.03	244.43	130.81
2005	679.18	366.53	308.70	195.81

【示例 36】describe()方法提供了关于数据的一系列统计值，包括计数、均值、标准差、最小值、25%分位数、50%分位数、75%分位数和最大值，因此可以用该方法来一次性产生多个统计指标。

>>> 动手实践

□ describ()方法的使用

```
1  # 一次性生成多个统计指标
2  df5.describe()
```

>>> 运行结果

	营业总收入	营业总成本	营业利润	利润总额
count	21.000000	21.000000	21.000000	21.000000
mean	1234.308571	697.330000	536.599524	533.638571
std	1056.963914	615.830796	446.928514	453.308226
min	86.490000	42.040000	51.120000	20.540000
25%	247.700000	147.800000	99.890000	100.800000
50%	961.600000	495.400000	466.100000	471.200000

| 75% | 2097.000000 | 1304.000000 | 784.100000 | 789.600000 |
| max | 3313.000000 | 1832.000000 | 1480.000000 | 1482.000000 |

DataFrame 常用的运算和统计方法，如表 2-5 所示。

表 2-5 DataFrame 常用的运算和统计方法

方法	说明
add,radd	加法
sub,rsub	减法
div,rdiv	除法
floordiv,rfloordiv	整除
mul,rmul	乘法
pow,rpow	幂次方
count	非 NA 值的个数
describe	计算 Series 或 DataFrame 各列的汇总统计集合
min,max	计算最小值、最大值
argmin,argmax	分别计算最小值、最大值所在的索引位置
idxmin,idxmax	分别计算最小值、最大值所在的索引标签
sum	求和
mean	均值
median	中位数(50%分位数)
prod	所有值的积
var	值的样本方差
std	值的样本标准差
cumsum	累计值
cummin,cummax	累计值的最小值、最大值
pct_change	计算百分比

2．数据清洗

1）处理缺失值

【示例 37】在 Pandas 中，缺失值显示为 NaN(not a number)，isnull 方法可以判断对象中的数据是否为缺失值。编写代码，要求用 df3 和 df4 生成数据集，并用 iloc[2,[2]]将数据集第 3 行第 3 列的数据置空，变为缺失值。

>>> 动手实践
□ 判断缺失值

```
1  df6 = df3 + df4              # 生成所需数据表
2  df6.iloc[2, 2] = None        # 第 3 行 3 列数据置空
3  del df6["利润总额"]            # 删除"利润总额"一列
4  print(df6)
5  print(df6.isnull())          # 显示是否为缺失值
```

>>> **运行结果**

报告期	营业利润	营业总成本	营业总收入
2018	NaN	NaN	NaN
2019	2340.0	3054.0	5394.0
2020	2452.0	NaN	5810.0
2021	2960.0	3664.0	6626.0

报告期	营业利润	营业总成本	营业总收入
2018	True	True	True
2019	False	False	False
2020	False	True	False
2021	False	False	False

【示例 38】dropna 方法会根据每个标签的值是否缺失来筛选轴标签，默认情况下 dropna 会删除包含缺失值的行。如果 dropna 方法中的参数 how="all"，将删除所有值均为 NaN 的行。

>>> **动手实践**

☐ 删除缺失值

```
1  # 删除有缺失值的行
2  print(df6.dropna())
3  # 删除全为缺失值的行
4  df7 = df6.dropna(how = "all")
5  df7
```

>>> **运行结果**

报告期	营业利润	营业总成本	营业总收入
2019	2340.0	3054.0	5394.0
2021	2960.0	3664.0	6626.0

报告期	营业利润	营业总成本	营业总收入

2019	2340.0	3054.0	5394.0
2020	2452.0	NaN	5810.0
2021	2960.0	3664.0	6626.0

【示例 39】如果想要删除 NaN 值所在的列，可传入参数 axis=1。

>>> 动手实践

□ 删除缺失值所在列

```
1  # 删除缺失值所在列
2  df7.dropna(axis = 1)
```

>>> 运行结果

报告期	营业利润	营业总收入
2019	2340.0	5394.0
2020	2452.0	5810.0
2021	2960.0	6626.0

【示例 40】fillna 方法可以用来补全缺失值，传入拟补全的值即可，如设置为 0。另外，fillna 返回的是一个新的对象，如果要直接修改原对象，需要设置参数 inplace=True。

>>> 动手实践

□ 补全缺失值

```
1  # 用 0 填充缺失值
2  df6.fillna(0)
```

>>> 运行结果

报告期	营业利润	营业总成本	营业总收入
2018	0.0	0.0	0.0
2019	2340.0	3054.0	5394.0
2020	2452.0	0.0	5810.0
2021	2960.0	3664.0	6626.0

2）删除重复值

【示例 41】drop_duplicates()方法用于删除重复数据。通过分析可发现合并生成的数据集 df8 中有两行报告期为 2021 的记录，对应的数据完全相同，可用 drop_duplicates()删除其中一行。

>>> **动手实践**

❏ 删除重复值

```
1  df8 = pd.concat([df6,df7])   # 生成数据表
2  df8.drop_duplicates()         # 删除重复值
```

>>> **运行结果**

报告期	营业利润	营业总成本	营业总收入
2018	0.0	0.0	0.0
2019	2340.0	3054.0	5394.0
2020	2452.0	0.0	5810.0
2021	2960.0	3664.0	6626.0
2020	2452.0	NaN	5810.0

3) 数据替换

【示例 42】replace()方法可以对数据进行替换，如 df8.replace(0,1000)的作用是将 df8 中的 0 替换为 1000。

>>> **动手实践**

❏ 数据替换

```
1  df8.replace(0,1000)  # 替换值
```

>>> **运行结果**

报告期	营业利润	营业总成本	营业总收入
2018	1000.0	1000.0	1000.0
2019	2340.0	3054.0	5394.0
2020	2452.0	1000.0	5810.0
2021	2960.0	3664.0	6626.0
2019	2340.0	3054.0	5394.0
2020	2452.0	NaN	5810.0
2021	2960.0	3664.0	6626.0

3. 数据合并

1) merge

包含在 Pandas 对象的数据可以通过多种方式联合在一起。通过 merge 可以根据一个或多个标签

将数据表中的行进行连接。通过 pd.merge?可查看 merge 的相关参数及用法，用户可自行在 Jupyter 页面中查阅。

先创建两个基于 df2 数据的数据表，具体如下。

- df9=df2.loc[:2018]表示将返回一个新的 DataFrame，其中包含从起始行到 2018 的所有行。
- df10=df2.loc[2019:2014]将返回包含从 2019 到 2014 的所有行。这两个数据表有相同的报告期：2018 和 2019。

【示例 43】如果没有指定列标签，merge 会自动将重叠的列名作为连接的标签。

>>> **动手实践**
- 连接数据集

```
1  # 返回报告期为起始行到 2018 的数据表
2  df9 = df2.loc[:2018]
3  # 返回报告期为 2019 到 2014 的数据表
4  df10 = df2.loc[2019:2014]
5  # 连接数据表
6  pd.merge(df9,df10)
```

>>> **运行结果**

	营业总收入	营业总成本	营业利润	利润总额
0	2697.0	1527.0	1170.0	1171.0
1	2486.0	1419.0	1066.0	1065.0

从运行的结果来看，pd.merge(df9,df10)就只保留了有相同报告期的 2019 和 2018 两行的值。

默认情况下，merge 做的是"内连接"，即参数 how="inner"，获得的结果是两张表的交集。参数 how 还可以分别设置为"left""right""outer"，其代表的意义如表 2-6 所示。

表 2-6 how 参数的含义

选项	行为
inner	对两张表均有的行标签的交集进行合并
left	按左表的行标签进行合并
right	按右表的行标签进行合并
outer	对两张表所有的行标签的并集进行合并

对于"left""right""outer"的应用，可自行进行尝试。

2) concat

concat 可以根据索引将不同对象的值进行连接或合并。

先创建两个 DataFrame 对象 df11 和 df12，其中：

```
df11= df2.loc[:2018,["营业总收入","营业总成本"]]
df12= df2.loc[:2018,["营业总收入","营业利润","利润总额"]]
```

以上两个数据集均源于 df2 的部分行列的数据，用户可自行在 Jupyter 页面运行代码，查看结果。

【示例 44】在使用 concat 时，默认情况下的连接方式是外连接 join="outer"，设置内连接时，选择 join="inner"。编写 Python 代码，将 df11 和 df12 合并，要求采用外连接方式。

>>> 动手实践

- 合并数据集

```
1  # 创建 df11 数据表
2  df11 = df2.loc[:2018,["营业总收入","营业总成本"]]
3  # 创建 df12 数据表
4  df12 = df2.loc[:2018,["营业总收入","营业利润","利润总额"]]
5  # 合并数据表
6  pd.concat([df11,df12])
```

>>> 运行结果

报告期	营业总收入	营业总成本	营业利润	利润总额
2021	3313.0	1832.0	NaN	NaN
2020	2905.0	1678.0	NaN	NaN
2019	2697.0	1527.0	NaN	NaN
2018	2486.0	1419.0	NaN	NaN
2021	3313.0	NaN	1480.0	1482.0
2020	2905.0	NaN	1226.0	1224.0
2019	2697.0	NaN	1170.0	1171.0
2018	2486.0	NaN	1066.0	1065.0

用 concat 进行"内连接"的方式，用户可自行编写 Python 代码尝试。

4. 文件导出

DataFrame 文件操作完成后可使用 to_excel 方法将结果导入 Excel 文件，导入成功后，可以在 Python 文件夹中找到相应的文件。以将 df12 数据表导出为例，可使用语句：df12.to_excel("写入文件.xlsx")。

2.2.3 任务要求

对任务提供的金三江 2020—2022 年各期的财务报表进行杜邦分析，即计算该公司各个时期的销售净利率、总资产周转率、权益乘数和净资产报酬率指标，并将计算的指标数据导出到 Excel 文件。

【注意】总资产周转率及净资产报酬率的总资产均取期末数。

资产负债表

利润表

2.2.4 任务解析

根据任务要求,设计 Python 代码编写的流程。
参考思路如下:
- 读取提供的金三江 2020—2022 年度资产负债表和利润表摘要数据为 DataFrame 对象;
- 观察报表字段,对报表数据进行转置;
- 按报表时间合并资产负债表和利润表项目;
- 计算各期间的销售净利率、总资产周转率、权益乘数和净资产报酬率;
- 将计算指标导入 Excel 文件。

根据任务要求编写代码。

>>> **动手实践**

- **数据表指标计算**

```
1  import pandas as pd
2  import numpy as np
3
4  balance = pd.read_excel("资产负债表.xlsx","Sheet1",header = 0,index_col = 0).T
5  profit = pd.read_excel("利润表.xlsx","Sheet1",header = 0,index_col = 0).T
6  finance = pd.concat([balance,profit],axis = 1)
7  print(Finance)
8
9  finance["销售净利率"] = finance["净利润"]/finance["营业收入"]
10 finance["总资产周转率"] = finance["营业收入"]/finance["资产总计"]
11 finance["权益乘数"] = finance["资产总计"]/finance["股东权益合计"]
12 finance["净资产报酬率"] = finance["净利润"]/finance["资产总计"]
13 print(finance)
14
15 finance.drop(["资产总计","股东权益合计","营业收入","净利润"],axis = 1,inplace = True)
16 finance.to_excel("杜邦分析.xlsx")
```

>>> **运行结果**

报表时间	资产总计	股东权益合计	营业收入	净利润
2022	691800000	571300000	279500000	66030000
2021	646000000	535300000	203000000	50590000
2020	336000000	279500000	195800000	62110000
2019	261800000	226000000	198500000	57600000
2018	164600000	107400000	164500000	47670000

报表时间	资产总计	...	销售净利率	总资产周转率	权益乘数	净资产报酬率
2022	691800000	...	0.236243	0.404019	1.210922	0.095447
2021	646000000	...	0.249212	0.314241	1.206800	0.078313

2020	336000000	...	0.317211	0.582738	1.202147	0.184851
2019	261800000	...	0.290176	0.758212	1.158407	0.220015
2018	164600000	...	0.289787	0.999392	1.532588	0.289611

2.3 数据可视化

2.3.1 概述

现代社会是一个高速发展的社会，科技发达，信息流通，人们之间的交流越来越密切，生活也越来越方便，大数据就是这个高科技时代的产物。在当前这个以数据为主导的世界中，用户正在以多种方式收集数据，每一个人都想从自己所拥有的数据中了解更多有价值的信息来提高生产力。数据可视化以图形或图表形式显示数据信息，可以帮助用户理解和分析数据。随着大数据时代的到来，企业的财务数据量堆积，密密麻麻的数据的可读性较差，让财务人员在分析财务数据的时候难以抓住重点。财务人员需要掌握将数据可视化的能力，把传统的用表格或数字展现财务数据的方式，替换为将财务数据用图片和线条等更加直观的方式，使数据更加客观、更具说服力。数据可视化更能够适应不同使用者的需要，辅助管理层实现快速决策。

数据可视化是 Python 最常用的应用领域之一。Python 可调用大量可视化库，实现财务数据的可视化，掌握可视化库的使用将成为财务管理人员的必备技能。

思考

分组讨论财务人员经常需要做的财务分析有哪些主题，需要哪些数据做分析，不同的分析主题用什么图表展示效果最佳？

答案

2.3.2 知识准备

1. 常用可视化库介绍

Python 的可视化库有很多，下面介绍最常用的几个库。

(1) Matplotlib。Matplotlib 是一个基于 Python 的 2D 画图库，能够用 Python 脚本方便地画出折线图、直方图、功率谱图、散点图等常用图表。Matplotlib 是 Python 中众多数据可视化库的鼻祖，其设计风格与 20 世纪 80 年代设计的商业化程序语言 MATLAB 十分接近，具有很多强大且复杂的可视化功能，经过十几年它仍然是 Python 使用者最常用的画图库。由于 Matplotlib 是第一个 Python 可视化程序库，有许多别的程序库都是建立在它的基础上或者直接调用它。比如，Pandas 和 Seaborn 就是 Matplotlib 的外包，它们能让用户用更少的代码去调用 Matplotlib 的方法。Matplotlib 包含多种类型的 API，可以采用多种方式绘制图表并对图表进行定制，是最基础的底层数据可视化第三方库，其语言风格简单、易懂，特别适合初学者入门学习(本书将对 Matplotlib 库详细介绍)。

(2) Seaborn。Seaborn 在 Matplotlib 的基础上进行了更高级的 API 封装，从而使得作图更加容易，使用 Seaborn 能做出很具有吸引力的图，而使用 Matplotlib 则能够制作更多类型的特色图。可以把 Seaborn 视为 Matplotlib 的补充，而不是替代物。

(3) Pyecharts。Pyecharts 是一款将 Python 与 Echarts 结合的强大的数据可视化工具，可以生成精巧且交互性良好的图表，并能够轻松集成至 Flask、Sanic、Django 等主流 Web 框架。

(4) bokeh。bokeh 是一个面向 Web 浏览器的交互式可视化库，它提供了多功能图形的构造，可以在大型数据集或流式数据集上提供高性能的交互性。

2. Matplotlib 库

用 Matplotlib 绘制可视化图表，主要有以下 3 种接口形式。

- plt 接口，如常用的 pyplot.plot()是 Matplotlib 的一个 state-based 交互接口，相关操作不面向特定的实例对象，而是面向"当前"图(本书将以该接口为例介绍如何通过函数完成可视化图表绘制)。
- 面向对象接口，这里的面向对象主要是指 figure 和 axes 两类对象。figure 提供了容纳多个 axes 的画板，而 axes 则是所有图标数据、图例配置等绘图元素的容器。面向对象的绘图，就是通过调用 figure 或 axes 两类实例的方法完成绘图的过程。通俗地说，就是将 plt 中的图形赋值给一个 figure 或 axes 实例，方便后续调用操作。
- pylab 接口，其引入了 NumPy 和 Pyplot 的所有接口，也可用于绘制图表，可将其看作 Pyplot 接口形式(因其过于庞大不建议使用)。

Pyplot 是 Matplotlib 的子库，调用 Matplotlib 库绘图一般是用 Pyplot 子模块，其集成了绝大部分常用方法接口，提供了和 MATLAB 类似的绘图 API。Pyplot 是常用的绘图模块，能方便用户绘制 2D 图表。Pyplot 包含一系列绘图函数的相关函数，每个函数会对当前的图像进行一些修改，例如，给图像加上标记，生成新的图像并在图像中产生新的绘图区域等。本书将重点介绍 Pyplot 中常用函数的使用，如 plot、bar、pie、show、xlabel、ylabel、title、text、legend、subplot 等(使用的时候，可以使用 import 导入 Pyplot 库，并设置一个别名 plt，后续用该别名来引用 Pyplot 包的方法)。

(1) Plot()函数。

【示例 45】通过 Pyplot 包中的函数实现企业财务费用的可视化呈现。

视频 2-2

>>> 动手实践

用 plot 绘制图形
```
1  # 数据可视化任务
2  import matplotlib.pyplot as plt  # 引入matplotlib.pyplot 库
3  x = ["2018","2019","2020","2021","2022"] # 年份列表
4  y =[5,8,6,9,11] # 各年份的财务费用列表，单位是百万
5  plt.plot(x,y)
6  plt.show()# 显示图形
```

>>> 运行结果

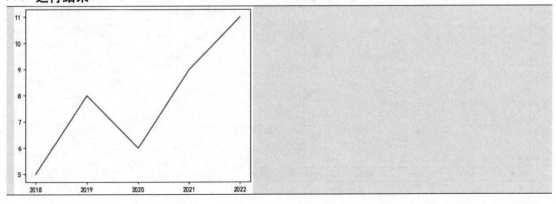

以上代码示例中，使用了 Pyplot 的 plot()函数和 show()函数，show()用于将绘制的图形显示出来；plot()函数是绘制二维图形的最基本函数，该函数在用于画图时可以绘制点和线，其语法格式如下。

```
# 画单条线
plot([x], y, [fmt], *, data=None, **kwargs)
# 画多条线
plot([x], y, [fmt], [x2], y2, [fmt2], ..., **kwargs)
```

plot()函数常用参数说明如下。
- x, y：点或线的节点，x 为 x 轴数据，y 为 y 轴数据，数据可以是列表或数组。
- fmt：可选项，用于定义基本格式(如颜色、线条样式和标记)，具体说明见表2-7 所示。

表 2-7　fmt 的格式说明

格式说明	格式使用说明
颜色	'b' 蓝色，'m' 洋红色，'g' 绿色，'y' 黄色，'r' 红色，'k' 黑色，'w' 白色，'c' 青色，'#008000' RGB 颜色符串；多条曲线不指定颜色时，会自动选择不同颜色
线条样式	'-' 实线，'--' 破折线，'-.' 点划线，':' 虚线
标记字符	'.' 点标记，'o' 圆标记，'>' 右三角标记，'<' 左三角标记

- **kwargs：可选项，用在二维平面图上设置指定属性，如标签、线的宽度等。

【知识拓展】在 jupyter 页面中输入代码?plt.plot 后，运行可得到函数的详细说明(该方法适用于获取全部函数的使用说明，用户可自行尝试)。

【示例 46】通过 Pyplot 包中的函数实现企业财务费用的可视化呈现，要求线条样式为虚线，线条颜色为红色，标记字符为实心圈。

>>> 动手实践
- 设置特定格式的显示图形

```
1  # 数据可视化任务
2  import matplotlib.pyplot as plt  # 引入matplotlib.pyplot 库
3  x = ["2018","2019","2020","2021","2022"] # 年份列表
4  y =[5,8,6,9,11] # 各年份的财务费用列表，单位是百万
5  # 设置格式参数，r 为红色，: 以虚线显示，o 标记为实心圈
6  plt.plot(x,y,'r:o')
7  plt.show()# 显示图形
```

>>> 运行结果

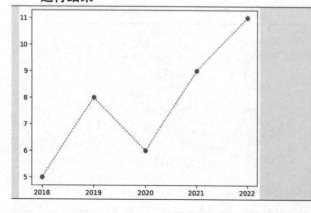

(2) xlabel()、ylabel()和 title()函数。在绘制图形的时候，为了确保图形的可读性，可以通过参数添加轴标签和标题。用 xlabel()和 ylabel()方法设置图形 x 轴和 y 轴的标签，通过 title()方法来设置标题。

【示例 47】要求运用 xlabel()、ylabel()和 title()方法在前面的财务费用图形中添加轴标签和标题。

>>> 动手实践

❑ 添加轴标签和标题

```
1  # 添加轴标签和标题
2  import matplotlib.pyplot as plt  # 引入 matplotlib.pyplot 库
3  x = ["2018","2019","2020","2021","2022"] # 年份列表
4  y =[5,8,6,9,11] # 各年份的财务费用列表，单位是百万
5  plt.plot(x,y)
6  plt.xlabel("年份")
7  plt.ylabel("财务费用")
8  plt.title("公司 A")
9  plt.show()# 显示图形
```

>>> 运行结果

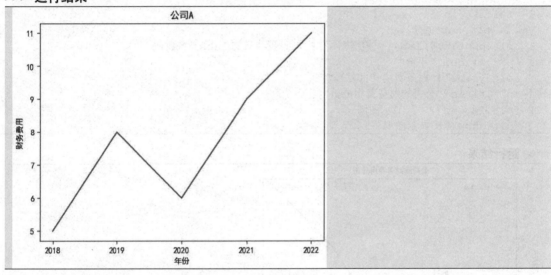

以上示例代码中调用了 xlabel()设置 x 轴的标签为"年份"；调用 ylabel()设置 y 轴的标签为"财务费用"；调用 title()设置图形的标题为"公司 A"。

❑ title()方法提供了 loc 参数来设置标题显示的位置，可以设置为 'left'、'right' 和 'center'，默认值为'center'。

❑ xlabel()方法提供了 loc 参数来设置 x 轴显示的位置，可以设置为 'left'、'right' 和 'center'，默认值为'center'。

❑ ylabel()方法提供了 loc 参数来设置 y 轴显示的位置，可以设置为 'bottom'、'top' 和 'center'，默认值为'center'。

【知识拓展】在设置图形的 x、y 轴标签和标题的时候，如果设置的是中文，可能会出现乱码，这是因为 Matplotlib 默认情况不支持中文，可以通过临时重写配置文件的方法，解决中文乱码的问题，代码如下：

```
import matplotlib.pyplot as plt
```

```
plt.rcParams["font.sans-serif"]=["SimHei"]# 设置字体
plt.rcParams["axes.unicode_minus"]=False  # 该语句解决图像中的"-"负号的乱码问题
```

(3) legend()和 text ()函数。在绘制图形的时候,为了给用户更好的视觉体验,需要给图设置图例,并且显示坐标点的值。要设置图例,可以在 plot 中设置 label 属性值调用 pyplot.legend()方法;要设置坐标点的值,需要调用 pyplot.text ()方法,用于向数据坐标中位于 x、y 位置的坐标轴添加文本。

【示例 48】要求运用 pyplot.legend()方法设置坐标点的值,运用 pyplot.text ()方法给坐标轴添加文本。

>>> **动手实践**

❑ **添加数据点值和坐标文本**

```
1   # 添加数据点值和坐标文本
2   import matplotlib.pyplot as plt  # 引入 matplotlib.pyplot 库
3   x = ["2018","2019","2020","2021","2022"] # 年份列表
4   y =[5,8,6,9,11] # 各年份的财务费用列表,单位是百万
5   # 循环添加数据坐标中的文本
6   for i,j in zip(x,y):
7       plt.text(i,j,j)
8   plt.plot(x,y,label='财务费用')  # 设置线条的 label 参数
9   plt.xlabel("年份")
10  plt.ylabel("财务费用(百万)")
11  plt.title("公司的财务费用分析")
12  plt.legend()    # 显示图例
13  plt.show()# 显示图形
```

>>> **运行结果**

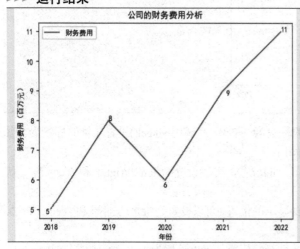

以上示例代码中,几个关键的语句说明如下:
❑ zip()方法将传入的 n 个元素数量相等的列表压缩成一个元组,元组的每个元素就是一个 n 元组;
❑ text ()方法在坐标轴上根据坐标轴定位向数据添加文本。
text()的语法格式如下。

```
pyplot.text(x, y, s, fontdict=None, withdash=False, **kwargs)
```

text()函数的常用参数说明如下。
- x，y：显示内容的坐标位置。
- s：显示的内容。
- fontdict：一个定义 s 格式的 dict。
- fontsize：设置字体大小。
- color：设置字体颜色。
- backgroundcolor：设置字体背景颜色。
- horizontalalignment(ha)：设置垂直对齐方式(可选参数为'left'、'right'和'center')。
- verticalalignment(va)：设置水平对齐方式(可选参数为'center'、'top'、'bottom'和'baseline')。
- rotation：设置旋转角度可选参数为'vertical'、'horizontal'，也可以为数字。
- alpha：设置透明度(参数值为 0 至 1 之间)。

legend()方法用于在坐标轴上放置一个图例。该方法提供了 loc 参数设置图例的位置；提供了 fontsize 参数设置图例的字体大小；提供了 title 参数设置图例的标题。完整参数说明如表 2-8 所示。

表 2-8 legend()方法参数说明

参数名称	使用语法	使用说明
loc	plt.legend(loc='lower left')	0: 'best'(自动寻找最好的位置)
		1: 'upper right'(右上角)
		2: 'upper left' (左上角)
		3: 'lower left' (左下角)
		4: 'lower right' (右下角)
		5: 'right' (右边中间)
		6: 'center left' (左边中间)
		7: 'center right' (右边中间)
		8: 'lower center' (中间最下面)
		9: 'upper center' (中间最上面)
		10: 'center' (正中心)
fontsize	plt.legend(fontsize=12)	设置字体大小，可以是 int 或者 float
title	plt.legend(title='图例标题')	设置图例的标题，内容给自定义

(4) pie ()函数。

【示例 49】通过 Pyplot 包中的函数实现公司费用分析，要求用饼图展示。

>>> 动手实践

- 用饼图分析财务费用

```
1   # 用饼图展示财务费用
2   import matplotlib.pyplot as plt  # 引入 matplotlib.pyplot 库
3   y =[43,35,17,5] # 费用金额（万元）
4   label=["财务费用","管理费用","所得税费用","销售费用"]
5   plt.pie(y,labels=label) # 绘制饼图
6   plt.title("公司的财务费用分析")
7   plt.show()# 显示图形
```

>>> **运行结果**

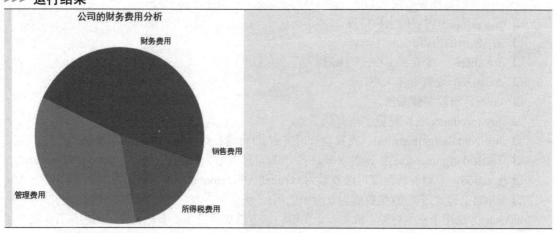

以上代码示例中,使用了 Pyplot 的 pie()函数和 show()函数,show()用于将绘制的图形显示出来;pie()是绘制饼图的函数,其语法格式如下。

```
matplotlib.pyplot.pie(x, explode=None, labels=None, colors=None, autopct=None, pctdistance=0.6, shadow=False, labeldistance=1.1, startangle=0, radius=1, counterclock=True, wedgeprops=None, textprops=None, center=0, 0, frame=False, rotatelabels=False, *, normalize=None, data=None)
```

pie()函数常用参数说明如下。
- x:浮点型数组,表示每个扇形的面积。
- explode:数组,表示各个扇形之间的间隔,默认值为 0。
- labels:列表,表示各个扇形的标签,默认值为 None。
- colors:数组,表示各个扇形的颜色,默认值为 None。
- autopct:设置饼图内各个扇形百分比显示格式,%d%%为整数百分比,%0.1f 为一位小数,%0.1f%%为一位小数百分比,%0.2f%%为两位小数百分比。
- labeldistance:表示标签标记的绘制位置,相对于半径的比例,默认值为 1.1,如设置为<1,则绘制在饼图内侧。
- pctdistance:类似于 labeldistance,用于指定 autopct 的位置刻度,默认值为 0.6。
- shadow:设置饼图的阴影,默认为 False(不设置阴影)。
- radius:设置饼图的半径,默认值为 1。
- startangle:起始绘制饼图的角度,默认为从 x 轴正方向逆时针画起,如设定=90,则从 y 轴正方向画起。
- counterclock:设置指针方向,默认为 True,即逆时针(设置为 False,则为顺时针)。
- wedgeprops:字典类型,默认值为 None。参数字典传递给 wedge 对象用来画一个饼图,如 wedgeprops={'linewidth':5}设置 wedge 线宽为 5。
- textprops:字典类型,默认值为 None。传递给 text 对象的字典参数,用于设置标签(labels)和比例文字的格式。
- center:浮点类型的列表,默认值为(0,0),用于设置图表中心位置。
- frame:布尔类型,默认值为 False。如果设置为 True,将绘制带有表的轴框架。
- rotatelabels:布尔类型,默认为 False。如果设置为 True,将旋转每个 label 到指定的角度。

(5) bar()函数。

【示例 53】公司 1—12 月的销售费用为：3.4，10.7，4.4，5，9.6，12.3，5.4，8.9，7.1，6.8，15.9，19.01，要求通过 Pyplot 包中的函数分析公司 2022 年上半年的销售费用，并用柱状图展示。

>>> 动手实践

❑ 用柱状图分析销售费用

```
1  # 用柱状图分析销售费用
2  import matplotlib.pyplot as plt  # 引入 matplotlib.pyplot 库
3  x = ["1月","2月","3月","4月","5月","6月","7月","8月","9月","10月","11月","12月"]
4  # 各月份的销售费用列表，单位是万元
5  y =[3.4,10.7,4.4,5,9.6,12.3,5.4,8.9,7.1,6.8,15.9,19.01]
6  plt.bar(x,y)  # 绘制柱状图
7  plt.title("2022年公司的销售费用分析")
8  plt.show()# 显示图形
```

>>> 运行结果

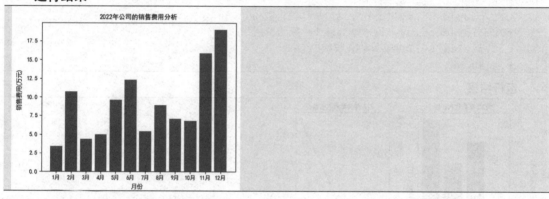

以上代码示例中，使用了 Pyplot 的 show()函数和 bar()函数，show()用于将绘制的图形显示出来；bar()是绘制柱状图的函数，其语法格式如下。

```
matplotlib.pyplot.bar(x, height, width=0.8, bottom=None, *, align='center', data=None, **kwargs)
```

bar()函数常用参数说明如下。
- x：浮点型数组，柱形图的 x 轴数据。
- height：浮点型数组，柱形图的高度。
- width：浮点型数组，柱形图的宽度。
- bottom：浮点型数组，底座的 y 坐标(默认值为 0)。
- align：柱形图与 x 坐标的对齐方式，默认值为'center'，以 x 位置为中心。如果默认值为'edge'，柱形图的左边缘将与 x 坐标位置对齐。
- **kwargs：其他参数。

➤ 知识拓展

水平方向的条形图可以使用 barh()方法来设置，以上代码中，将 bar()换成 barh()就可以得到条形图，用户可自行编写代码尝试。

(6) subplot()函数。

【示例1】通过Pyplot包中的函数分析公司2022年的销售计划和销售实际数据，要求计划和实际数据分两个子图展示。

>>> **动手实践**

☐ **subplot()方法使用**

```
1   # subplot()方法的使用
2   import matplotlib.pyplot as plt    # 引入matplotlib.pyplot库
3   dept = ["销售一部","销售二部","销售三部"]
4   ay =[398,543,890]         # 销售收入（单位：万元）
5   by =[350,450,700]         # 销售收款（单位：万元）
6   quarter =["一季度","二季度","三季度","四季度"]
7   cy =[200,600,500,700]     # 计划销售收入（单位：万元）
8   plt.subplot(1, 2, 1)
9   plt.bar(quarter,cy)
10  plt.title("2022年销售收入计划")
11  plt.subplot(1, 2, 2)
12  plt.plot(dept,ay,'g-o',label='销售额')
13  plt.plot(dept,by,'r-*',label='销售费用')
14  plt.title("2022年实际收入收款")
15  plt.show()
```

>>> **运行结果**

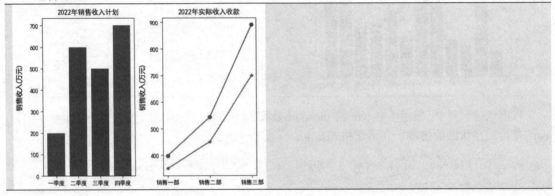

以上代码示例中，使用了Pyplot的subplot()方法来绘制多个子图，subplot()方法在绘图时需要指定位置，语法格式如下。

```
subplot(nrows, ncols, index, **kwargs)
```

subplot函数将整个绘图区域分成nrows行和ncols列，然后按从左到右，从上到下的顺序对每个子区域进行编号1...n，左上的子区域的编号为1、右下的区域编号为n，编号可以通过参数index来设置，如设置numRows=1，numCols=2，就是将图表绘制成1×2的图片区域，对应的坐标为(1, 1)，(1, 2)，index=1，表示的坐标为(1, 1)，即第一行第一列的子图，plotNum=2，表示的坐标为(1, 2)，即第一行第二列的子图。

2.3.3 任务要求

设计Python代码，根据公司2022年5月的销售订单数据表"2-3-销售订单.xls"对4个销售部门的业绩进行可视化分析(可以参考图2-4，也可自行设计)。

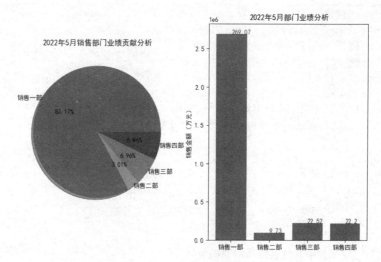

图 2-4 实验结果

📌 **实验数据**

本任务提供的实验数据参见"2-3-销售订单.xls"(扫描右侧二维码获取)

2-3-销售订单

2.3.4 任务解析

参考思路如下：
(1) 通过 Pandas 读取"2-3-销售订单.xls"文件的数据；
(2) 通过 For 循环按行处理销售订单数据，汇总各销售部门的销售业绩；
(3) 调用 Pyplot 的 pie() 和 bar() 函数绘制图像。
根据任务解析编写代码。

视频 2-3

>>> **动手实践**

```
1   # 数据可视化任务
2   import matplotlib.pyplot as plt
3   import pandas as pd
4   plt.rcParams["font.sans-serif"]=["SimHei"]
5   plt.rcParams["axes.unicode_minus"]=False
6
7   plt.figure(figsize=(10, 6))
8
9   dept=["销售一部","销售二部","销售三部","销售四部"]
10  depty=[0,0,0,0]
11  df=pd.read_excel(r'2-3-销售订
12  单.xls',sheet_name='Sheet1',usecols=[1,2,3,4,11,15,16])
13
14  for index,row in df.iterrows():
15
```

```
16      if(row["销售部门"]=="销售一部"):
17          depty[0]=depty[0]+row["价税合计"]
18      if(row["销售部门"]=="销售二部"):
19          depty[1]=depty[1]+row["价税合计"]
20      if(row["销售部门"]=="销售三部"):
21          depty[2]=depty[2]+row["价税合计"]
22      if(row["销售部门"]=="销售四部"):
23          depty[3]=depty[3]+row["价税合计"]
24
25  plt.subplot(1, 2, 1)
26  plt.pie(depty,labels=dept,
27          autopct='%.2f%%',# 格式化输出百分比
28          labeldistance=1,
29          shadow='true'
30          ) # 绘制饼图
31  plt.title("2022年5月销售部门业绩贡献分析")
32
33  plt.subplot(1, 2, 2)
34  plt.bar(dept,depty)
35  plt.title("2022年5月部门业绩分析")
36  plt.ylabel("销售金额（万元）")
37  for i,j in zip(dept,depty):
38      jtext = round(j/10000,2)
39      print(jtext)
40      plt.text(i,j,jtext,color='r')
41
42  plt.show()# 显示图形
```

>>> **运行结果**

```
269.07
9.73
22.52
22.2
```

输出图形跟任务要求一样，不再重复显示。

2.4 数据采集

2.4.1 概述

随着互联网的迅速普及和发展，其已经逐渐融入人们工作和生活的方方面面。如今，互联网已经是人与人、人与组织、组织与组织之间互相沟通、获取外界信息的重要途径。随着时间的推移，互联网的信息规模增长迅速，已经成为世界上最大的数据库，越来越多的个人和组织日益倚重互联网数据来学习和决策，典型的应用包括获取价格情报、同行业财务数据分析、市场调查、智能获客、背景调查、风险管理等。快速地获取互联网信息是数据分析和挖掘的基础，通过Python语言编写"爬虫"程序可以根据不同的应用场景获取互联网上指定的数据信息，为分析人员进行数据分析和决策提供支持。

思考

分组讨论财务人员工作中需要通过互联网获取的数据有哪些，不同数据的应用场景和解决的问题是什么？

答案

2.4.2 知识准备

1. 爬虫原理

网络"爬虫"是一种从网页上抓取数据信息并保存的自动化程序。如果把互联网比作一张蜘蛛网，数据便是存放于蜘蛛网的各个节点，而爬虫程序就是一只小蜘蛛，沿着网络抓取自己的猎物(数据)。下面简要介绍爬虫程序的基本概念与流程，如图 2-5 所示。

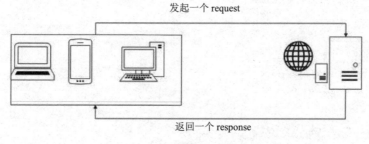

图 2-5　爬虫的基本概念流程

(1) 获取网页。爬虫程序第一步会通过一定的方式获取网页。所谓获取网页可以简单理解为在本地发起一个服务器请求，服务器收到请求后会返回网页的源代码(其中通信的底层原理较为复杂)。利用 Python 的 urllib 库和 requests 库可以非常简单地向服务器发送各种形式的请求。

(2) 提取信息。网页源代码中包含了非常多的信息，如果想要进一步从源代码中获取想要的信息，则需要对源代码中的信息进行进一步的提取。此时可以选用 Python 中的 re 库通过正则匹配的形式去提取信息，也可以利用 BeautifulSoup 库(bs4)解析源代码。

(3) 保存数据。在提取到网页源代码中想要的信息之后，需要在 Python 中将它们保存起来，可以使用 Python 的内置 open 函数将信息保存为文本数据，也可以通过第三方库将信息保存为其他形式的数据，例如，可以通过 Pandas 库将信息保存为常见的 Excel 数据，如果信息中包含图片等非结构化数据，还可以利用 pymongo 库将信息保存至非结构化数据库中。

(4) 自动化程序。在经过前三步即 ETL(Extract-Transform-Load)过程之后，就可以将爬虫程序代码有效地组织起来构成一个爬虫自动化程序，需要从互联网获取相同或相似数据时可以使用该程序。

大量的爬虫程序在同一时间对网站进行访问，很容易导致网站服务器过载或崩溃，造成网站经营者的损失。开发者使用爬虫程序时，如果请求频率过高，一旦造成目标服务器瘫痪或不能访问，这就不是爬虫行为，而是黑客行为，必定要承担相应的责任。我国很早就发现了爬虫程序可能存在的问题，2019 年 5 月 28 日中华人民共和国国家互联网信息办公室发布的《数据安全管理办法(征求意见稿)》中，拟通过行政法规的形式，对爬虫程序的使用进行限制。其中就提到了数据收集的规则、数据的使用处理、数据安全监督管理等方面的内容。如果爬虫行为不当或者爬取内容不当，可能涉及法律问题，因此在掌握爬虫技术的同时，用户要注意编写的爬虫程序不能损害网站的正常运行，不能抓取企业和个人的隐私信息。

2. Web 三件套

Web 三件套包括 HTML、CSS 和 JavaScript。如果把网页比作一个人的话，HTML 相当于骨架，JavaScript 相当于肌肉，CSS 相当于皮肤，三者结合起来才能形成一个完善的网页。下面将分别介绍这三部分的功能。

1) HTML

HTML 即超文本标记语言，是一种用于创建网页的标准标记语言。用户可以使用 HTML 来建立自己的 Web 页面。HTML 运行在浏览器上，由浏览器来解析，如下面是一个简单的 HTML 页面的代码。

```
<!DOCTYPE html>
<html>
<head>
    <meta charset="utf-8">
    <title>Html 页面</title>
</head>
<body>
    <h1>我的第一个标题</h1>
    <p>我的第一个段落。</p>
    <table border="1">
       <tr>
           <td>单元格 1</td><td>单元格 2</td>
       </tr>
       <tr>
           <td>单元格 3</td><td>单元格 4</td>
       </tr>
    </table>
</body>
</html>
```

将以上代码复制到 HTML 文件(扩展名为.html 或.htm 的文件)中再使用浏览器打开文件，会发现浏览器已经将其解析为一个 Web 页面，如图 2-6 所示。

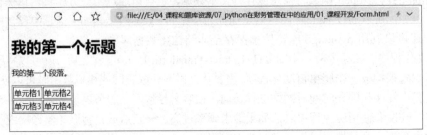

图 2-6　HTML 页面示例

图 2-6 所示网页的 HTML 代码解析如图 2-7 所示。

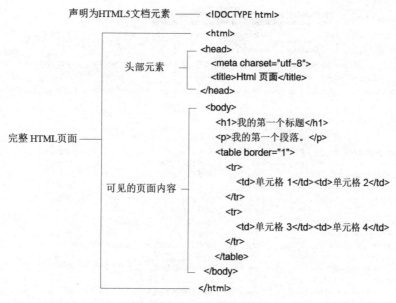

图 2-7　HTML 代码解析

知识拓展

看懂 HTML 代码，是抓取数据时快速定位网页元素的关键，HTML 代码的入门，可参考 HTML5 的菜鸟教程，也可扫描右侧二维码查看完整信息。

HTML5 教程

2) JavaScript

JavaScript 是面向 Web 的编程语言。虽然它是作为开发 Web 页面的脚本语言而出名的，但是它也被用在很多非浏览器环境中，JavaScript 基于原型编程、多范式的动态脚本语言，支持面向对象、命令式和声明式(如函数式编程)风格。在浏览器中打开百度搜索引擎页面，右击网页空白位置，在弹出的菜单中选择"查看网页源代码"命令，即可在显示的界面中查看网页的 JavaScript 代码，这些代码负责操控网页的行为。

3) CSS

CSS 是英文 Cascading Style Sheets 的缩写，它是一种用来表现 HTML 或 XML 等文件样式的计算机语言。CSS 不仅可以静态地修饰网页，还可以配合各种脚本语言动态地对网页各元素进行格式化。CSS 能够对网页中元素位置的排版进行像素级精确控制，并支持几乎所有的字体字号样式，拥有对网页对象和模型样式编辑的能力。

浏览器开发者工具在爬虫中常用来进行简单的抓包分析、JavaScript 逆向调试。在浏览器中按 F12 可调出开发者工具(以谷歌浏览器为例)，如图 2-8 所示。

图 2-8 所示开发者工具的界面说明如下。

- Elements(元素面板)：用于查看页面的 HTML 标签元素，能够查看源码、网页布局及页面中用到的样式、链接等。
- Console(控制台面板)：是一个 Web 控制台，在网页开发过程中，用户可以使用控制台面板记录网页诊断信息，或者使用它作为 shell，在页面上与 JavaScript 交互。
- Network(网络面板)：抓取数据常用的工具，从发起网页页面请求后得到的各个请求资源信息(包括状态、资源类型、大小、所用时间等)都可以在网络面板中查看。在数据抓取时，需要分析页面的请求，在网络面板中可以看到 Headers(请求消息头)、Preview(预览)、Response(响应)、Timing(请求时间)、Cookie 等信息。

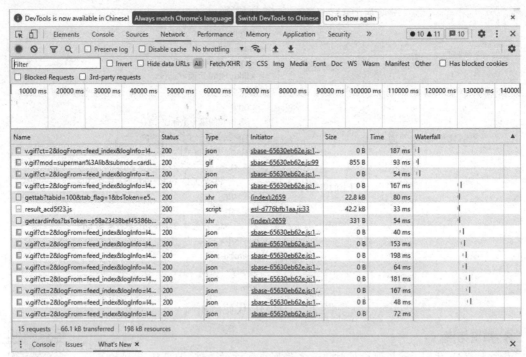

图 2-8　开发者工具

开发者工具界面最上面有一个工具栏,其中有一个红色的圆点(静止符号)按钮。当该按钮为红色时表示当前的请求不被清空。

3. requests 模块

Python 内置了 requests 模块,该模块主要用于发送 HTTP 请求获取响应,其在 Python 内置模块的基础上进行了高度封装,使得 requests 能够轻松完成浏览器相关的任何操作,如图 2-9 所示。

图 2-9　requests 模块

【示例 52】通过 requests 模块中的方法采集"百度新闻"网页中的信息(用户可通过百度网站自行搜索相关网址)。

>>> 动手实践
- 采集网页信息

```
1  # 采集网页信息
2  import requests # 引入 requests 包
```

```
3    url = 'https://news.baidu.com/'    # 设置要爬取的网页的url
4    response = requests.get(url=url)    # 发送请求
5    page_text = response.text            # 获取网页响应的内容
6    print (page_text)                    # 输出网页全部信息
```

>>> 运行结果

```
<!doctype html>
<html class="expanded">
<head>

<!--STATUS OK-->
<meta http-equiv=Content-Type content="text/html;charset=utf-8">
<meta http-equiv="X-UA-Compatible" content="IE=Edge,chrome=1">
<link rel="icon" href="//gss0.bdstatic.com/5foIcy0a2gI2n2jgoY3K/static/fisp_static/common/img/favicon.ico" mce_href="../static/img/favicon.ico" type="image/x-icon">

<title>百度新闻——海量中文资讯平台</title>
...
```

requests 常用的方法说明如表 2-9 所示。

表 2-9　requests 常用方法说明

方法	描述
delete(url, args)	发送 delete 请求到指定 url，请求服务器删除指定页面
get(url, params, args)	发送 get 请求到指定 url，从服务器获取数据
head(url, args)	发送 head 请求到指定 url，请求页面头部信息
patch(url, data, args)	发送 patch 请求到指定 url，向 HTML 提交局部修改请求，对应于 HTTP 的 patch
post(url, data, json, args)	发送 post 请求到指定 url，向服务器提交数据
put(url, data, args)	发送 put 请求到指定 url，从客户端向服务器传送的数据取代指定的文档的内容
request(method, url, args)	向指定的 url 发送指定的请求方法，构造会话对象(上面的 6 个方法都可以用这个方法来调用)

requests 常用的方法的参数说明如下：

❑ url 请求 url；
❑ data 为要发送到指定 url 的字典、元组列表、字节或文件对象；
❑ json 为要发送到指定 url 的 JSON 对象；
❑ args 为其他参数，如 cookies、headers、verify 等。

response 对象属性说明如表 2-10 所示。

表 2-10　respones 属性说明

属性	功能
response.text	获取文本内容
response.content	获取二进制数据
response.status_code	获取状态码
response.headers	获取响应头
response.cookies	获取 cookies 信息

(续表)

属性	功能
response.cookies.get_dict	以字典形式获取 cookies 信息
response.cookies.items	以列表形式获取 cookies 信息
response.url	获取请求的 URL
response.historty	获取跳转前的 URL
response.json	获取 JSON 数据

【示例 53】通过 requests 模块中的方法抓取"百度新闻"网页中的信息,并输出不同的 response 响应信息。

>>> **动手实践**

☐ **获取 response 响应信息**

```
1   # 获取 response 响应信息
2   import requests   # 引入 requests 包
3   url = 'https://news.baidu.com/'   # 设置要爬取的网页的 url
4   response = requests.get(url=url)   # 发送请求
5
6   print("响应头:")
7   print (response.headers)
8   print('\n')
9   print("状态码:")
10  print (response.status_code)
11  print('\n')
12  print("获取 cookies 信息:")
13  print (response.cookies)
14  print('\n')
15  print("以字典形式获取 cookies 信息:")
16  print (response.cookies.get_dict)
17  print('\n')
18  print("URL: ")
19  print (response.url)
```

>>> **运行结果**

```
响应头:
{'Connection': 'keep-alive', 'Content-Encoding': 'br', 'Content-Type':
'text/html;charset=utf-8', 'Date': 'Wed, 24 Jan 2024 04:02:12 GMT', 'Server':
'nginx/1.9.1', 'Tracecode': '2251310084269094989801241 2', 'X-Bd-Api':
'news_index', 'X-Bd-Status': '200', 'X-Logic-No': 'null', 'Transfer-Encoding':
'chunked'}
...
```

4. BeautifulSoup 模块

BeautifulSoup 是一个可以从 HTML 或 XML 文件中提取数据的 Python 库。它能够通过转换器实现惯用的文档导航、查找、修改文档的方式。

【示例 54】抓取中国政府采购网政府采购合同公告第一页的采购合同信息并输出(用户可以通过搜索引擎搜索相关网址)。

>>> 动手实践

❑ 获取采购合同信息

```
1   # 获取采购合同信息
2   import requests  # 引入 requests 包
3   from bs4 import BeautifulSoup
4   # 设置要爬取的网页的 url
5   url = 'http://htgs.ccgp.gov.cn/GS8/contractpublish/search'
6   # 发送请求
7   response = requests.get(url=url)
8   # 获取网页响应的内容
9   page_text = response.text
10  # 将网页内容传入，实例化一个 BeautifulSoup 对象
11  soup=BeautifulSoup(page_text,'lxml')
12  # 找到要抓取的内容
13  contractnames=soup.find_all("li",style='height:60px')
14
15  for i in contractnames:
16      contract_name = i.select_one('a').text
17      print(contract_name)
```

视频 2-4

>>> 运行结果

```
       上海铁路公安局杭州公安处派出所至管辖车站区域联网通道采购项目
       浙江省消防救援总队 2023 年度消防车（第一批-灭火类一）采购合同
       海关总署货物类政府采购高效液相色谱仪项目合同
       广东省消防救援总队 2023 年消防装备采购项目二十三
       ...
```

以上代码示例中 contractnames=soup.find_all("li",style='height:60px')中 style='height:60px'，以及 contract_name= i.select_one('a').text 中的"a"，需要在浏览器中打开开发者工具，在 Elements 面板中，找到采购合同名称的位置，通过对 HTML 代码的解读得到。

以上代码示例中，使用了 BeautifulSoup 的 find_all()方法，find_all()方法是搜索当前 tag 的所有 tag 子节点，并判断是否符合过滤器的条件，将所有满足条件的标签都返回，以列表形式返回，其语法格式如下。

```
find_all( name , attrs , recursive , string , **kwargs )
```

常用参数说明如表 2-11 所示。

表 2-11　find_all( )常用参数说明

参数名称	设置语法	参数使用说明
name 参数	soup.find_all("title") # [<title>The Dormouse's story</title>]	参数可以查找所有名字为 name 的 tag，字符串对象会被自动忽略
attrs 参数	soup.find_all("a", attrs={"class": "sister"}) # [<a class="sister" href="http://example.com/elsie" id="link1">Elsie</a>	将属性条件放在一个字典表中，以键值对方式传递给 attrs 参数

以上代码示例中，使用了 BeautifulSoup 的 select_one()方法，该方法是搜索根据 tag 名称，返回 tag list 中第一个。

↗ 知识拓展

BeautifulSoup 中还有很多本书没有介绍到的常用方法，在学习过程中，用户可以通过官方网站获取更多的帮助。

说明：通过 BeautifulSoup 直接解析 HTML 的工作量相对较大，在写爬虫程序的时候，可以分析网页加载数据的时候是否网页中有新的请求去获取数据的接口，如果有，可以通过调用新的请求的方式去直接抓取接口返回的数据。

【示例 55】抓取中国政府采购网中政府采购代理机构名单信息，要求抓取广东省的代理机构名单(用户可以通过百度网站，自行搜索相关网址或参考本书素材中提供的网址)。

>>> 动手实践

☐ 采集代理机构名单

```python
1   # 采集代理机构名单
2   import requests  # 引入requests包
3   import json
4   # 设置要爬取的广东省代理机构数据获取接口
5   url = 'http://jczy.ccgp.gov.cn/gs1/gs1agentreg/getPubList.regx?\
    provinceCode=440000&page=1&rows=30&sort=regValidDate&order=desc'
6   headers = {"User-Agent":"Mozilla/5.0 (Windows NT 10.0; Win64; x64) \
    AppleWebKit/537.36 (KHTML, like Gecko) Chrome/119.0.0.0 Safari/537.36"}
7   # 模拟用户浏览器访问，发送请求
8   response = requests.get(url=url,headers=headers)
9   # 获取网页响应的内容
10  page_text = response.text
11  # print(page_text)
12  # 将获取的网页响应的内容转化成json格式
13  data=json.loads(page_text)
14  # 将获取json数据中，key为rows的数据存为元组
15  companylist=data['rows']
16  # print(companylist)
17  print("广东省政府采购代理机构名单如下：")
18
19  for i in companylist:
20      name=i['agentNm']          # 将获取元组中公司名称
21      core=i['contactNm']        # 将获取元组中公司联系人
22      tel=i['corpTel']# 将获取元组中公司联系电话
23      print("采购代理机构公司名称："+name)
24      print("采购代理机构联系人："+core)
25      print("采购代理机构联系电话："+tel)
```

>>> 运行结果

```
广东省政府采购代理机构名单如下：
采购代理机构公司名称：广东瑞峰项目管理咨询有限公司
采购代理机构联系人：雷芬
采购代理机构联系电话：0760-86937668
采购代理机构公司名称：广州市学信科技发展有限公司
采购代理机构联系人：吴工
采购代理机构联系电话：020-38370715
......
```

以上代码示例中 response= requests.get(url=url,headers=headers)中的 URL 信息，需要在浏览器中

打开开发者工具，在 Network 面板中，找到广东省代理机构的数据来源，从列出的信息中查询广东省的相关信息，网页在加载的过程中会通过一个新的 request 请求于获取信息后再显示到页面中，如图 2-10 所示。

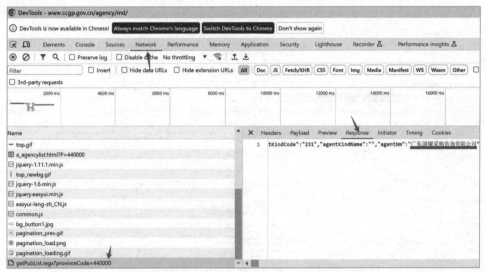

图 2-10　代理机构数据通过新的 request 请求获取

在图 2-10 中选择 Headers 选项卡，可以查看页面加载过程中为了获取广东省代理机构的数据接口请求信息，这里的 URL 信息就是可用 request 来访问的 URL 信息，如图 2-11 所示。

选择 Payload 选项卡，可以查看通过接口连接访问数据时传入的参数，以及每个参数目前的值，同步写到 URL 信息中。

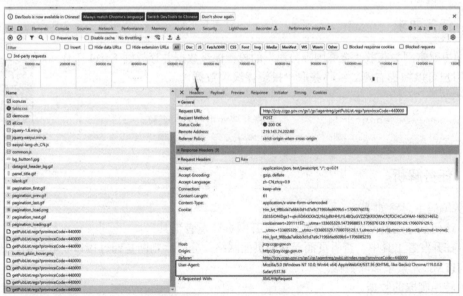

图 2-11　查看 URL 信息

在以上接口请求返回的 Response 和 Preview 选项卡中可以看见返回的数据是一个 json 对象，因此通过 data=json.loads(page_text) 将网页返回的文本信息转化成 json 对象，如图 2-12 所示。

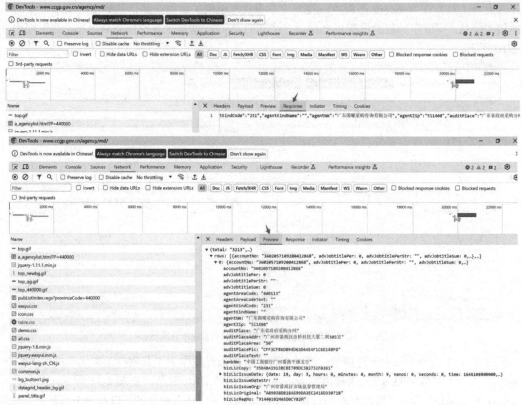

图 2-12　查看 json 对象

2.4.3　任务要求

在东方财富网中获取"金蝶国际公司"的投资评级数据并存放到 Excel 工作表中。用户可以扫描右侧二维码获取"投资评级"数据。

投资评级

2.4.4　任务解析

任务编码主思路如下。

(1) 访问东方财富网的相关网页后，打开网页开发者工具。

(2) 在开发者工具中，查看页面元素和页面网络，分析后判断是通过接口获取数据，还是要通过解析 HTML 元素来抓取数据。

(3) 转换爬取的数据。

(4) 调用 Pandas 将数据写入 Excel 工作表中。

根据任务解析编写代码。

>>> **动手实践**

❑ **数据采集**

```
1   # 数据采集任务
2   import requests  # 引入 requests 包
3   import json
4   import pandas as pd
5   
6   # 设置要爬取的网页的 url
7   url = 'https://datacenter.eastmoney.com/securities/api/data/v1/get?\
8   reportName=RPT_HKPCF10_INFO_ORGRATING&columns=SECUCODE%2CSECURITY_CODE%2\
9   CSECURITY_NAME_ABBR%2CORG_CODE%2CORG_NAME%2CRATING_NAME%2CPRE_RATING_NAME%2\
10  CTARGET_PRICE%2CPRE_TARGET_PRICE%2CTARGET_PRICE_CHANGE%2CPUBLISH_DATE\
11  &quoteColumns=&filter=(SECUCODE%3D%2200268.HK%22)&pageNumber=1&pageSize=50\
12  &sortTypes=-1&sortColumns=PUBLISH_DATE&source=F10&client=PC&v=
13  0342423753901556'
14  response = requests.get(url=url)          # 发送请求
15  page_text = response.text                  # 获取网页响应的内容
16  # print (page_text)                        # 输出网页全部信息
17  pagedata=json.loads(page_text)             # 将获取的网页响应的内容转化成 json 格式
18  pageresult=pagedata['result']
19  datalist=pageresult['data']
20  # print(datalist)
21  
22  a=pd.DataFrame(datalist)
23  a.to_excel('金蝶国际投资评级.xlsx', sheet_name='Sheet1',index=False)
24  print("投资评级数据抓取完毕!")
```

>>> **运行结果**

投资评级数据抓取完毕!

第 3 章 货币时间价值

↗ 学习目标

1. 理解货币时间价值的概念
2. 掌握 Python 中异常处理和数据表的用法
3. 掌握复利终值和复利现值的计算与应用
4. 掌握年金终值和年金现值的计算与应用

↗ 学习导图

学习导图如图 3-1 所示。

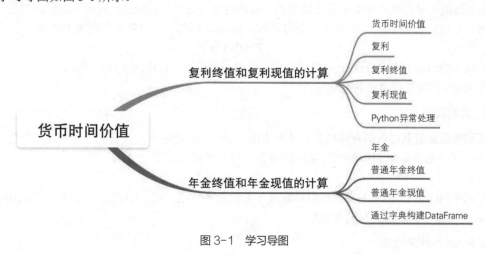

图 3-1 学习导图

3.1 复利终值和复利现值的计算

3.1.1 任务背景

小蝶是一名个人理财顾问。随着延迟退休政策的推出，客户对于理财和养老计划的咨询越来越多，各种理财与保险产品也层出不穷。于是，客户纷纷向小蝶咨询各种问题：

- "这个储蓄产品现在存 50 万元，一年按 2%复利计息 4 次，10 年后我可以拿多少钱？"
- "我想在退休时一次性拿到 100 万元，如果利率 3%，我现在应该准备多少钱？"
- ……

小蝶通过手工计算了几个以后，不胜其烦，于是决定通过 Python 设计程序，在客户咨询该类问题的时候，只要输入本金、利率、期限之类的信息，就可以自动计算结果，这样小蝶就可以节约大量时间。

3.1.2 知识准备

1. 货币时间价值

货币时间价值,是指货币经历一定时间的投资和再投资所增加的价值。理论上,货币的时间价值率是没有风险和没有通货膨胀下的社会平均利润率。货币的时间价值额是货币在生产经营过程中带来的真实增值额,即一定数额的货币与时间价值率的乘积。实务中,通常以利率、报酬率等来替代货币的时间价值率。

2. 复利

复利是计算利息的一种方法。按照这种方法,每经过一个计息期,要将所产生的利息加入本金再计利息,逐期滚算,俗称"利滚利"。这里所说的计息期,是指相邻两次计息的时间间隔,如年、月、日等。除非特别指明,计息期为1年。与复利相对的是单利。单利是指只对本金计算利息,而不将以前计息期产生的利息累加到本金中去计算利息的一种计算方法,即利息不再生息。

3. 复利终值

复利终值,是指现在的特定资金按复利计算的将来一定时间的价值,或者说是现在的一定本金在将来一定时间按复利计算的本金与利息之和,简称本利和。计算第 n 年的复利终值公式为

$$F = P(1+i)^n$$

上式中的 $(1+i)^n$ 被称为复利终值系数或1元的复利终值,记作 $(F/P,i,n)$。例如,$(F/P,6\%,3)$ 表示利率为6%的3期复利终值的系数。

4. 复利现值

复利现值是复利终值的对称概念,是指未来一定时间的特定资金按复利计算的现在价值,或者说是为取得将来一定本利和现在所需要的本金。复利现值的计算公式为

$$P = F(1+i)^{-n}$$

上式中的 $(1+i)^{-n}$ 被称为复利现值系数或1元的复利现值,记作 $(P/F,i,n)$。例如,$(P/F,10\%,5)$ 表示利率为10%时5期的复利现值系数。

5. Python 异常处理

对于 Python 开发者来说,用户的行为常常难以预测,当用户输入错误等行为使得 Python 运行发生异常时,需要对异常进行捕获,然后进行相应的处理。Python 的异常捕获常用 try...except...结构,把可能发生错误的语句放在 try 模块里,用 except 来处理异常。

【示例1】input()函数使用中的异常处理。

>>> 动手实践

□ 异常处理

```
1    # 异常处理
2    try:
3        a = int(input("请输入一个整数:"))
4    except:
5        print("输入有误!")
```

>>> 运行结果

请输入一个整数:小蝶
输入有误!

每一个 try，都必须至少对应一个 except，except 后面可以加具体的错误类型，例如，ValueError 表示传入错误的参数，TypeError 表示对类型无效的操作等。

在获取用户输入数据的情况下，常常还需要用户重新输入。此时，可以添加一个 while True 循环，通过 break 和 continue 设置循环的退出条件，直到用户输入正确的数据。

【示例 2】用 while True 循环与异常处理结合。

>>> 动手实践

❑ while True 与异常处理结合

```
1    # 与while True 循环结合的异常处理
2    while True:
3        try:
4            a = int(input("请输入一个整数"))
5            break
6        except:
7            print("输入错误，请重新输入！")
8            continue
```

>>> 运行结果

```
请输入一个整数小蝶
输入错误，请重新输入！
请输入一个整数大蝶
输入错误，请重新输入！
请输入一个整数10
```

3.1.3 任务要求

(1) 设计一个复利终值的计算器，用于计算用户输入的本金、利率、期数三个条件下可获得的复利终值金额。

测试：如果一款理财产品需存入本金 50 万元，存款期限为 10 年，年利率为 8%，每年按季度复利计息(即一年计息 4 次，计提利息并入本金为下期计息基数)，则 10 年后可获得本息共计多少？

(2) 设计一个复利现值计算器，用于帮助用户制订养老计划。由用户输入其想在退休时获得的养老金金额、现在的年龄、想要领取养老金的年龄及理财产品的年利率，程序自动计算现在需要一次性存入的金额。如果用户输入的不是数值，则输出提示错误信息并返回输入。

测试：小蝶的一个客户现年 35 岁，想在 60 岁退休时领取 100 万元，看中某款理财产品，年利率为 5%，则此时应该一次性存入多少钱？

3.1.4 任务解析

可以先思考下面的问题。

应如何设计复利终值计算器的代码编写步骤？任务要求(2)较任务要求(1)的代码应增加怎样的处理过程？

参考思路如下。

(1) 设计复利终值计算器的步骤可以分为以下三步。
- ❑ 根据复利终值公式设计变量并自定义计算函数。
- ❑ 获取用户输入数据并调用自定义函数。
- ❑ 用测试数据测试代码。

根据任务解析编写代码。

>>> 动手实践

☐ 复利终值计算器

```
1   # 设计一个复利终值的计算器，用于计算用户输入的
2   # 本金、利率、期数三个条件下可获得的复利终值金额
3   # pv 为本金,i 为利率,n 为期限
4
5   def fv(pv,i,n):
6       f = round(pv*(1+i)**n,2)
7       return f
8
9   pv = float(input("请输入本金："))
10  i = float(input("请输入利率："))
11  n = float(input("请输入期限:"))
12
13  print("复利终值金额为：",fv(pv,i,n))
```

视频 3-1

>>> 运行结果

请输入本金：500000
请输入利率：0.02
请输入期限:40
复利终值金额为： 1104019.83

（2）设计复利现值计算器需要在复利终值计算器的基础上增加异常处理，可以利用知识准备提到的 try...except...结构和 while True 循环对用户输入数据添加控制。

根据任务解析编写代码。

>>> 动手实践

☐ 复利现值计算器

```
1   # 设计一个复利现值计算器，获取用户输入的
2   # 终值、利率、期限(现年龄和退休年龄的差值)，计算复利现值
3   # 如果用户输入非 float，则提示错误信息，要求重新输入
4
5   def pv(fv,i,age_n,age_r):
6       p = round(fv*(1+i)**(age_n-age_r),2)
7       return p
8
9   while True:
10      try:
11          fv = float(input("请输入退休时的养老金额："))
12          i = float(input("请输入利率："))
13          age_n = float(input("请输入您现在的年龄："))
14          age_r = float(input("请输入您退休时的年龄："))
15          break
16      except:
17          print("您的输入有误，请重新输入数值！")
18          continue
19
20  print("现在需要存入的金额：",pv(fv,i,age_n,age_r))
```

>>> 运行结果

```
请输入退休时的养老金额：金小蝶
您的输入有误，请重新输入数值！
请输入退休时的养老金额：1000000
请输入利率：0.05
请输入您现在的年龄：35
请输入您退休时的年龄：60
现在需要存入的金额：295302.77
```

3.2 年金终值和年金现值的计算

3.2.1 任务背景

小蝶经过一段时间的学习，从理财顾问转型为保险类产品设计顾问。保险类的产品大都涉及年金的计算，在成本利率的限定下，要根据投保人的年龄和缴费期限去自动测算投保额和可领取的生存现金等。小蝶心想，学到的 Python 知识又可以大展身手了。

3.2.2 知识准备

1. 年金

年金是指等额、定期的系列收支。例如，分期付款赊购、分期偿还贷款、发放养老金、分期支付工程款、每年相同的销售收入等，都属于年金收付形式。按照收付时点和方式的不同可以将年金分为普通年金、预付年金、递延年金和永续年金等 4 种。其中普通年金又称后付年金，是指各期期末收付的年金。

2. 普通年金终值

普通年金终值是指其最后一次收付时的本利和，它是每次收付的复利终值之和。普通年金终值的计算公式为

$$F = A \times \frac{(1+i)^n - 1}{i}$$

上式中的 $\frac{(1+i)^n - 1}{i}$ 被称为年金终值系数，记作 $(F/A, i, n)$。

3. 普通年金现值

普通年金现值，是指为在每期期末收付相等金额的款项，现在需要投入或收取的金额。普通年金现值的计算公式为

$$P = A \times \frac{1 - (1+i)^{-n}}{i}$$

上式中的 $\frac{1 - (1+i)^{-n}}{i}$ 被称为年金现值系数，记作 $(P/A, i, n)$。

4. 通过字典构建 DataFrame

DataFrame 对象也可以通过字典进行构建，字典的键可以对应为 DataFrame 的索引。

【示例 1】 通过字典构建 DataFrame 对象。

>>> **动手实践**

构建 DataFrame
```
1  # 通过字典构建 DataFrame
2  import pandas as pd
3
4  code = ["A","B","C"]
5  rate = [20,30,50]
6  dic = {"code":code,"rate":rate}
7
8  pd.DataFrame(dic)
```

>>> **运行结果**

	code	rate
0	A	20
1	B	30
2	C	50

3.2.3 任务要求

小蝶目前正在设计一款灵活的年金类养老保险产品，针对 20~50 周岁的投保人，根据投保人的年龄、缴费年限确定每年的缴费金额，确保投保人在年满 55 周岁至 85 周岁的年龄段内，每年可领取同等金额的生存金。

要求用 Python 构建模型，获取数据，并计算不同年龄投保人每年的保费金额。小蝶所在公司的养老保险产品利率每年会进行测算，因此设计的产品模型要允许用户灵活设置投保人的缴费年限、生存金的金额和利率。要求的输出结果为 DataFrame 对象，呈现不同年龄人的年缴费金额。年龄和保费金额保留至整数。

建模完成后以年生存金为 5 万元，缴费期限为 10 年，利率为 3% 进行测算。

3.2.4 任务解析

根据任务要求思考如何根据任务要求，设计 Python 代码编写的流程。

参考思路如下。

根据任务要求，上述保险产品既涉及年金和复利现值的计算，也涉及年金终值的计算。解题的思路和步骤如下。

(1) 先自行设置变量，以便在后续代码中使用：
- $a1$ 为每年领取的生存金；
- $a2$ 为每年的保费；
- age 为开始缴纳保费的年龄（age 介于 20~50 周岁之间）；
- n 为缴纳保费的期限；
- i 为利率；
- $p1$ 为计算的生存金在领取起始日的现值；

❏ p2 为计算的生存金在投保终止日的现值。

(2) 自定义函数根据限定条件求解年保费额。

计算思路如图 3-2 所示。

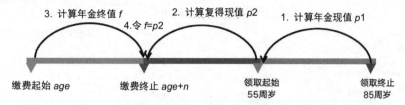

图 3-2 年保费额计算思路

① 将每年领取的生存金通过年金折现系数折现至领取起始日的现值，计算公式为

$$p1 = a1 \times (P/A, i, n1) = a1 \times \frac{1-(1+i)^{-30}}{i}$$

② 将计算的生存金在领取日的现值折现至投保终止日的现值，计算公式为

$$p2 = p1 \times (P/F, i, n1) = p1 \times (1+i)^{(55-age-n)}$$

③ 计算投保人缴纳的保费在投保终止日的终值，计算公式为

$$f = a2 \times (F/A, i, n1) = a2 \times \frac{(1+i)^n - 1}{i}$$

④ 令 $f = p2$，根据获取到的其他变量值求解不同年龄投保人每年的保费金额 $a2$。根据年金终值公式，计算保费金额，计算公式为

$$a2 = f/(F/A, i, n1)) = \frac{f \times i}{(1+i)^n - 1} = \frac{p2 \times i}{(1+i)^n - 1}$$

(3) 通过 input()函数获取每年领取的生存金、保费缴纳期限和利率，为确保获取到正确的数据，可以通过 try…except 语句和 while True 循环设置输入验证。

(4) 通过 for 循环获取范围在 20~50 周岁的年保额，并调用自定义函数，与年龄组成字典。

(5) 将字典传入 DataFrame 对象。

根据任务解析，编写相应的代码。

>>> **动手实践**

❏ 设计年金类养老保险产品

```
1   import pandas as pd
2   
3   def a2(a1,age,n,i):
4       p1 = a1*(1-(1+i)**-30)/i
5       p2 = p1*(1+i)**-(55-age-n)
6       a2 = (p2*i)/((1+i)**n-1)
7       return round(a2,0)
8   
9   while True:
10      try:
11          a1 = int(input("请输入您想领取的年生存金："))
12          n = int(input("请输入你的保费缴纳期限："))
13          i = float(input("请输入利率："))
```

```
14          break
15      except:
16          print("输入错误,请重新输入!")
17          continue
18
19  ages = []
20  amount = []
21  for age in range(20, 51):
22      ages.append(age)
23      amount.append(a2(a1, age, n, i))
24  data = {"年龄": ages, "年保额": amount}
25  pd = pd.DataFrame(data)
26  pd.head()
```

>>> **运行结果**

```
请输入您想领取的年生存金:50000
请输入你的保费缴纳期限:10
请输入利率:0.03
```

	年龄	年保额
0	20	40829.0
1	21	42054.0
2	22	43316.0
3	23	44615.0
4	24	45954.0

第 4 章 资本成本分析

↗ 学习目标

1. 理解债权资本成本的概念与计算
2. 理解股权资本成本的概念与计算
3. 理解加权资本成本的概念与计算
4. 掌握 numpy_financial 库中常用函数的应用
5. 掌握 Pandas 中 apply 方法的应用
6. 掌握 DataFrame 的排序与分组聚合方法

↗ 学习导图

学习导图如图 4-1 所示。

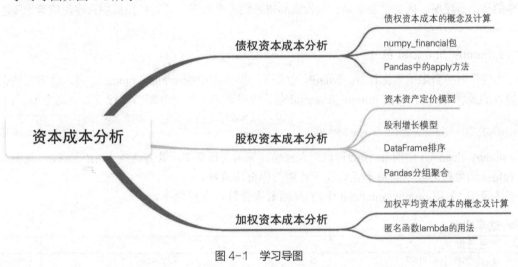

图 4-1 学习导图

4.1 债权资本成本分析

4.1.1 任务背景

小蝶是蓝海公司战略投资部职员,主要负责投资项目的筹资决策。蓝海公司是一家主营业务在境外的大型通信设备供应商,其经营业务受经营地的宏观环境和行业竞争影响较大,目前已公开上市。蓝海公司大量的项目资金通过发行债券获得,由于风险因素的影响,债券通常折价发行,当二级市场折价率过高时,蓝海公司也会利用闲置资金回购债券。因此,小蝶经常需要对债券的实际成本进行计算。

4.1.2 知识准备

1. 债权资本成本的概念及计算

估计债务成本就是确定债权人要求的报酬率。在实务中,往往把债务的承诺收益率作为债务成本。从理论上看是不对的,但在实务中经常是可以接受的。原因之一是多数公司的违约风险不大,债务的期望收益与承诺收益的区别很小,可以忽略不计或者假设不存在违约风险;原因之二是按照承诺收益计算到期收益率很容易,而估计违约风险就比较困难。

如果不考虑发行费用,可以采用到期收益率法计算债务的税前成本。根据债券估价的公式,到期收益率是使下式成立的 r_d,计算公式为

$$P_0 = \sum_{i=1}^{n} \frac{\text{利息}}{Y(1+r_d)^i} + \frac{\text{本金}}{(1+r_d)^n}$$

其中:P_0 表示债券的市价;r_d 表示到期收益率,即税前债务成本;n 表示债券的剩余期限,通常以年表示。

从投资者的角度考虑,上述的成本计算即其收益率的计算,称为内含报酬率。内含报酬率(internal rate of return,IRR),就是资金流入现值总额与资金流出现值总额相等、净现值等于零时的折现率。如果不使用计算机来计算,内含报酬率要用若干个折现率进行试算,直至找到净现值等于零或接近于零的那个折现率。内部收益率是一项投资渴望达到的报酬率,是能使投资项目净现值等于零时的折现率。

2. numpy_financial 包

为便于财务金融的指标计算,NumPy 收集了一些函数组成 numpy_financial 包,官方文档中建议导入的简称为 npf。使用 numpy_financial 包需要使用 pip 在命令窗口进行安装,命令如下:

```
pip install numpy-financial
```

numpy_financial 中的 irr 函数可以用来直接计算内含报酬率,其表达式为 irr(values),其中,参数 values 为数组,其中的每个元素表示各期的现金净流量。

【示例1】用 numpy_financial 中的 irr 函数来计算内含报酬率。

>>> 动手实践
- 变更变量

```
1   # 内含报酬率计算
2   import numpy_financial as npf
3   npf.irr([-1000,-500,0,1000,2000,3000])
```

>>> 运行结果

```
0.4223447542395842
```

numpy_financial 包含的主要函数如表 4-1 所示。

表 4-1 numpy_financial 主要函数

函数	说明
fv(rate, nper, pmt, pv[, when])	计算终值
ipmt(rate, per, nper, pv[, fv, when])	计算支付的利息比例
irr(values)	计算内含报酬率
mirr(values, finance_rate, reinvest_rate)	计算修正内含报酬率

(续表)

函数	说明
nper(rate, pmt, pv[, fv, when])	计算期数
npv(rate, values)	计算净现值
pmt(rate, nper, pv[, fv, when])	计算本息和的付款额
ppmt(rate, per, nper, pv[, fv, when])	计算本金付款额
pv(rate, nper, pmt[, fv, when])	计算现值
rate(nper, pmt, pv, fv[, when, guess, tol, ...])	计算每期利率

3. Pandas 中的 apply 方法

Pandas 中的 apply 方法可以实现将函数应用到一行或一列的一维数组上,apply 方法默认是应用在一列中,当向 apply 传递 axis=1 或 axis="columns",函数将会以应用在一行中的方式调用一次。

附表 4-1

【示例 2】应用 Pandas 中的 apply 方法,读取提供的附表 4-1(扫描右侧二维码)中的数据,并自定义函数增加一列,计算并显示每期利息。

>>> **动手实践**

❑ 计算每期利息

```
1   # apply 方法的使用
2   import pandas as pd
3
4   data = pd.read_excel("附表 4-1.xlsx")
5   data["每期利息"] = 100*data["票面利率"]
6
7   def period(row):
8       row["每期利息"] = row["每期利息"]
9       return row
10
11  data = data.apply(period,axis = 1)
12  data.head()
```

视频 4-1

>>> **运行结果**

	代码	简称	国债付息方式	票面利率	当前价格	剩余年限	每期利息
0	127442	16 广晟 02	按年	0.0410	101.65	8	4.10
1	127446	16 穗城 02	按年	0.0390	101.47	3	3.90
2	127456	16 穗港 02	按年	0.0345	99.40	4	3.45
3	127459	16 广晟 03	按年	0.0380	101.20	9	3.80
4	122313	13 海通 06	按年	0.0585	100.00	1	5.85

4.1.3 任务要求

帮助小蝶用 Python 设计一款债券资金成本的计算器,根据债券的面值、利率、期间及发行价或市场价，求解债券的税前资金成本(不考虑发行费用)。

设置自定义函数，并以面值为1000元、年利率为6.5%、10年期、市价为950元的债券为例进行测算。

4.1.4 任务解析

根据任务要求，思考如何利用 numpy_financial 包中的 irr 函数计算债券的税前资本成本。参考思路如下。

由于 numpy_financial 包中的 irr 函数的参数为各个期间的现金流量，因此需要计算该债券的各期现金流量。而债券各期的现金流量可以分为以下3部分：

- ❑ 第一部分是第一期现金流量，是该债券的发行价格或市场价格；
- ❑ 第二部分是各期的利息，可以根据债券的票面价值和票面利率计算获得；
- ❑ 第三部分是最后一期的本息和，到期按债券的票面价值收回本金及最后一期利息。

根据任务解析的结果编写代码。

>>> **动手实践**

❑ 求解债券的税前资金成本

```
1  def irr(pv,fv,fi,n):
2      v = [-pv]
3      for i in range(1,n):
4          v.append(fv*fi)
5      v.append(fv+fv*fi)
6      irr = npf.irr(v)
7      return round(irr,6)
8
9  irr(950,1000,0.065,10)
```

>>> **运行结果**

0.072191

4.2 股权资本成本分析

4.2.1 任务背景

蓝海公司在对投资项目进行评价时，不仅需要对项目的投资回报率进行详细的测算，还需要对项目资金的成本进行测算，以便对二者进行比较，只有投资回报大于其资金成本的项目，才予以考虑实施。近期蓝海公司初步拟定了不少可选的投资项目，其投资额均由股权资本提供，小蝶负责对这些项目的股权成本进行测算。

4.2.2 知识准备

1. 资本资产定价模型

资本资产定价模型假设所有投资者都按哈里·马克维茨的资产选择理论进行投资，对期望收益、方差和协方差等的估计完全相同，投资人可以自由借贷。基于这样的假设，资本资产定价模型研究的重点在于探求风险资产收益与风险的数量关系，即为了补偿某一特定程度的风险，投资者应该获得的报酬率是多少。

当资本市场达到均衡时，风险的边际价格是不变的，任何改变市场组合的投资所带来的边际效果是相同的，即增加一个单位的风险所得到的补偿是相同的。按照 β 的定义，代入均衡的资本市场条件下，得到的资本资产定价模型计算公式为

$$E_{ri}=r_f+\beta_{im}(E_{rm}-r_f)$$

其中，E_{ri} 是资产 i 的预期回报率，r_f 是无风险利率，β_{im} 是资产 i 的系统性风险，E_{rm} 是市场 m 的预期市场回报率，$E_{rm}-r_f$ 是市场风险溢价，即预期市场回报率与无风险回报率之差。

2. 股利增长模型

股利增长模型是一种估计公司股本成本的方法，它与公司所需的收益率密切相关，回报率是一个公司在获得商业机会时必须获得的回报率，公司利用该模型对其股票、股息和增长率进行股票估值。这允许企业所有者和经理使用一些基本假设来估计公司将获得所需回报率的股价。股利增长模型的计算公式为

$$R=D_1/P_0+g$$

公式说明如下：
- D_1 表示站在发行时点预测的未来第一期支付的股利；
- P_0 表示发行时点的股价；
- D_1/P_0 表示股利收益率；
- g 表示股利增长率。

3. DataFrame 排序

DataFrame 排序有两种方法。如果按索引排序，可以利用 sort_index()。如果按值进行排序，则需要使用 sort_values()，该方法的主要参数如下。
- by：表示排序的依据，例如按某列的值进行排序时，传入 by="列名"。
- ascending："=True"时表示是按升序排序，"=False"时表示降序排序，默认为按升序排序。
- inplace："= False"会生成一个新的对象，默认为 False，"=True"表示替换原来的对象。

【示例3】对 DataFrame 对象进行排序。

>>> 动手实践

- **DataFrame 对象排序**

```
1   # DataFrame 排序
2   import pandas as pd
3   import numpy as np
4
5   dic = {"项目":["项目A","项目A","项目B","项目B","项目B","项目C"],
6          "投资额":[60,30,15,40,50,75],
7          "资金成本":[0.07,0.05,0.09,0.1,0.15,0.12]}
8   df = pd.DataFrame(dic)
9   df.sort_values(by = ["投资额"],ascending = False,inplace = True)
10  df
```

>>> 运行结果

	项目	投资额	资金成本
5	项目C	75	0.12

0	项目A	60	0.07
4	项目B	50	0.15
3	项目B	40	0.10
1	项目A	30	0.05
2	项目B	15	0.09

4. Pandas 分组聚合

Pandas 提供了一个灵活的 groupby 接口，可以对数据集进行分类，并在每一组上应用一个聚合函数或转换函数。利用 groupby 可以对 DataFrame 对象进行行方向或列方向的分组，分组操作后，一个函数就可以应用到各个组中，产生新的值。

【示例4】对 df 按项目进行分组聚合。

>>> 动手实践

☐ 分组聚合

```
1  # 分组聚合
2  df.groupby(["项目"]).sum()
```

>>> 运行结果

	投资额	资金成本
项目		
项目A	90	0.12
项目B	105	0.34
项目C	75	0.12

通过 .agg 方法可以对 df 对象中不同的列按不同函数进行分组聚合。

【示例5】对投资额按项目进行求和，对资金成本按项目计算平均值。

>>> 动手实践

☐ 不同列分组聚合

```
1  # 不同列不同函数进行分组聚合
2  df.groupby(["项目"]).agg({"投资额":np.sum,"资金成本":np.mean})
```

>>> 运行结果

	投资额	资金成本
项目		
项目A	90	0.060000
项目B	105	0.113333
项目C	75	0.120000

4.2.3 任务要求

小蝶收集了股权成本计算的相关数据,参见附表4-2(扫描右侧二维码),要求完成以下任务:

(1) 用资本资产定价模型求解普通股股权资本成本,并按计算的资本成本升序进行排序,输出结果的前五行;

(2) 用股利增长模型求解股权资本成本,并输出不同行业的平均成本。

附表 4-2

4.2.4 任务解析

根据任务要求,思考完成任务(1)和任务(2)的代码编写步骤。

参考思路如下。

1. 任务(1)的代码编写步骤

任务(1)的代码编写步骤如下。

(1) 导入需要用到的第三方库。

(2) 用 Pandas 读取提供的数据表。

(3) 确定采用资本资产定价模型计算股权成本所需的数据和公式,并通过自定义函数将其应用到 Pandas 读取的数据中,新生成一列股权资本成本数据。

(4) 应用知识准备中介绍的排序方法对数据进行排序。

根据任务解析编写代码。

>>> 动手实践

❑ 求解普通股股权资本成本

```
1   import pandas as pd
2   import numpy as np
3
4   data = pd.read_excel("附表 4-2.xlsx")
5
6   data["资本成本1"] = data["无风险利率"] + data["贝塔系数"]*(data["平均风险股票报酬率"] - data["无风险利率"])
7
8   def Eri(row):
9       row["资本成本1"] = row["无风险利率"] + row["贝塔系数"]*(row["平均风险股票报酬率"] - row["无风险利率"])
10      return row
11
12  data = data.apply(Eri,axis = 1)
13
14  data.sort_values(by = "资本成本1").head()
```

>>> 运行结果

	序号	行业	无风险利率	平均风险股票报酬率	...	股利预期增长率	资本成本1
54	55	建筑	0.0465	0.12	...	0.0000	0.061200
43	44	建筑	0.0465	0.12	...	0.0300	0.063405

57	58	农业	0.0465	0.12	...	0.0543	0.065610
106	107	农业	0.0465	0.12	...	0.0300	0.068550
70	71	建筑	0.0465	0.12	...	0.0400	0.071490

2. 任务(2)的代码编写步骤

任务(2)的代码编写步骤具体如下：

- ❑ 确定采用股利增长模型计算股权成本所需的数据和公式，并通过自定义函数将其应用到 Pandas 读取的数据中，新生成一列股权资本成本数据；
- ❑ 应用知识准备中介绍的分组聚合方法计算平均资本成本。

根据任务解析编写代码。

>>> **动手实践**

❑ 求解股权资本成本

```
1  data["资本成本2"] = data["本年股利"] *(1+data["股利预期增长率"])/data["股价"] + data["股利预期增长率"]
2
3  def Eri(row):
4      row["资本成本2"] = row["本年股利"] *(1+row["股利预期增长率"])/row["股价"] + row["股利预期增长率"]
5      return row
6
7  data = data.apply(Eri,axis = 1)
8
9  data.groupby(["行业"]).agg({"资本成本2":np.mean})
```

>>> **运行结果**

行业	资本成本 2
农业	0.100987
建筑	0.105423
金融	0.127603
餐饮	0.129640

4.3 加权资本成本分析

4.3.1 任务背景

蓝海公司的资金来源往往既包括债权资金，也包括股权资金。现在要对公司或投资项目的综合资金成本进行分析，以帮助进行筹资或投资决策。

由于债权资金和股权资金的成本会随着风险的变动而变动，而其中的财务风险很大程度受资本结构的影响，因此如何选择一个最优的资金结构，以使得项目的加权资本成本最低，便成为小蝶面临的一个难题。

4.3.2 知识准备

1. 加权平均资本成本的概念及计算

加权平均资本成本(weighted average cost of capital，WACC)的计算方法适用所有资金来源，包括普通股、优先股、债券及所有长期债务。计算方法为每种资本的成本乘以占总资本的比重，然后将各种资本得出的数目相加，计算公式为

$$WACC=(E/V) \times R_e + (D/V) \times R_d \times (1-T_c)$$

其中，R_e 为股本成本，是投资者的必要收益率；R_d 为债务成本；E 为公司股本的市场价值；D 为公司债务的市场价值；V 为 $E+D$ 是企业的市场价值；E/V 为股本占融资总额的百分比，即资本化比率；D/V 为债务占融资总额的百分比，即资产负债率；T_c 为企业所得税率。

2. 匿名函数 lambda 的用法

Python 中的 lambda 是一个关键字，它可以通过单个语句生成函数，不用 def 去进行自定义。匿名函数非常方便，可以使用更小的代码量清晰地表达。

【示例6】自定义函数与 lambda 函数进行对比。

>>> 动手实践

□ 自定义函数
```
1  # 用def自定义函数
2  def func1(x,y,z):
3      return x*y*z
4
5  func1(2,3,5)
```

□ lambda 函数
```
1  # 使用lambda函数
2  func2 = lambda x,y,z: x*y*z
3  func2(2,3,5)
```

>>> 运行结果

30

30

在 DataFrame 对象中也可以使用 lambda 函数，让语句更简洁。

【示例7】读取附表 4-3-1(扫描右侧二维码)，并计算债权资金的占比。

附表 4-3-1

>>> 动手实践

□ 计算债权资金占比
```
1  # 计算债权资金的占比
2  import pandas as pd
3
4  data = pd.read_excel("附表4-3-1.xlsx")
5  percentage = lambda r:r["债权资金"]/(r["债权资金"]+r["股权资金"])
6
7  data["债权资金占比"] = data.apply(percentage,axis = 1)
8  data.head()
```

>>> **运行结果**

	序号	债权资金	债务资金成本	股权资金	股权资金成本	债权资金占比
0	1	0	0.0000	50000000	0.1500	0.00
1	2	1000000	0.0350	49000000	0.1608	0.02
2	3	2000000	0.0352	48000000	0.1695	0.04
3	4	3000000	0.0352	47000000	0.1706	0.06
4	5	4000000	0.0354	46000000	0.1722	0.08

4.3.3 任务要求

小蝶统计了不同资本结构下的股权资金成本、债权资金成本情况，如附表4-3-1所示(扫描右侧二维码)。帮助小蝶设计 Python 代码计算不同资本结构下的加权资本成本，输出最低加权资本成本及对应的资本结构，绘制资本结构与加权资本成本的关系折线图(不考虑税费的影响)。

附表 4-3-1

4.3.4 任务解析

任务参考思路如下。
根据任务要求的描述，具体有以下几项具体任务。

- 计算表格中每一行的加权资本成本，可以利用任务准备中提到的 lambda 函数实现。
- 绘制资本结构与加权资本成本的关系折线图，由于附表 4-3-1 中的数据并无资本结构数据，所以需要计算资本结构，可以使用债权资本占总资本的比值，也可以使用 lambda 函数实现。
- 输出最低加权资本成本及对应的资本结构，可以通过 Pandas 或 NumPy 中的最小值方法或函数来实现，而要找到最小加权资本成本对应的资本结构，则可以通过 idxmin()找到其索引，通过 iloc()方法定位对应的资本结构。
- 绘制资本结构与加权资本成本的关系折线图，需要用到本书第 2 章介绍的相关知识来实现。

根据任务解析编写代码。

>>> **动手实践**

- 资本结构与资本成本

```
1  import pandas as pd
2  import matplotlib.pyplot as plt
3
4  data = pd.read_excel("附表 4-3-1.xlsx")
5
6  percentage = lambda r:r["债权资金"]/(r["债权资金"]+r["股权资金"])
   wacc = lambda k:(k["债权资金"]*k["债务资金成本"]+k["股权资金"]*k["股权资金成本"])/(k["债权资金"]+k["股权资金"])
7
8  data["债务资金占比"] = data.apply(percentage,axis = 1)
9  data["加权资本成本"] = data.apply(wacc,axis = 1)
```

```
10
11    print("最低资本成本: ",data["加权资本成本"].min())
12    debt_percentage = data["债务资金占比"].iloc[data["加权资本成本"].idxmin()]
13    print("最低资本成本的债务结构: ",debt_percentage)
14    plt.plot(data["债务资金占比"],data["加权资本成本"])
15    plt.show()
```

>>> 运行结果

最低资本成本: 0.127076
最低资本成本的债务结构: 0.58

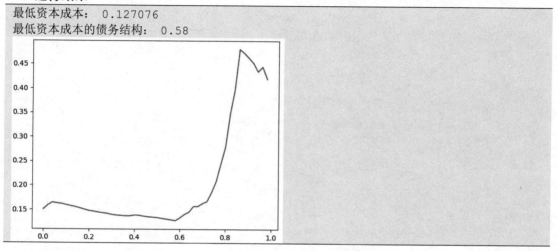

第 5 章
投资项目评价

📌 **学习目标**

1. 掌握投资项目净现值的原理及计算方法
2. 掌握投资项目内含报酬率的原理及计算方法
3. 理解互斥项目问题的问题与解决方法
4. 理解总量有限时的资本分配原理及方法
5. 理解投资项目敏感性分析原理及方法

📌 **学习导图**

学习导图如图 5-1 所示。

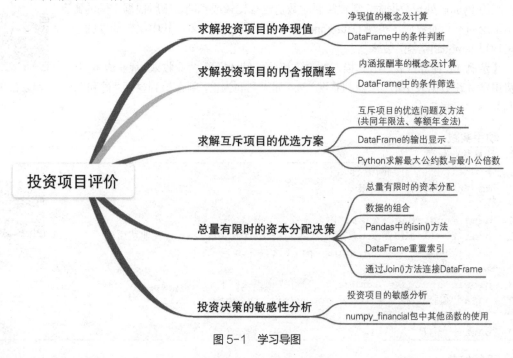

图 5-1 学习导图

5.1 求解投资项目的净现值

5.1.1 任务背景

小蝶作为蓝海公司战略投资部职员,经常需要对项目的经济可行性进行测算并给出判断,小蝶最常用的方法是通过计算项目全生命周期的现金流量净现值来进行判断。现金流量的预测和净现值的计算都涉及大量的计算,但现金流量的种类和计算的方法都是类似的,小蝶希望能够利用 Python 快速解决项目净现值的计算问题。

5.1.2 知识准备

1. 净现值的概念及计算

净现值 NPV(net present value，NPV)是一项投资所产生的未来现金流的折现值与项目投资成本之间的差值，计算公式为

$$净现值=未来现金净流量现值-原始投资额现值$$

$$NPV = \sum_{t=0}^{n} \frac{CI - CO}{(1+i)^t}$$

其中：
- CI 为未来现金净流量现值；
- CO 为原始投资额现值；
- i 为折现率；
- t 为期数。

2. DataFrame 中的条件判断

利用 Python 处理数据时，常常需要对数值进行比较或判断，然后根据不同的比较结果返回不同的数据。实现 DataFrame 条件判断的方法很多，其中比较简便的一种是通过 lambda 匿名函数来实现。

【示例1】计算附表 5-1(扫描右侧二维码)的营业利润(=营业收入-营业成本-其他费用)，并在数据表中增加"盈利状况"列，如果利润为正，则在该列显示"盈利"，否则显示"亏损"。

附表 5-1

>>> **动手实践**
- 计算营业利润

```
1   # 计算营业利润并判断盈利状况
2   import pandas as pd
3
4   data = pd.read_excel("附表 5-1.xlsx")
5   profit = lambda p:p["营业收入"]-p["营业成本"]-p["其他费用"]
6   data["利润"] = data.apply(profit,axis = 1)
7
8   profit_status = lambda s:"盈利" if s["利润"]>0 else "亏损"
9   data["盈利状况"] = data.apply(profit_status,axis = 1)
10
11  data.head()
```

视频 5-1

>>> **运行结果**

	年度	投资额	营业收入	营业成本	...	利润	盈利状况
0	0	200000000.0	0	0	...	0.0	亏损
1	1	100000000.0	30000000	26800000	...	-47280000.0	亏损
2	2	200000000.0	50000000	27160000	...	-13720000.0	亏损
3	3	NaN	150000000	78220000	...	54855200.0	盈利

4	4	NaN	180000000	91990000	...	68512630.0	盈利

如果数据中存在三个或以上条件的判断，在 lambda 中不能使用 elif 来作为条件分支，而只能通过 else...if 来实现。

【示例 2】仍以附表 1-5 为例，在数据表中增加"盈利状况"列，如果利润为正，则显示"盈利"，如果利润为负，则显示"亏损"，否则显示"盈亏平衡"。

>>> **动手实践**

☐ **lambda 函数三个以上条件判断**

```
1  profit_status = lambda s:"盈利" if s["利润"]>0 else "亏损" if s["利润"]<0 else
   "盈亏平衡"
2  data["盈利状况"] = data.apply(profit_status,axis = 1)
3
4  data.head()
```

>>> **运行结果**

	年度	投资额	营业收入	营业成本	...	利润	盈利状况
0	0	200000000.0	0	0	...	0.0	盈亏平衡
1	1	100000000.0	30000000	26800000	...	-47280000.0	亏损
2	2	200000000.0	50000000	27160000	...	-13720000.0	亏损
3	3	NaN	150000000	78220000	...	54855200.0	盈利
4	4	NaN	180000000	91990000	...	68512630.0	盈利

5.1.3 任务要求

以小蝶负责的其中一个项目为例，其总投资为 5 亿元，建设期为三年，分为三期，每一期完工可以部分投产(相关数据详见任务准备部分提供的附表 5-1)。蓝海公司的所得税率为 25%，当年亏损可结转至以后年度抵扣所得税应纳税所得额。假设该项目除折旧外无其他非付现费用，残值为税后净回收金额，项目运营期间预计不会出现亏损。

本任务要求计算项目的净现值，并输出基于净现值方法，该项目是否可以接受的判断。

5.1.4 任务解析

由于项目前期亏损，且亏损额可结转下年抵扣所得税应纳税额，如何通过 Python 实现应纳所得税的计算？

任务参考思路如下。

根据数据表的结构，所得税的计算可分为以下步骤。

(1) 计算当期利润，可以通过前面学过的 lambda 函数实现。

(2) 计算截至当期的累计利润，可以通过 Pandas 中的.cumsum()方法实现。

(3) 通过本任务知识准备中提到的 lambda 函数进行条件判断，由于任务中假设运营期间不会出现亏损，则可以设置条件判断：如果利润为负数，当期所得税为 0；如果累计利润小于当期利润，说明前期有未弥补的亏损，所得税金额为累计利润乘以税率；其他正常情况下为当期利润乘以税率。

根据任务解析编写代码。

>>> **动手实践**

☐ **计算利润及占比**

```
1   import pandas as pd
2   import numpy_financial as npf
3   
4   data = pd.read_excel("附表5-1.xlsx")
5   
6   # 对表格中的缺失值填充为0
7   data.fillna(0,inplace = True)
8   
9   # 计算各期利润 = 营业收入-营业成本-其他费用：
10  profit = lambda p:p["营业收入"]-p["营业成本"]-p["其他费用"]
11  data["利润"] = data.apply(profit,axis = 1)
12  
13  # 计算各期累积利润：
14  data["累积利润"] = data["利润"].cumsum()
15  
16  # 计算所得税
17  tax = lambda t: 0 if t["累积利润"]<0 else t["累积利润"]*t["所得税率"] \
18  if t["累积利润"]<t["利润"] else t["利润"]*t["所得税率"]
19  data["所得税"] = data.apply(tax,axis = 1)
20  
22  # 计算各期现金流量=利润-所得税+折旧+残值-投资额
23  cash_flow = lambda c:c["利润"]-c["所得税"]+c["其中:折旧"]+c["残值"]-c["投资额"]
24  data["现金流量"] = data.apply(cash_flow,axis = 1)
25  
26  # 计算现金流现值
27  npv = npf.npv(0.1,data["现金流量"])
28  
29  # 输出结果
30  print("该项目的净现值为：",round(npv,0))
31  if npv >= 0:
32      print("该项目可接受！")
33  else:
34      print("不建议投资该项目！")
```

>>> **运行结果**

该项目的净现值为： 188756916.0
该项目可接受！

5.2 求解投资项目的内含报酬率

5.2.1 任务背景

小蝶用净现值法对投资项目进行了评价，并且根据计算的净现值给出了财务可行性的相关建议。在通过初步判断可行的项目中，公司管理层要求进一步筛选，结合项目的内含报酬率、投资总额等信息做进一步考量。于是,小蝶又面临着如何利用 Python 计算项目的内含报酬率问题。

5.2.2 知识准备

1. 内含报酬率的概念及计算

内含报酬率是指能够使未来现金净流量现值等于原始投资额现值的折现率,或者使项目净现值为 0 的折现率。

当净现值=0(即未来现金流量现值等于原始投资额现值)时,i=内含报酬率。

净现值法虽然考虑了时间价值,可以说明投资项目的报酬率高于或低于资本成本,但没有揭示项目本身可以达到的报酬率是多少。内含报酬率是根据项目的现金流量计算的,是项目本身的投资报酬率。

手工计算内含报酬率时,通常需要采用"逐步测试法"。首先估计一个折现率,用它来计算项目的净现值;如果净现值为正数,说明项目本身的报酬率超过折现率,应提高折现率后做进一步的测试;如果净现值为负数,说明项目本身的报酬率低于折现率,应降低折现率后做进一步的测试。经过多次测试,寻找出使净现值接近于 0 的折现率,即为项目本身的内含报酬率。

本书前面介绍了 numpy_financial 包,其中的 irr 函数可以通过传入现金流直接计算内含报酬率,大大降低了计算难度。

2. DataFrame 中的条件筛选

利用 Python 处理数据时,常常需要按一定条件对数值进行筛选,数据筛选的方法也有很多,其中最简单的是方法通过列名及判断条件直接筛选。

【示例 3】筛选附表 5-2(扫描右侧二维码)中"第 2 年"金额为负数的数据记录。

附表 5-2

>>> 动手实践

❑ **DataFrame 数据筛选**

```
1   # DataFrame 数据筛选
2   import pandas as pd
3   
4   data = pd.read_excel("附表 5-2.xlsx")
5   data[data["第 2 年"]<0]
```

>>> 运行结果

	项目	第 0 年	第 1 年	第 2 年	第 3 年	...	第 19 年	第 20 年
3	项目 4	-107180000	-46302000	-8890000	5851000	...	11497000	49546000
9	项目 10	-137646000	-80275000	-28601000	15529000	...	0	0
12	项目 13	-34400000	-35171000	-8002000	2903000	...	2922000	-6422000
20	项目 21	-11154000	-6586000	-2046000	1477000	...	0	0
21	项目 22	-15713000	-15612000	-3784000	944000	...	2694000	0

5 rows × 22 columns

也可以使用"&"符号来筛选同时满足两个或以上条件的数据,用"|"符号来表示"或者"关系的条件。

【示例4】筛选附表 5-2 中"第 2 年"金额为负数且"第 3 年"金额大于 5 000 万的数据记录。

>>> **动手实践**

❏ 筛选满足两个条件的记录

```
1   # 筛选满足两个条件的数据记录
2   data[(data["第2年"]<0) & (data["第3年"]>5000000)]
```

>>> **运行结果**

	项目	第0年	第1年	第2年	第3年	...	第19年	第20年
3	项目4	-107180000	-46302000	-8890000	5851000	...	11497000	49546000
9	项目10	-137646000	-80275000	-28601000	15529000	...	0	0

2 rows × 22 columns

5.2.3 任务要求

蓝海公司拟对申报的投资项目立项申请书进行审核,各项目的相关信息详见附表 5-2。要求使用 Python 计算内含报酬率,筛选出内含报酬率大于公司的加权资本成本 12%,且投资总额大于 1 亿的项目(表格中数据为现金净流量,投资总额为前三年现金流量为负值的合计数)。

5.2.4 任务解析

根据任务要求先思考下面几个问题:

❏ 如何根据一行现金流量数据计算内含报酬率并且应用到所有的行?
❏ 如何从数据表中筛选出前三年的负数金额进行加总计算,并且应用到所有的行?

参考思路如下。

附表 5-2 的一行数据除了第一列均为现金流量,因此可以通过 iloc 方法获取到从一行中第 2 列至最后一列的数据,然后用 numpy_financial 中的 irr 函数计算内含报酬率,可以将其生成一个列表,添加到读取的 DataFrame 对象中。

可以通过 if 条件语句逐一对前三年数据进行判断,如果为负,则进行相加,将其作为一个自定义函数,最后通过 apply 将函数应用到整个 DataFrame 对象。

根据任务解析编写代码。

>>> **动手实践**

❏ 计算内含报酬率

```
1   import pandas as pd
2   import numpy_financial as npf
3
4   data = pd.read_excel("附表5-2.xlsx")
5
6   irr =[]
7
8   # 计算内含报酬率
```

```
9   for n in range(len(data)):
10      i = npf.irr(data.iloc[n,1:])
11      irr.append(i)
12
13  data["irr"] = irr
14
15
16  # 计算投资额
17  def cal(row):
18      result = 0
19      if row['第0年'] < 0:
20          result += row['第0年']
21      if row['第1年'] < 0:
22          result += row['第1年']
23      if row['第2年'] < 0:
24          result += row['第2年']
25      return -result
26
27  data["投资额"] = data.apply(cal, axis=1)
28
29  # 筛选并排序
30  data[(data["irr"]>0.12) & (data["投资额"]>10000000)]\
31      .sort_values(by = "irr",ascending = False)
```

>>> 运行结果

	项目	第0年	第1年	第2年	第3年	...	irr	投资额
16	项目17	-13880000	49218000	54140000	0	0	3.607511	13880000
17	项目18	-66430000	97026000	100907000	0	0	1.468238	66430000
6	项目7	-14100000	18274000	19553000	0	0	1.308161	14100000
10	项目11	-84000000	79200000	25344000	0	0	0.447240	84000000

4 rows × 24 columns

5.3 求解互斥项目的优选方案

5.3.1 任务背景

蓝海公司经常会有一些互斥项目的投资方案，需要战略投资部根据分析结果做出决策，特别典型的是设备租赁或购买的决策。这类决策项目较多，公司的项目成本经常变动，不同地区和性质的所得税率也有所不同，但采购设备的现金流量数据模式是类似的。小蝶就想用Python设计一个辅助决策工具，该工具可以根据公司的资本成本、设备的租赁费用、所得税率，导入不同设备的采购选择，给出采购或租赁的决策。

5.3.2 知识准备

1. 互斥项目的优选问题及方法

"互斥项目"是指接受一个项目就必须放弃另一个项目的情况。通常，它们是为解决一个问题设计的两个备选方案。例如，为了生产一个新产品，可以选择进口设备，也可以选择国产设备，它们的使用寿命、购置价格和生产能力均不同。企业只需购买其中之一就可以解决目前的问题，而不会同时购置。

面对互斥项目，仅仅评价哪一个项目方案可以接受是不够的，它们的净现值都为正，我们现在需要知道哪一个项目更好些。如果一个项目方案的所有评价指标，包括净现值、内含报酬率、回收期和会计报酬率，均比另一个项目方案好一些，我们在选择时不会有什么困扰。问题是这些评价指标出现矛盾时，尤其是评价的基础指标现净值和内含报酬率出现矛盾时，我们如何选择？

评价指标出现矛盾的原因主要有两种：一是投资额不同；二是项目寿命不同。如果是投资额不同引起的(项目的寿命相同)，对于互斥项目应当净现值法优先，因为它可以给股东带来更多财富。股东需要的是实实在在的报酬，而不是报酬的比率。如果净现值与内含报酬率的矛盾是项目的有效期不同引起的，我们可以采用共同年限法或等额年金法解决。

1) 共同年限法

如果互斥项目投资额和项目期限均不同，则其净现值没有可比性。例如，一个项目投资3年创造了较少的净现值，另一个项目投资6年创造了较多的净现值，后者的盈利性不一定比前者好。

共同年限法的原理是：假设投资项目可以在终止时进行重置，通过重置使两个项目达到相同的年限，然后比较其净现值。共同年限法也称为重置价值链法。

2) 等额年金法

等额年金法是用于比较年限不同的项目另一种方法，其计算步骤如下。

(1) 计算各项目的净现值。

(2) 计算净现值的等额年金额。

(3) 假设项目可以无限重置，并且每次重置都在该项目的终止期，等额年金的资本化金额就是项目的净现值，即计算其永续年金现值。

步骤(3)并非总是必要的。在资本成本相同时，等额年金值大的项目永续净现值肯定大，根据等额年金大小就可以直接判断该项的优劣。

通过等额年金法分析互斥项目，假设项目可以永续复制，在实际工作中，无限重置项目缺乏可行性，例如：由于技术进步较快，项目不可能原样复制；另外，在分析项目时，通货膨胀影响重置成本上升、市场竞争可能使利润率下降等因素并没有被考虑进去。

在实务中，通常只有重置概率很高的项目才适宜采用上述分析方法。对于预计项目年限差别不大的项目，如8年期限和10年期限的项目，可以直接比较净现值，无须做重置现金流的分析，因为预计现金流量和资本成本的误差比年限差别还大。预计项目的有效年限本来就很困难，技术进步和竞争随时会缩短一个项目的经济年限，不断的维修和改进也会延长项目的有效年限。有经验的分析人员，历来不重视10年以后的数据，因为其现值已经很小，所以往往直接舍去10年以后的数据，只进行10年内的重置现金流分析。

2. DataFrame 的输出显示

通过使用 DataFrame.style，可以设置 DataFrame 对象的显示形式。style.apply()属性可以将传入的函数应用于某行、某列或整个数据表。而传入的函数需要进行自定义，有一些常用的显示函数属于内建函数，可以直接调用。

【示例5】高亮显示数据表中现金净流量最大的值。

>>> 动手实践

❑ 高亮显示数据值

```
1   # 高亮显示数据值
2   import pandas as pd
3
4   dic = {"项目":["项目A","项目B","项目C","项目D","项目E"],
5          "运行年限":[8,10,6,6,5],
6          "现金净流量":[4000000,-5000000,3800000,-3500000,2800000],
7          "内含报酬率":[0.08,-0.06,0.12,-0.15,0.1]}
8
9   data = pd.DataFrame(dic)
10
11  data.style.highlight_max("现金净流量")
```

>>> 运行结果

	项目	运行年限	现金净流量	内含报酬率
0	项目A	8	4000000	0.080000
1	项目B	10	-5000000	-0.060000
2	项目C	6	3800000	0.120000
3	项目D	6	-3500000	-0.150000
4	项目E	5	2800000	0.100000

DataFrame.style 还可用于调整数值显示格式的属性.format()。

【示例6】将数据表中的内含报酬率数据调整为带百分号显示。

>>> 动手实践

❑ 用 format 格式化输出 DataFrame 的值

```
1   # 用format格式化输出
2   data.style.format({"内含报酬率":"{:.2%}"})
```

>>> 运行结果

	项目	运行年限	现金净流量	内含报酬率
0	项目A	8	4000000	8.00%
1	项目B	10	-5000000	-6.00%
2	项目C	6	3800000	12.00%
3	项目D	6	-3500000	-15.00%
4	项目E	5	2800000	10.00%

print()输出显示的 DataFrame 对象可能存在格式未对齐的情况，此时可以采用 display 实现格式

对齐。

【示例7】用 display 显示 DataFrame 对象，以实现格式对齐。

>>> 动手实践

□ 实现格式对齐

```
1  # 用display显示实现格式对齐
2  display(data.style.highlight_max("现金净流量").format({"内含报酬率":"{:.2%}"}))
```

>>> 运行结果

	项目	运行年限	现金净流量	内含报酬率
0	项目A	8	4000000	8.00%
1	项目B	10	-5000000	-6.00%
2	项目C	6	3800000	12.00%
3	项目D	6	-3500000	-15.00%
4	项目E	5	2800000	10.00%

3. Python 求解最大公约数与最小公倍数

使用欧几里得算法(辗转相除法)可以求最大公约数。两个数的最大公约数的算法如下：两个正整数 a 和 b(a>b)，它们的最大公约数等于 a 除以 b 的余数 c 和 b 之间的最大公约数。比如，10 和 25，25 除以 10 商 2 余 5，那么 10 和 25 的最大公约数，等同于 10 和 5 的最大公约数。

【示例8】用 Python 求解两个整数的最大公约数。

>>> 动手实践

□ 求最大公约数

```
1  # 求解两个数的最大公约数
2  def gcd(a,b):
3      while b != 0:
4          x = a%b
5          a = b
6          b = x
7      return a
8
9  gcd(10,25)
```

>>> 运行结果

```
5
```

求出(a,b)的最大公约数后，两个数的最小公倍数为两数之积除以最大公约数。

【示例9】用 Python 求解两个整数的最小公倍数。

>>> 动手实践

□ 求最小公倍数

```
1  # 求解两个数的最小公倍数
2  def lcm(a,b):
```

```
3      return a*b/gcd(a,b)
4
5  lcm(20,15)
```

>>> 运行结果

```
60.0
```

如果要求多个数值的最小公倍数，可以先求前面两个数的最小公倍数，再求该公倍数与后一数字的最小公倍数，以此类推。在 Python 中，这可以通过循环语句来实现。

【示例 10】用 Python 求解多个数的最小公倍数。

>>> 动手实践

❏ 求多个数的最小公倍数

```
1  # 求多个数的最小公倍数
2  n = [20,15,10,8,5]
3  LCM = n[0]
4  for i in range(len(n)):
5      if i+1 == len(n):
6          break
7      LCM = lcm(LCM,n[i+1])
8
9  print("最小公倍数为:%d" %LCM)
```

>>> 运行结果

```
最小公倍数为:120
```

5.3.3 任务要求

为生产无人机产品，蓝海公司需要新增一组设备，该设备可以购买或通过租赁的方式获得，各种方案产生的收益均相同。

如果租赁设备，则每年需要支付等额租金，没有其他费用支出。

如果购买设备，则有多种型号可供选择，均可满足生产需求，相关设备的采购成本、年维修费用、使用年限及期末预计出售可获得的残值净收入如表 5-1 所示。

表 5-1 实验数据

设备型号	采购成本	年维修费用	使用年限	残值净收入
型号 1	3 500 000		20	50 000
型号 2	3 000 000		15	150 000
型号 3	2 800 000	30 000	10	200 000
型号 4	2 300 000	50 000	8	100 000
型号 5	1 800 000	100 000	5	0

注：税法规定该类设备折旧年限与预计的使用年限一致。

要求根据用户输入的企业资金成本、设备的租金费用及企业所得税率，采用等额年金法进行决策。用 Python 求解购买方案的相关现金流量等额年金值，突出显示等额年金的最小值，并给出设备租赁或购买的建议，如果建议购买设备，应购买哪种型号。

完成代码编写后以折现率为 0.1，年租赁费用为 500 000 元，企业所得税率为 0.25 进行测试。

5.3.4 任务解析

根据任务要求，先思考下面的问题：

- ❑ 采用等额年金法决策互斥方案的选项，采购与租赁方案应采用什么数据进行对比？相关的现金流量各包括哪些项目？
- ❑ 购买方案中各型号产品的相关现金流量净现值和等额年金应如何计算？

参考思路如下。

可以采用采购与租赁方案二者的等额年金直接进行对比，或计算其永续年金。由于各方案产生的收益相同，只需要比较二者不同的相关现金流量。对于租赁方案，其相关现金流量为其税后年租赁费用的支出；而对于采购方案，其现金流量包括采购支出、维修费用、残值净收入和节约的税费支出，节约的所得税费包括维修费用可以抵减的所得税及折旧费用可以抵减的折旧费。

购买方案的相关各期现金流量如下。

- ❑ 第一期：现金流量=采购成本。
- ❑ 使用期：现金流量=税后维修费用-折旧费用节约税费。
- ❑ 最后一期：现金流量=税后维修费用-折旧费用节约税费-期末税后净收入。

计算各期现金流量后将其整理为列表，利用 numpy_financial 库中的 npv 函数可以直接进行计算，最后用 lambda 函数将其应用到 DataFrame。

根据任务解析编写代码。

>>> **动手实践**

❑ 资产采购决策

```
1   import pandas as pd
2   import numpy_financial as npf
3   
4   # 生成购买各产品型号数据的DataFrame
5   dic = {"设备型号":["型号1","型号2","型号3","型号4","型号5"],
6          "采购成本":[3500000,3000000,2800000,2300000,1800000],
7          "维修费用":[0,0,30000,50000,100000],
8          "使用年限":[20,15,10,8,5],
9          "残值收入":[50000,150000,200000,100000,0]}
10  
11  data = pd.DataFrame(dic)
12  
13  # 获取企业数据
14  while True:
15      try:
16          rate = float(input("请输入折现率："))
17          rent = float(input("请输入年租金额："))
18          tax = float(input("请输入企业所得税率："))
19          break
20      except:
21          print("输入错误，请重新输入！")
22          continue
23  
24  # 输出净现值
25  npv_buy = lambda v:npf.npv(rate,[v["采购成本"]] + [(v["维修费用"]*(1-tax)-v["采购成本"]*tax/v["使用年限"])]*(v["使用年限"]-1) + [(v["维修费用"]*(1-tax)-v["采购成本"]*tax/v["使用年限"])-v["残值收入"]])
```

视频 5-2

```
26  data["净现值"] = data.apply(npv_buy,axis = 1)
27
28  # 输出等额年金
29  a =  lambda a:a["净现值"]/((1-(1+rate)**(-a["使用年限"]))/rate)
30  data["等额年金"] = data.apply(a,axis = 1)
31  display(data.style.format({"净现值":"{:.2f}","等额年金
32  ":"{:.2f}"}).highlight_min("等额年金"))
33
34  # 判断最优方案
35  min_pv = data["等额年金"].min()
36  if min_pv > rent*(1-tax):
37      print("租赁方案更优!")
38  elif min_pv < rent*(1-tax):
39      print("购买方案更优!建议购买的设备型号为:",data.iloc[data["等额年金
40  "].idxmin(),0])
41  else:
42      print("租赁或购买方案均可!")
```

>>> **运行结果**

请输入折现率：0.1
请输入年租金额：500000
请输入企业所得税率：0.25

	设备型号	采购成本	维修费用	使用年限	残值收入	净现值	等额年金
0	型号1	3500000	0	20	50000	3120099.41	366485.71
1	型号2	3000000	0	15	150000	2583787.22	339700.26
2	型号3	2800000	30000	10	200000	2431024.40	395638.03
3	型号4	2300000	50000	8	100000	2069961.17	388001.84
4	型号5	1800000	100000	5	0	1743138.20	459835.47

购买方案更优！建议购买的设备型号为： 型号2

5.4 总量有限时的资本分配决策

5.4.1 任务背景

　　蓝海公司战略投资部每年会通过分析筛选出净现值为正的投资项目，这些项目都经过了分析论证，具备可行性。但是由于公司规模及融资渠道的限制，蓝海公司每年用于项目投资的资本是有限的，因此需要从可选的投资项目中找出最优的组合，要求能够给公司带来最多的现金流量，并且投资总额不能超过可用于投资的资本限额。由于项目众多，各种项目组合的数量呈指数级增长，如何通过 Python 解决这个问题一直困扰着小蝶。

5.4.2 知识准备

1. 总量有限时的资本分配

在现实世界中会有许多总量资本受到限制的情况出现,无法为全部净现值为正的项目筹资。这时需要考虑将有限的资本优先分配给哪些项目。资本分配问题是指在企业投资项目有总量预算约束的情况下,如何选择相互独立的项目。

净现值为正的项目都可以增加股东财富,由于可用于投资的资本总量有限,可以按照净现值的一般排序规则,优先安排净现值最大的项目。实际上,在选择项目时情况更为复杂,由于各项目的投资额不一样,所以不能直接对比净现值。因此,利用有限的资本总量选择投资项目的组合,从而使得选择项目产生的净现值最大才是总量有限时投资的最优解。

这种情况下具有一般意义的做法是:
- 将全部项目排列出不同的组合,每个组合的投资需求不超过资本总量;
- 计算各项目的净现值及各组合的净现值合计;
- 选择净现值最大的组合作为采纳的项目。

值得注意的是,这种资本分配方法仅适用于单一期间的资本分配,不适用于多期间的资本分配问题。所谓多期间资本分配,是指资本的筹集和使用涉及多个期间。例如,今年筹资的限额是1000万元,明年又可以筹资1000万元,与此同时,已经投资的项目可不断收回资金并及时用于另外的项目。此时,需要进行更复杂的多期间规划分析。

2. 数据的组合

Python中的itertools模块combinations(iterable, r)方法可以实现数据的各种组合。其中参数iterable表示需要进行组合的数据元素可以是列表、元组、字符串等序列;参数r表示构成组合的元素个数。

【示例11】列出列表中元素的所有两两组合。

>>> 动手实践
- 列出元素两两组合

```
1  # 元素两两组合
2  from itertools import combinations
3  a = [2,3,5]
4  for c in combinations(a,2):
5      print(c)
```

>>> 运行结果

```
(2, 3)
(2, 5)
(3, 5)
```

如果不确定组合的元素个数,可以通过for循环从1位元素到最大的元素个数(即序列中全部元素的个数),列出所有可能的元素个数的组合。

【示例12】列出示例1中列表a的所有可能组合。

>>> 动手实践
- 列出元素的所有组合

```
1  # 元素的所有组合
2  b =[]
3  for r in range(1,len(a)+1):
4      for c in combinations(a,r):
```

```
5        b.append(c)
6    print(b)
```

>>> **运行结果**

```
[(2,), (3,), (5,), (2, 3), (2, 5), (3, 5), (2, 3, 5)]
```

3. Pandas 中的 isin()方法

Pandas 中的 isin()方法可以同时判断数据是否与多个值相等,用来筛选或者清洗数据。

【示例 13】筛选 DataFrame 对象中的多个值,以"证券价格"的值来筛选符合条件的记录。

>>> **动手实践**

☐ 筛选符合条件的记录

```
1  # 筛选 DataFrame 对象的多个值
2  import pandas as pd
3
4  dic = {"证券代码":[600000,600004,600006,600007,600008,600009],
         "证券价格":[7.15,15.31,6.47,17.27,2.98,56.89]}
5  data = pd.DataFrame(dic)
6  data[data["证券价格"].isin([7.15,6.47,2.98])]
7  data
```

>>> **运行结果**

	证券代码	证券价格
0	600000	7.15
1	600004	15.31
2	600006	6.47
3	600007	17.27
4	600008	2.98
5	600009	56.89

4. DataFrame 重置索引

DataFrame 中的索引可以通过 reset_index()方法进行重置,并可以通过设置 drop 参数值为 True 将原索引删除。

【示例 14】节选列表的数据并重置行索引,要求从索引为 3 的记录中提取数据,形成 data1 数据表,同时将原来的索引删除,并新建索引。

>>> **动手实践**

☐ 重置索引

```
1  # 重置索引
2  data1 = data.iloc[3:,:].reset_index(drop = True)
3  data1
```

>>> 运行结果

	证券代码	证券价格
0	600007	17.27
1	600008	2.98
2	600009	56.89

5. 通过 join()方法连接 DataFrame

本书第 2 章介绍了可以使用 merge 和 concat 将 DataFrame 对象连接起来。除此之外,还可以使用 join()方法将两个对象连接起来,该方法特别适合采用 index 连接的两张表,当两张表中有同名的列时,可以通过 lsuffix 和 rsuffix 参数分别设置左表和右表的列名标签来区分,以便后续识别数据来源于哪张表。

【示例 15】通过 join()方法连接 DataFrame 对象。

>>> 动手实践

❑ 连接数据

```
1  # 连接数据
2  data.join(data1,lsuffix = "L",rsuffix = "R")
```

>>> 运行结果

	证券代码L	证券价格L	证券代码R	证券价格R
0	600000	7.15	600007.0	17.27
1	600004	15.31	600008.0	2.98
2	600006	6.47	600009.0	56.89
3	600007	17.27	NaN	NaN
4	600008	2.98	NaN	NaN
5	600009	56.89	NaN	NaN

可以看到,lsuffix="L"在左表有重复列名的列加了"L"标签,rsuffix="R"在右表有重复列名的列中加了"R"标签,这样可以区分数据的来源。

Join()方法默认的连接方式为左连接,因此以左表 data 为基准,按照索引将右表连接起来,如果右表 data1 中没有对应的数据,就用 NaN 来填充。

5.4.3 任务要求

蓝海公司战略投资部门列出了所有可投资的项目,并且经过测算 NPV 均为正数,详见附表 5-4(扫描右侧二维码)。要求通过 Python 获取用户输入的最大资本限额,对投资项目进行分析,找出最优的投资组合,使得所选投资项目组合产出 NPV 的合计数最大,并且投资总额不得超过最大资本限额(附表中已经过滤掉投资额相同但净现值较小的项目,因此投资额列中不存在重复数据)。

附表 5-4

完成代码编写后,以最大投资限额 5000 万元进行测试。

5.4.4 任务解析

根据任务要求构思编写本任务代码的流程。
本任务代码编写的参考流程如下。
(1) 自定义函数,用于求解所有可能的投资组合。
(2) 获取投资额组合计算的参数,包括获取用户输入的资本限额和附表的投资额数据。
(3) 将获取的参数代入自定义函数,取得满足条件的投资项目的所有组合数据。
(4) 通过循环筛选投资组合对应的 NPV 值,并选出其中最大的组合数据。
(5) 输出结果,包括最优投资组合的投资总额和该组合产生的 NPV 总额。
根据任务解析编写代码。

>>> **动手实践**

❏ 计算最优投资组合

```
1   import pandas as pd
2   from itertools import combinations
3
4   data = pd.read_excel("附表5-4.xlsx")
5
6   # 定义可能的投资额组合
7   def combine(investments,total_invest):
8       combination = []
9       for n in range(1,len(investments)+1):
10          for c in combinations(investments,n):
11              if sum(c) <= total_invest:
12                  combination.append(c)
13      return combination
14
15  # 获取投资额组合计算的参数
16  investments = list(data["投资额"])
17  total_invest = float(input("请输入最大投资限额:"))
18
19  # 找到最大NPV组合
20  combine_list = combine(investments,total_invest)
21
22  npv_max = 0
23  for cs in combine_list:
24      npv = data[data["投资额"].isin(list(cs))]
25      if npv["NPV"].sum() > npv_max:
26          npv_max = npv["NPV"].sum()
27          final_com = npv
28
29  # 输出结果
30  display(final_com)
31  print("最优投资的投资总额为:",final_com["投资额"].sum())
32  print("最优投资的NPV为:",final_com["NPV"].sum())
```

>>> **运行结果**

	项目	投资额	NPV
4	项目5	8400000	67200
8	项目9	600000	7020
13	项目14	23400000	304200
14	项目15	7100000	92300
17	项目18	6500000	77350
18	项目19	3800000	44460

请输入最大投资限额：50000000

最优投资组合的投资总额为： 49800000
最优投资组合的NPV为： 592530

5.5 投资决策的敏感性分析

5.5.1 任务背景

小蝶撰写了一份韶关水产品养殖项目的可行性研究报告的财务评价部分。在这部分内容中，小蝶已经基于预测信息计算了该项目的净现值、内含报酬率、投资回收期等各项指标。在投资评价会议上，蓝海公司的总经理质疑预测数据的准确性，表示项目的现金流量数据存在较大不确定性，特别是经营现金的流入因素。在当前市场竞争环境下，销量和价格无法准确预测，相对而言项目周期、资金成本较为确定，而项目的投资额基于现有数据计算，是基本确定的。因此，总经理要求小蝶针对各项不确定因素对该项目净现值的各项影响因素进行敏感性分析，以便管理层更好地做出决策。

5.5.2 知识准备

1. 投资项目的敏感分析

敏感分析是投资项目评价中常用的一种研究不确定性的方法。它在确定性分析的基础上，分析不确定性因素对投资项目最终经济效果指标的影响及其影响程度。

一般可选择主要参数(如销售收入、经营成本、生产能力、初始投资、寿命期等)进行敏感分析。若某参数的小幅变化能导致经济效果指标的较大变化，则称此参数为敏感因素，反之则称其为非敏感因素。

1) 敏感分析的作用

确定影响项目经济效益的敏感因素。寻找出影响最大、最敏感的主要变量因素，进一步分析、预测或估算其影响程度，找出产生不确定性的根源，采取相应的有效措施。

计算主要变量因素的变化引起项目经济效益评价指标变动的幅度，使决策者全面了解建设项目投资方案可能出现的经济效益变动情况，以减少和避免不利因素的影响，改善并提高项目的投资效果。

通过对可能出现的最有利与最不利的经济效果变动范围分析，为决策者预测可能出现的风险程度，并对原方案提供可靠的决策依据。

2) 敏感分析的方法

敏感分析是一项有广泛用途的分析技术。投资项目的敏感分析，通常是在假定其他变量不变的情况下，测定某一个变量发生特定变化时对净现值(或内含报酬率)的影响，敏感分析主要包括最大最小法和敏感程度法两种分析方法。

(1) 最大最小法。最大最小法的主要步骤如下。

① 预测每个变量的预期值。计算净现值时需要使用预期的原始投资、营业现金流入、营业现金流出等变量。这些变量都是最可能发生的数值，称为预期值。

② 根据变量的预期值计算净现值，由此得出的净现值称为基础净现值。

③ 选择一个变量并假设其他变量不变，令净现值等于 0，计算选定变量的临界值，如此往复，测试每个变量的临界值。

通过上述步骤，可以得出使项目净现值由正值变为 0 的各变量的最大(或最小)值，从而帮助决策者了解项目的风险。

(2) 敏感程度法。敏感程度法的主要步骤如下。

① 计算项目的基准净现值(方法与最大最小法相同)。

② 选定一个变量，如每年税后营业现金流入，假设其发生一定幅度的变化，而其他因素不变，重新计算净现值。

③ 计算选定变量的敏感系数，计算公式为

$$敏感系数 = 目标值变动百分比 \div 选定变量变动百分比$$

它表示选定变量变化 1%时导致目标值变动的百分数，可以反映目标值对选定变量变化的敏感程度。

根据上述分析结果，对项目的敏感性做出判断。

2. numpy_financial 包中其他函数的使用

本书第 4 章介绍了 numpy_financial 包中 irr()函数的基本应用，此处将介绍其他主要函数。

numpy_financial 包中的 nper()函数用于计算定期等额年金的期数(即贷款或投资在给定利率和未来价值的情况下需要多少时间才能达到目标)，其参数如下。

❑ rate：折现率。
❑ pmt：每期的现金流量。
❑ pv：投资的现值。
❑ fv：项目期末的剩余价值(为可选项)。
❑ when：现金流量的时点，为可选项，包括 "start" 和 "end" 两个选项，默认值为 "end"。

【示例 16】假设贷款 100 000 元，利率为年利率 5%，并在 30 年内偿还。每月支付的固定金额为 536.82 元。使用 nper()函数计算需要的期数(即月份)。

>>> **动手实践**

❑ **nper 函数应用**

```
1  nper()函数示例
2  import numpy as np
3  import numpy_financial as npf
4
5  rate = 0.05/12        # 月利率
6  pmt = -536.82         # 每月支付的金额，为负数
```

```
7    pv = 100000              # 贷款现值
8
9    nper = npf.nper(rate, pmt, pv)
10   print("需要支付",np.round(nper), "个月才能还清贷款。")
```

>>> **运行结果**

需要支付 360.0 个月才能还清贷款。

numpy_financial 包中的 rate()函数用于计算贷款或投资的年利率,其参数包括贷款本金(pv)、每期还款额(pmt)、还款期数(nper)和贷款期满时的余额或剩余价值(fv)。

【示例 17】假设贷款金额为 10 万元,每期还款额为 536.82 元,贷款期数为 360 期,按照等额本息还款方式计算,用 rate()函数计算贷款的年利率。

>>> **动手实践**

❏ **rate 函数应用**

```
1    # rate()函数示例
2    import numpy_financial as npf
3
4    # 定义贷款参数
5    pv = -100000            # 贷款本金
6    pmt = 536.82            # 每期还款额
7    nper = 360              # 还款期数,单位为月
8    fv = 0                  # 贷款期满时的余额或剩余价值
9
10   # 计算贷款年利率
11   rate = npf.rate(nper, pmt, pv, fv) * 12
12
13   # 输出结果
14   print(f"贷款年利率为: {rate:.2%}")
```

>>> **运行结果**

贷款年利率为: 5.00%

numpy_financial 包中的函数 pmt()可用于计算等额分期付款的每期付款金额。pmt()函数有三个必需的参数:rate 代表每个付款期间的利率;nper 代表付款期数;pv 代表现值,即初始金额。除了这三个必需的参数,pmt()函数还有两个可选参数:fv 代表贷款到期时的未来值(终值),默认为 0;when 代表每期付款的时间点,当它为 1 时表示付款在期初(即每期最初),当它为 0 时表示付款在期末(即每期最后),默认值为 0。

【示例 18】用 pmt()函数计算贷款付款额(等额本息条件下)。

>>> **动手实践**

❏ **pmt 函数**

```
1    # pmt()函数示例
2    import numpy_financial as npf
3
4    pv = 100000
5    rate = 0.05
6    nper = 30*12
7
8    pmt = npf.pmt(rate/12, nper, pv)
```

```
9    print("每期付款金额: ", round(pmt, 2))
```

>>> **运行结果**

每期付款金额: -536.82

5.5.3 任务要求

蓝海公司的韶关水产养殖项目计算的净现值为 5 331 450 元，因业务面临复杂的经营环境，小蝶对影响该项目净现值的各因素进行敏感性分析，该项目计算的各项基准数据如表 5-2 所示。

表 5-2 项目各项基准数据

影响因素	基准数据
每年税后营业现金流入	10 000 000
每年税后营业现金流出	5 000 000
初始投资	30 000 000
项目年限	10
资金成本	10%

除了上述因素，影响项目净现值的数据还包括每年的折旧抵税额，其计算公式为

每年折旧抵税=初始投资÷项目年限×25%

要求：用最大最小法对影响项目的每年税后营业现金流入、每年税后营业现金流出、项目年限、资金成本等 4 项因素进行敏感性分析。

5.5.4 任务解析

根据项目要求先思考以下问题。
- 分析各项因素对净现值的影响方向，指出所求的临界值为最大值或最小值。
- 如果利用 numpy_financial 包中的相关函数求各因素的临界值，各因素应分别使用什么函数，要实现净现值为 0，应该如何设置其参数？

参考思路如下。

(1) 各因素影响净现值的变化及临界值属性如下。
- 每年税后营业现金流入：对净现值的影响为正向，则所求的临界值为使项目可行的最小值 (即项目净现值大于等于 0 时，最小必须取得的税后营业现金流入)。
- 每年税后营业现金流出：对净现值的影响为反向，则所求的临界值为使项目可行的最大值。
- 项目年限：对净现值的影响为正向，则所求的临界值为使项目可行的最小值。
- 资金成本：对净现值的影响为反向，则所求的临界值为使项目可行的最大值。

(2) 求各因素临界值时，使用 numpy_financial 包中的函数及参数设置具体如下。
- 每年税后营业现金流入：使用 pmt() 函数，其中的参数 rate 使用项目的资金成本，参数 nper 使用项目周期。要使项目的净现值为 0，pv 应等于项目的初始投资，fv 应为项目基准净现值的负值，这样才能使项目的净现值刚好为 0。由于计算的是现金流入部分，因此还需要将 pmt() 函数的计算结果加上现金流出减去折旧抵税。
- 每年税后营业现金流出：与每年税后营业现金流入类似，使用 pmt() 函数，参数也一致，只是计算的是现金流出部分，因此需要将基准的现金流入减去 pmt() 函数的计算结果，再加上折旧抵税。

- 项目年限：使用 nper()函数，其中参数 rate 使用项目的资金成本，要使项目的净现值为 0，pv 应等于项目的初始投资，fv 为 0(可以不予设置)。
- 资金成本：使用 rate()函数，其中参数 nper 使用项目周期，要使项目的净现值为 0，pv 应等于项目的初始投资，fv 为项目现净值的负值。

根据任务解析编写代码。

>>> **动手实践**

- 投资敏感性分析

```
1   import numpy as np
2   import numpy_financial as npf
3
4   # 对变量赋值
5   investment = 30000000
6   n = 10
7   i = 0.1
8   cash_in = 10000000
9   cash_out = 5000000
10  dc = (investment / n)*0.25
11  cash_net = cash_in - cash_out + dc
12  npv = npf.npv(i, [-investment] + [cash_net] * n)
13
14  # 项目年限的最小值
15  n_zero_npv = np.round(npf.nper(i, -cash_net, investment))
16  print("项目周期的最小值为: ", n_zero_npv)
17
18  # 资金成本的最大值
19  i_zero_npv = npf.rate(n, cash_net, -investment, fv=-npv)
20  print(f"资金成本的最大值: , {i_zero_npv:.2%}")
21
22
23  # 每年税后营业现金流入的最小值
24  cash_in_zero_npv = np.round(npf.pmt(i, n, -investment, fv=-npv) + cash_out - dc)
25  print("每年税后营业现金流入的最小值: ", cash_in_zero_npv)
26
27  # 每年税后营业现金流出的最大值
28  cash_out_zero_npv = np.round(cash_in - npf.pmt(i, n, -investment, fv=-npv) + dc)
29  print("每年税后营业现金流出的最大值: ", cash_out_zero_npv)
```

>>> **运行结果**

```
项目年限的最小值为: 8.0
资金成本的最大值: , 12.67%
每年税后营业现金流入的最小值: 9466874.0
每年税后营业现金流出的最大值: 5533126.0
```

第 6 章

证券投资组合策略

> 📌 **学习目标**
> 1. 掌握期望报酬的计算原理
> 2. 掌握单项资产的风险计量原理
> 3. 掌握证券组合的风险计量原理
> 4. 应用 DataFrame 计算期望报酬率
> 5. 应用 NumPy 中的统计函数计算资产风险
> 6. 应用矩阵计算和 minimize() 求证券组合最优解

> 📌 **学习导图**
> 学习导图如图 6-1 所示。

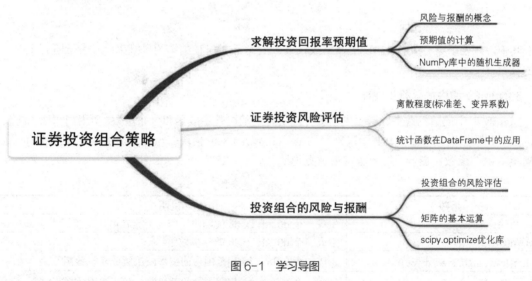

图 6-1 学习导图

6.1 求解投资回报率预期值

6.1.1 任务背景

企业在经营中会受到众多不确定因素的影响,蓝海公司为控制风险,采用多元化的战略来分散和对冲风险。几年前,蓝海公司在证券市场购买了一家主要从事通讯业务的公司股权,其主要业务经营地位于非洲的尼日利亚联邦共和国(以下简称"尼日利亚"),由于该国的经济主要依赖石油产业,因此当地汇率、消费均受石油价格的影响。为对冲风险,蓝海公司又购买了一家石油公司的股权,该公司主要业务为从尼日利亚采购石油至中国出售,可以在很大程度上对冲通讯公司的业务风险。

6.1.2 知识准备

1. 风险与报酬的概念

风险是预期结果的不确定性。对于投资者来说，风险越大，要求的必要报酬率就越高，不同风险的投资需要使用不同的折现率。因此，投资的风险如何计量，特定的风险需要多少报酬来补偿，就成为确定折现率的关键问题。

风险的衡量，一般应用概率和统计方法。

在经济活动中，某一事件在相同的条件下可能发生也可能不发生，这类事件称为随机事件。概率就是用来表示随机事件发生可能性大小的数值。通常，把必然发生的事件的概率定为 1，把不可能发生的事件的概率定为 0，而一般随机事件的概率是介于 0 与 1 之间的一个数。概率越大，就表示该事件发生的可能性越大。

2. 预期值的计算

随机变量的各个取值，以相应的概率为权数的加权平均数，叫作随机变量的预期值(数学期望或均值)，它反映随机变量取值的平均化。例如，多个项目的组合投资回报率预期值等于各项目投资回报率的加权回报率，计算公式为

$$预期值(\overline{K}) = \sum_{i=1}^{N}(P_i K_i)$$

其中，P_i 表示第 i 种结果出现的概率或权重；K_i 表示第 i 种结果的报酬率；N 表示所有可能结果的数目。

3. NumPy 库中的随机生成器

NumPy 库中的随机数生成器提供了多种高质量的随机数生成器和分布函数，可用于模拟实验、随机采样、数据增强等场景。其中最常用的是 numpy.random 模块，该模块提供了多种生成随机数和随机数组的函数，表 6-1 是一些常用函数说明。

表 6-1　NumPy 的函数

函数	说明
rand(d0, d1, ..., dn)	生成一个 d0, d1 ... dn 的随机数组，元素在[0, 1)之间均匀分布
randn(d0, d1, ..., dn)	生成一个 d0, d1 ... dn 的随机数组
randint(low[, high, size, dtype])	生成一个在[low, high]范围内的整数随机数或随机数组
uniform(low[, high, size])	生成一个在[low, high]范围内的随机数或随机数组(均匀分布)
normal(loc[, scale, size])	生成一个均值为 loc、标准差为 scale 的正态分布随机数或随机数组
shuffle(x)	将数组 x 中的元素随机打乱
permutation(x)	返回一个打乱数组 x 中元素顺序后的新数组
choice(a[, size, replace, p])	从数组 a 中随机选择一个或多个元素，可指定元素的概率分布
pv(rate, nper, pmt[, fv, when])	计算现值
rate(nper,pmt,pv,fv[,when,guess,tol, …])	计算每期利率

表 6-1 中 numpy.random.choice 用于从给定的一组元素中进行随机抽样，其用法如下：

numpy.random.choice(a, size=None, replace=True, p=None)

其中，各参数含义如下。

- a：一维数组或者整数，如果为一维数组，则表示从这个数组中随机抽取元素；如果为整数，则表示从 range(a) 中随机抽取元素。
- size：整数或元组，表示抽样结果的形状。如果为 None(默认值)，则返回单个随机数；如果为整数，则返回指定个数的随机数；如果为元组，则表示返回一个数组，其形状由元组指定。
- replace：布尔型，表示是否有放回地抽样。如果参数设置为 True，则表示可以重复抽取相同元素；如果参数设置为 False，则表示不会出现重复的元素。
- p：一维数组，表示每个元素被抽取的概率。如果为 None(默认值)，则表示所有元素被抽取的概率相等；如果指定了数组，则数组中每个元素表示对应位置的元素被抽取的概率。

【示例1】小蝶经过分析认为某项指数基金的上涨的概率为 0.6，如果上涨预计，可以获得 20% 的投资回报率；如果失败，则损失为 10%。由于指数基金可以重复投资，则模拟计算 1 000 次投资决策的期望投资回报率。

>>> 动手实践
- 期望报酬率

```
1  import numpy as np
2
3  outcomes = np.random.choice([0.2,-0.1],size = 1000,p=[0.6,0.4])
4  expected_return = np.mean(outcomes)    # 求模拟结果的均值为期望值
5  print(f"期望报酬率：{expected_return:.2%}")
```

>>> 运行结果
期望报酬率：7.85%

6.1.3 任务要求

附表 6-1(扫描右侧二维码)是蓝海公司经过分析预计的尼日利亚石油价格指数及发生概率，以及在此价格指数据下预测的通讯和石油两项业务的预计投资回报率。要求：

- 根据概率计算通讯项目和石油项目的预期投资回报率，并以折线图呈现两项业务在不同石油价格指数下的投资报酬率；
- 根据图形判断两个项目中哪一个项目的风险更小。

附表 6-1

6.1.4 任务解析

根据任务要求分析 Python 的编写流程。
参考思路如下。
根据任务要求，Python 代码的编写分为以下几个步骤。
(1) 导入需要的第三方库。
(2) 读取 Excel 文件，通过 lambda 或其他方式计算两个项目的预期回报率，并加总计算后输出。
(3) 绘制折线图。
根据任务解析，编写代码。

>>> 动手实践
- 计算投资回报率

```
1  import pandas as pd
```

```
2  import matplotlib.pyplot as plt
3
4  # 读取和处理数据
5  data = pd.read_excel("附表 6-1.xlsx")
6  a = lambda a:a["发生概率"]*a["通讯业务"]
7  data["预期投资回报_通讯"] = data.apply(a,axis = 1)
8  a_sum = data["预期投资回报_通讯"].sum()
9  print(f"通讯业务的预期投资回报率为：{a_sum:.2%}")
10
11 b = lambda b:b["发生概率"]*b["石油业务"]
12 data["预期投资回报_石油"] = data.apply(b,axis = 1)
13 b_sum = data["预期投资回报_石油"].sum()
14 print(f"石油业务的预期投资回报率为：{b_sum:.2%}")
15
16 # 绘制折线图
17 event = data["石油价格指数"]
18 a =  data["通讯业务"]
19 b =  data["石油业务"]
20
21 plt.plot(event,a,label = "project_comunication")
22 plt.plot(event,b,label = "project_petroleum")
23
24 plt.xlabel("Event")
25 plt.ylabel("Return")
26 plt.title("Expected Return")
27 plt.legend()
28
29 plt.show()
```

>>> **运行结果**

通讯业务的预期投资回报率为：12.00%
石油业务的预期投资回报率为：12.00%

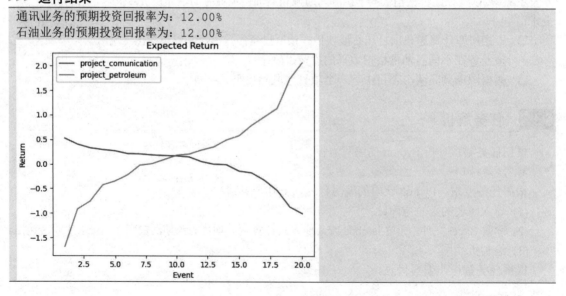

6.2 证券投资风险评估

6.2.1 任务背景

蓝海公司为提高资金使用效率,利用闲置资金在证券市场进行多元化投资。目前,小蝶看中了两个标的:

- 一个是智能交通行业,包括专业的智慧停车服务提供商和智慧城市数字生态运营商。中国汽车保有量已经突破 3.2 亿辆,随着中国经济的发展,汽车保有量还将继续提升,这必将造成城市停车难问题。在需求和政策支撑下,小蝶分析认为,国内智慧停车市场规模在未来五年将保持 20%以上增长,但是不确定性更大。
- 另一个是智能制造行业,生产线上搭载数字化自适应控制系统,可以自动调整生产线上的各项参数,适应柔性生产的需求。小蝶分析认为,预计未来智能制造市场规模将稳定扩大,未来的需求较智能交通项目更为确定。

小蝶经过调查分析,认为以上两个标的均受宏观环境的影响较大,小蝶对各种宏观环境的概率及对两个标的预期投资回报率的影响做出了预计。由于投资标的数量和投资金额的限制,在智能交通和智能制造两个标的中只能选择一个,并且两个标的的投资报酬率和风险均不一样,小蝶对于如何选择感到困惑。

6.2.2 知识准备

1. 离散程度

利用概率分布的概念能够对风险进行衡量,即期望未来报酬的概率分布越集中,则该项投资的风险越小。财务管理中常用标准差来度量风险的大小。

1) 标准差

标准差是用来表示随机变量与期望值之间离散程度的一个量,标准差越大,风险越大,其计算步骤如下。

第 1 步:用本章任务一的知识计算期望值,计算公式为

$$预期值(\overline{K}) = \sum_{i=1}^{N}(P_i K_i)$$

第 2 步:用每个可能的值 K_i 减去期望值 $\overline{K}$ 得到一组相对于 $\overline{K}$ 的离差,计算公式为

$$离差_i = K_i - \overline{K}$$

第 3 步:将各离差求平方,并将结果与该结果对应的发生概率相乘,然后将这些乘积相加,便可得到概率分布的方差,计算公式为

$$方差(\sigma^2) = \sum_{i=1}^{n}(K_i \overline{K})^2 \times P_i$$

第 4 步:求出方差的平方根,即得到标准差,计算公式为

$$标准差(\sigma) = \sqrt{\sum_{i=1}^{n}(K_i \overline{K})^2 \times P_i}$$

2) 变异系数

如果两个项目期望报酬率相同，但标准差不同，理性的投资者会选择标准差较小，即风险较小的项目；如果两个项目的标准差相同，但期望报酬率不同，理性投资者会选择期望报酬率较大的项目。投资者都希望冒尽可能小的风险，获得尽可能高的报酬。现实中，更多的是项目的期望报酬率和标准差都不同，此时应该如何选择？由于标准差是以期望值为中心计算出来的，为了剔除期望值的影响，引入了变异系数(或称离散系数)的概念，其计算公式为

$$变异系数(CV) = \frac{\sigma}{\overline{K}}$$

变异系数是标准差与期望值的比，它可以从相对角度同时比较项目的风险与报酬。在期望报酬率相同的情况下变异系数越大的项目相对风险越大。

2. 统计函数在 DataFrame 中的应用

本书第 2 章学习过 NumPy 库中的一些基础统计方法，NumPy 的很多函数都是基于数组实现的，也可以和 Pandas 中的 DataFrame 对象无缝衔接。以下是相关统计函数的应用示例。

(1) mean()函数。mean()函数在 DataFrame 中可以计算每列的均值，如果指定了 axis 参数为 1，则计算每行的均值，其用法为：np.mean(a,axis,dtype,keepdims)。其中各参数的说明如下。

- a：数组或数组类对象，可以是 DataFrame 和列或行。
- axis：指定计算均值的轴方向，默认为 None，计算每列均值。
- dtype：指定返回数组的数据类型，默认为 None，表示保留原始数据类型。
- keepdims：如果为 True，保留计算结果的维度，否则将其缩小为 1。

【示例 2】创建一个 DataFrame 对象，求解报酬率的均值。

>>> 动手实践

□ 求报酬率均值

```
1  # 求报酬率均值
2  import numpy as np
3  import pandas as pd
4
5  dic = {"probability":[0.3,0.2,0.4,0.1],
          "returns":[0.2,0.1,0.05,-0.1]}
6  df = pd.DataFrame(dic)
7  np.mean(df["returns"])
```

>>> 运行结果

```
0.0625
```

(2) np.average()函数。average()函数在 DataFrame 中可以计算每列或每行的加权平均值，并可为其指定权重，其用法为：np.average(a,axis,weights,returned)。其中各参数的说明如下。

- a：数组或数组类对象，可以是 DataFrame 和列或行。
- axis：指定计算加权平均值的轴方向，默认为 None，计算每列的加权平均值。
- weights：指定加权系数的数组，默认为 None，表示所有元素的加权系数相同。
- returned：如果为 True，则返回加权平均值和权重之和，否则只返回加权平均值。

【示例3】求解期望报酬率。

>>> 动手实践

□ 求期望报酬率

```
1  # 求期望报酬率
2  expected_return = np.average(df["returns"],weights = df["probability"])
3  expected_return
```

>>> 运行结果

```
0.09
```

(3) median()函数。median()函数在 DataFrame 中可以计算每列或每行的中值，中值是一组数据中间位置的值，即把一组数据从小到大排序后，位于中间位置的数。如果数据的个数是偶数，则中位数为中间两个数的平均值。其用法为：np.median(a,axis,overwrite_input)。其中各参数的说明如下。

□ a：数组或数组类对象，可以是 DataFrame 和列或行。
□ axis：指定计算中位数的轴方向，默认为 None，计算每列的中位数。
□ overwrite_input：如果为 True，将会在原数组上进行操作，否则会返回一个新的数组。

【示例4】求解报酬率的中值。

>>> 动手实践

□ 求报酬率的中值

```
1  # 计算报酬率中值
2  df["returns"].median()
```

>>> 运行结果

```
0.07500000000000001
```

(4) var()函数。var()函数可以计算 DataFrame 中每列或每行的方差，其用法为：np.var(a,axis,dtype,ddof)。其中各参数的说明如下。

□ a：数组或数组类对象，可以是 DataFrame 和列或行。
□ axis：指定计算方差的轴方向，默认为 None，计算整个数组的方差。
□ dtype：指定返回数组的数据类型，默认为 None，表示保留原始数据类型。
□ ddof：自由度的个数，默认为 0，表示总体方差。

【示例5】求解报酬率的方差。

>>> 动手实践

□ 求报酬率的方差

```
1  # 求报酬率的方差
2  np.var(df["returns"])
```

>>> 运行结果

```
0.011718750000000002
```

注意：上述求解方差使用的是随机变量(即报酬那一列的数据)与其均值之间的偏离度，如果要考虑概率问题，求各报酬率与期望报酬率的偏离情况，应使用原始公式进行计算。

【示例6】 求解报酬率与期望报酬率的方差。

>>> **动手实践**

□ 求解报酬率与期望报酬率的方差

```
1  returns_var = np.average((df["returns"] - expected_return) ** 2,
                  weights=df["probability"])
2  print(f"方差为: {returns_var:.2%}")
```

>>> **运行结果**

方差为: 0.79%

(5) np.std()函数。np.std()函数在 DataFrame 中可以计算每列或每行的标准差,其用法为: np.std(a, axis, dtype, ddof, keepdims)。其中各参数的说明如下。

- a: 数组或数组类对象,可以是 DataFrame 和列或行。
- axis: 可选参数,指定标准差沿着哪个轴计算。默认为 None,表示计算整个数组的标准差。
- dtype: 可选参数,指定输出数组的数据类型。如果不指定,则使用默认的数据类型。
- ddof: 可选参数,指定自由度的校正方式。默认值为 0,表示使用 N 作为分母;当 ddof=1 时,表示使用 N-1 作为分母。
- keepdims: 可选参数,指定是否保留计算结果的维度。默认为 False,表示不保留维度。

【示例7】 求解报酬率的标准差。

>>> **动手实践**

□ 求解报酬率的标准差

```
1  # 求解报酬率的标准差
2  np.std(df["returns"])
```

>>> **运行结果**

0.10825317547305484

同样的,上述求解标准差使用的是随机变量与其均值之间的偏离度,考虑概率问题,求各报酬率与期望报酬率的标准差,可以将上述步骤计算的方差进行开方。

【示例8】 求解一定概率下报酬率的标准差。

>>> **动手实践**

□ 求解一定概率下报酬率的标准差

```
1  # 求解一定概率下报酬率的标准差
2  returns_std = np.sqrt(returns_var)
3  print(f"标准差为: {returns_std:.2%}")
```

>>> **运行结果**

标准差为: 8.89%

6.2.3 任务要求

根据提供的附表 6-2-1(扫描右侧二维码),用 Python 分别计算智能制造和智能交通两个标的的预期投资报酬率(期望报酬率)、标准差和变异系数,并做出投资决策的建议。

附表 6-2-1

6.2.4 任务解析

根据任务要求思考如何利用 NumPy 库中的统计函数计算标准差？

参考思路如下。

计算标准差可以按以下步骤。

(1) 用 average() 函数计算项目的期望报酬率。

(2) 用 average() 函数计算项目的方差，用每个概率下的报酬率-期望报酬率为值列表，以概率为权重。

(3) 用 sqrt() 函数对方差进行开方，得到标准差。

根据任务解析编写代码。

>>> **动手实践**

❑ **计算报酬指标**

```
1   import pandas as pd
2   import numpy as np
3
4   data = pd.read_excel("附表6-2-1.xlsx")
5
6   # 计算智慧工厂的各项风险报酬指标
7   er_fac = np.average(data["智能制造"],weights = data["概率"])
8   var_fac = np.average((data["智能制造"]-er_fac)**2,weights = data["概率"])
9   std_fac = np.sqrt(var_fac)
10  cv_fac = std_fac/er_fac
11
12  print(f"智能制造的期望报酬率为：{er_fac:.2%}")
13  print(f"智能制造的标准差为：{std_fac:.2%}")
14  print(f"智能制造的变异系数为：{cv_fac:.2}")
15  print("="*30)
16
17  # 计算智能交通的各项风险报酬指标
18  er_tra = np.average(data["智能交通"],weights = data["概率"])
19  var_tra = np.average((data["智能交通"]-er_fac)**2,weights = data["概率"])
20  std_tra = np.sqrt(var_tra)
21  cv_tra = std_tra/er_tra
22
23  print(f"智能交通的期望报酬率为：{er_tra:.2%}")
24  print(f"智能交通的标准差为：{std_tra:.2%}")
25  print(f"智能交通的变异系数为：{cv_tra:.2}")
26  print("="*30)
27
28  # 进行条件判断以辅助支持决策
29  if cv_tra > cv_fac:
30      print("建议选择智能制造。")
31  elif cv_tra < cv_fac:
32      print("建议选择智能交通。")
33  else:
34      print("二者的变异系数相同，可根据自身的风险偏好进行选择。")
```

>>> 运行结果

```
智能制造的期望报酬率为：12.08%
智能制造的标准差为：9.13%
智能制造的变异系数为：0.76
==============================
智能交通的期望报酬率为：27.94%
智能交通的标准差为：35.51%
智能交通的变异系数为：1.3
==============================
建议选择智能制造。
```

6.3 投资组合的风险与报酬

6.3.1 任务背景

蓝海公司目前账面存在一些资金暂时没有其他用途，财务部将其存放在银行账户中，产生的收益非常少，公司管理层要求投资部门提高闲置资金的收益率并控制风险，投资部总监提出可以在二级市场购买相关证券产品，并指出应通过分散投资来分摊风险。

金小蝶经过分析选择了两项投资产品：消费 ETF 产品和黄金 ETF 产品，由于 ETF 产品本身包含多项股票产品，且两个产品呈负相关性，所以可以有效降低投资风险。

6.3.2 知识准备

1. 投资组合的风险评估

投资组合理论认为，若干种证券组成的投资组合，其收益是这些证券收益的加权平均数，但是其风险不是这些证券风险的加权平均风险，投资组合能降低风险。这些"证券"是"资产"的代名词，它可以是任何产生现金流的事物。例如，一项生产性生物资产、一条生产线或者是一个企业。

两种或两种以上证券的组合，其期望报酬率可以直接表示为

$$r_p = \sum_{j=1}^{m} r_j A_j$$

其中：r_j 表示第 j 种证券的期望报酬率；A_j 表示第 j 种证券在全部投资额中的比重，m 表示组合中的证券种类总数。

证券组合的风险不仅取决于组合内各证券的风险，还取决于各个证券之间的关系。证券组合的风险也是通过标准差进行衡量，其计算公式为

$$\sigma_p = \sqrt{\sum_{j=1}^{m}\sum_{k=1}^{m} A_j A_k \sigma_{jk}}$$

其中：m 表示组合内证券种类总数，A_j 表示第 j 种证券在投资总额中的比例，A_k 表示第 k 种证券在投资总额中的比例，σ_{jk} 表示第 j 种证券与第 k 种证券报酬率的协方差；协方差的公式为

$$\sigma_{jk} = r_{jk} \sigma_j \sigma_k$$

其中：r_{jk} 表示证券 j 和证券 k 报酬率之间的预期相关系数，σ_j 表示第 j 种证券的标准差，σ_k 表示第 k 种证券的标准差。例如，在两种证券组合方式下，所有可能的配对组合的协方差矩阵如下：

$$\sigma_1,1 \quad \sigma_1,2$$
$$\sigma_2,1 \quad \sigma_2,2$$

在所有的证券投资组合中，如果某些投资组合相对于其他组合来说风险较大并且期望的投资回报率较小，这种组织是无效的投资组合。剔除掉无效的投资组合才是有效的组合集和。

2. 矩阵的基本运算

在前面章节中学习了如何用 array 创建数组，以及数组的运算。而矩阵是一个特殊类型的数组，只包含二维数据。矩阵通常被用于线性代数中的各种计算，矩阵中的每个元素都可以通过行和列的索引进行访问和操作。

(1) 矩阵的创建。可以使用 np.array() 或 np.matrix() 方法创建矩阵。矩阵中的每个元素可以通过行和列的索引进行访问和操作。

【示例 9】创建一个 2×3 的矩阵。

>>> 动手实践

❑ 创建矩阵

```
1  # 创建矩阵
2  import numpy as np
3
4  # 创建一个 3x3 的矩阵
5  matrix1 = np.array([[2,3], [5,6]])
6  matrix2 = np.matrix([[6,7],[8,9]])
7
8  print("matrix1:")
9  print(matrix1)
10 print("matrix2:")
11 print(matrix2)
```

>>> 运行结果

```
matrix1:
[[2 3]
 [5 6]]
matrix2:
[[6 7]
 [8 9]]
```

在输出结果中，可以看到矩阵被打印成了双重方括号"[[]]"中的数字序列。

(2) 矩阵的加法运算。两个相同大小的矩阵相加，得到的结果为它们的对应元素相加的一个新矩阵。

【示例 10】对两个矩阵进行相加。

>>> 动手实践

❑ 矩阵相加

```
1  # 矩阵相加
2  import numpy as np
3  from scipy.optimize import minimize
4  matrix1 + matrix2
```

>>> 运行结果
```
matrix([[ 8, 10],
        [13, 15]])
```

(3) 矩阵的减法运算。两个相同大小的矩阵相减，得到的结果为它们的对应元素相减的一个新矩阵。

【示例11】对两个矩阵进行相减。

>>> 动手实践
- 矩阵相减
```
1  # 矩阵相减
2  matrix2 - matrix1
```

>>> 运行结果
```
matrix([[4, 4],
        [3, 3]])
```

(4) 矩阵的乘法运算。矩阵的乘法运算有两种，第一种称为Hadamard积，由两个矩阵中对应位置的元素相乘，得到一个新的矩阵，因此两个矩阵的形状必须一致。可以用multiply()函数来实现矩阵的乘法运算，运算规则如下：

$$\begin{matrix} X_{11} & X_{12} \\ X_{21} & X_{22} \end{matrix} \times \begin{matrix} Y_{11} & Y_{12} \\ Y_{21} & Y_{22} \end{matrix} = \begin{matrix} X_{11}*Y_{11} & X_{12}*Y_{12} \\ X_{21}*Y_{21} & X_{22}*Y_{22} \end{matrix}$$

【示例12】对两个矩阵进行逐元素相乘。

>>> 动手实践
- 矩阵相乘
```
1  # 矩阵逐元素相乘
2  np.multiply(matrix1,matrix2)
```

>>> 运行结果
```
matrix([[12, 21],
        [40, 54]])
```

实践中用得更多的是矩阵的乘法运算，即矩阵的内积，其运算规则如下：

$$\begin{matrix} X_{11} & X_{12} \\ X_{21} & X_{22} \end{matrix} \times \begin{matrix} Y_{11} & Y_{12} \\ Y_{21} & Y_{22} \end{matrix} = \begin{matrix} Z_{11} & Z_{12} \\ Z_{21} & Z_{22} \end{matrix}$$

其中：

$$Z_{11} = X_{11}*Y_{11} + X_{12}*Y_{21}$$
$$Z_{12} = X_{11}*Y_{12} + X_{12}*Y_{22}$$
$$Z_{21} = X_{21}*Y_{11} + X_{22}*Y_{21}$$
$$Z_{22} = X_{21}*Y_{12} + X_{22}*Y_{22}$$

根据上述计算规则，如果X为二维a×b的矩阵，Y必须为b×c的矩阵，即X有多少列，Y就必须有多少行，否则无法运算，结果得到a×b的矩阵。矩阵的乘法可以用dot()函数或运算符"@"来实现。

【示例 13】 矩阵的内积。

>>> 动手实践

☐ 矩阵内积

```
1   # 矩阵内积
2   np.dot(matrix1,matrix2)
```

>>> 运行结果

```
matrix([[36, 41],
        [78, 89]])
```

也可采用运算符"@"进行计算，相应的代码如下(用户可在 Jupyter 页面中自行尝试运行)。

```
matrix1 @ matrix2
```

3. scipy.optimize 优化库

scipy.optimize 是 Python 中的一个优化库，提供了多种求解优化问题的算法和工具。其主要包含 minimize、linprog、curve_fit、root、basinhopping 等子模块。在这些子模块中，minimize 是最常用和最重要的一个，因为它可以用于求解几乎所有的单目标函数最小化问题，支持处理有约束的最小化问题。minimize()模块的主要参数如下：

```
scipy.optimize.minimize(fun, x0, args=(), bounds=None, constraints=())
```

主要参数说明如下：

(1) fun(x, *args)：需要求解最优结果的目标函数，其必要参数 x 为一维数组，*args 为一个可选参数，必须是与该函数相关的参数。

(2) x0：求解结果的初始值，也就是上述目标函数的参数 x，先给一个初始值。

(3) arg：目标函数中的可选参数。

(4) bounds：对求解的目标值每个 x 变量的限制条件，可以以(min, max)形式限定其最大值及最小值。

(5) constraints：格式为字典或字典的列表，字典中的元素主要有以上几种。

☐ "type"键有两类值："eq"(表示等于)和"ineq"(表示不等于)。

☐ "fun"键的值为限制条件的函数。

如果 type 的值为 "eq"，表示限制函数的结果为零；如果 type 的值为 "ineq"，表示限制函数的结果为非负值。

minimize()返回一个 OptimizeResult 的对象，该对象有 x、success 等属性，其中 x 输出最优解的序列。

6.3.3 任务要求

金小蝶分析计算了两个产品的相关系数为-0.3，其投资回报率及标准差分别为：

☐ 消费 ETF 的预期年化投资回报率为 30%，标准差为 0.6；

☐ 黄金 ETF 的预期年化投资回报率为 10%，标准差为 0.12。

要求编写 Python 代码计算两种证券组合中风险最小的组合方式(即风险最小时，两个产品分别在组合中的权重)，以及风险最小时的组合投资风险和投资报酬率。

6.3.4 任务解析

根据任务要求，先思考如何设置 scipy.optimize 优化库 minimize()中的参数，求证券组合中风险最小的证券权重？

参考思路如下。

该任务涉及 minimize()的参数及设置如下。

- fun(x, *args)：目标函数，任务要求是求解风险最小，即投资组合的标准差最小的组合。此时，方差最小即标准差最小，所以可以根据矩阵的乘法运算规则及方差的求解公式来设计目标函数。设函数的参数 x 为权重(可以用 weights 表示)，另外还需要设一个可选参数为协方差(可以用 cov 表示)，通过表达式"weights.T @ cov @ weights"，返回证券组合的方差。
- x0：求解结果的初始值，也就是权重的初始值，可以先平均分配权重，即设置[0.5, 0.5]列表形式的初始权重。
- arg：目标函数中的可选参数。上述目标函数中，除了权重，还有一个 cov 的协方差参数需要传入，即 args=(cov,)，由于该参数接收元组，cov 为单个的元素，因此需要在后面加","。
- bounds：对求解的目标值 weights 的限制条件，应介于 0~1 之间。
- constraints：限制条件设置为所有的权重之和应等于 1，因此字典中的元素设置为：

① "type"键的值应选择"eq"(表示等于)；

② "fun"键的值应设置为使得所有的权重之和为 1，可以通过 lambda 来实现，即 lambda x: np.sum(x)−1。

- 运行得到的结果，可以通过.x 属性获取风险最小时的权重列表。

根据任务解析编写代码。

>>> **动手实践**

- 计算组合投资比例及报酬率

```
1   import numpy as np
2   from scipy.optimize import minimize
3
4   # 定义期望报酬率与协方差的序列
5   mu = np.array([0.3, 0.1])
6   cov = np.array([[0.6**2, -0.3*0.6*0.12], [-0.3*0.6*0.12, 0.12**2]])
7
8   # 定义目标函数：投资组合的方差
9   def portfolio_variance(weights, cov):
10      return weights.T @ cov @ weights
11
12  # 定义目标函数的限制条件
13  bounds = [(0, 1), (0, 1)]
14  constraints = [{'type': 'eq', 'fun': lambda x: np.sum(x) - 1}]
15
16  # 解决最优化问题
17  result = minimize(portfolio_variance, [0.5, 0.5], args=(cov,), \
                     constraints=constraints, bounds=bounds)
18
19  # 计算最优投资组合的权重、期望报酬率和标准差
20  weights = result.x.round(2)
21  expected_return = mu @ weights
22  portfolio_risk = np.sqrt(weights.T @ cov @ weights)
```

```
23
24    print("风险最小组合投资比例:",weights)
25    print(f"有效投资组合风险:{portfolio_risk:.2%}")
26    print(f"风险最小时的组合投资报酬率:{expected_return:.2%}")
```

>>> **运行结果**

风险最小组合投资比例: [0.09 0.91]
有效投资组合风险:10.63%
风险最小时的组合投资报酬率:11.80%

第 7 章 成本管理

> **学习目标**

1. 掌握投资项目净现值的原理及计算
2. 掌握 DataFrame 的条件判断与筛选方法

> **学习导图**

学习导图如图 7-1 所示。

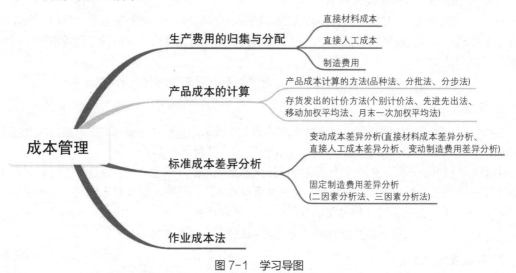

图 7-1 学习导图

7.1 生产费用的归集与分配

7.1.1 任务背景

蓝海公司生产两类产品：AD 板和 KD 板，AD 板在 AD 车间生产，一部分 AD 板入库作为产品销售，另一部分则继续加工生产成 KD 板出售。

蓝海公司共产生以下三类制造成本(扫描二维码获取)。

- 材料费用(详见二维码"7-1-1 生产领料汇总表")：材料费用区分不同的领用车间，可以直接归集至生产车间。
- 人工成本(详见二维码"7-1-2 职工薪酬明细表")：由于人员存在各车间混用的情况，因此需要按产量进行分配，期间生产产量(详见二维码"7-1-4 产品进销存统计表")。
- 制造费用(详见二维码"7-1-3 制造费用汇总表")。制造费用按工时进行分配，其间 AD 车间消耗工时 185 小时，KD 车间消耗工时 114 小时。

7-1-1 生产领料汇总表　　7-1-2 职工薪酬明细表　　7-1-3 制造费用汇总表　　7-1-4 产品进销存统计表

7.1.2 知识准备

制造成本包括直接材料成本、直接人工成本和制造费用三项。

1. 直接材料成本

直接材料成本是指能够直接追溯到每个产品，并构成产品实体的原材料、辅助材料等，如制造一辆汽车所耗用的钢材和轮胎的成本。用于产品生产的原料及主要材料，通常是按照产品分别领用的，可根据领用情况直接记入各产品成本。

有时，一批材料是被几批产品共同耗用的，这时则需要采用一定的分配方法，分配计入各种产品成本。在消耗定额比较准确的情况下，通常采用材料定额消耗量比例或材料定额成本的比例进行分配，计算公式为

$$某种产品应分配的材料费用 = 该种产品的材料定额消耗成本 \times 分配率$$

2. 直接人工成本

直接人工成本是指能够直接追溯到每个产品的人工成本，包括直接参与生产产品的生产线上员工的薪酬和福利费，如汽车装配生产线上工人的工资、福利。

由于工资制度的不同，生产工人工资费用计入产品成本的方法也不同。在计件工资制下，生产工人工资费用通常根据产量凭证计算工资费用并直接计入产品成本。在计时工资制下，如果生产多种产品，通常采用实用工时比例分配的方法，其计算公式为

$$某种产品应分配的工资费用 = 该种产品实用工时 \times 分配率$$

3. 制造费用

制造费用是指企业各生产单位为组织和管理生产而发生的各项间接费用，包括间接材料成本、间接人工成本和其他制造费用。

在生产多种产品的工厂或车间中，需要采用合理、简便的分配方法，将制造费用分配计入各种产品成本，通常采用的分配标准有：实用人工工时、定额人工工时、机器加工工时、直接人工费用等比例分配的方法。计算公式为

$$某产品应负担的制造费用 = 该种产品工时数 \times 分配率$$

7.1.3 任务要求

根据任务背景，各项制造成本的分配如图 7-2 所示。

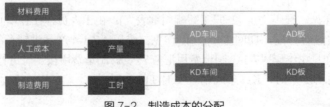

图 7-2　制造成本的分配

将材料费用、人工成本和制造费用分别归集或分配在 AD 车间和 KD 车间，并将分配的数据表导出为 Excel 表格。

实验数据

实验数据包括以下几个表(扫描二维码查看详细数据)。
- 7-1-1 生产领料汇总表；
- 7-1-2 职工薪酬明细表；
- 7-1-3 制造费用汇总表；
- 7-1-4 产品进销存统计表。

7-1-1 生产领料汇总表

7-1-2 职工薪酬明细表

7-1-3 制造费用汇总表

7-1-4 产品进销存统计表

7.1.4 任务解析

根据任务要求分析 Python 代码的编写流程，参考思路如下。

根据任务要求，Python 代码的编号分为以下步骤。

(1) 读取并梳理 4 张数据表的逻辑关系，找出直接材料、直接人工和制造费用的分配标准。
(2) 按直接领用的金额对直接材料进行分配并生成 DataFrame 文件。
(3) 按产品数量对直接人工进行分配并添加至 DataFrame 文件。
(4) 按任务背景给出的机器工时对制造费用进行分配，并添加至 DataFrame 文件。
(5) 展示 DataFrame 文件并进测试结果。

根据任务解析编写代码。

>>> 动手实践

- 生产费用归集与分配

```
1   import pandas as pd
2
3   material = pd.read_excel("7-1-1生产领料汇总表.xlsx")
4   salary = pd.read_excel("7-1-2职工薪酬明细表.xlsx")
5   overhead = pd.read_excel("7-1-3制造费用汇总表.xlsx")
6   inventory = pd.read_excel("7-1-4产品进销存统计表.xlsx")
7
8   # 原材料直接按领用金额进行分配
9   grouped = material.groupby("车间")["金额"].sum().reset_index(name = "材料金额")
10
11  # 直接人工成本分配
12  grouped_inventory = inventory.groupby("产品类别")["本期生产入库"].sum().reset_index(name = "入库数量")
13  total_salary = salary["应发工资"].sum()
14  salary_dis = lambda x :x["入库数量"] * total_salary /grouped_inventory["入库数量"].sum()
15  grouped["人工成本"] = grouped_inventory.apply(salary_dis,axis = 1)
```

视频 7-1

```
16
17   # 制造费用分配
18   total_overhead1 = overhead["金额"].sum()*185/(185+114)
19   total_overhead2 = overhead["金额"].sum()*114/(185+114)
20   grouped["制造费用"] = [total_overhead1,total_overhead2]
21   grouped["合计"] = grouped.iloc[:,1:].sum(axis = 1)
22   grouped.round(2)
```

>>> 运行结果

	车间	材料金额	人工成本	制造费用	合计
0	AD 车间	16724544.16	1217593.13	1199404.5	19141541.79
1	KD 车间	3167113.18	748165.87	739092.5	4654371.55

7.2 产品成本的计算

7.2.1 任务背景

本章 7.1 节任务中已将生产费用进行归集并分配到不同的车间,但成本核算的任务还没有完成,还需要将 AD 车间和 KD 车间的费用分配至相应的产品,在销售出库时,还需要按成本的核算方法计算结转销售产品的成本。

蓝海公司的 AD 车间只生产 AD 板一种产品,因此不需要分配,但是生产的 AD 板有一部分被 KD 车间领用继续生产 KD 板产品,这就涉及产品成本计算的分步法。KD 板车间生产 5 种不同产品,需要将车间的制造成本进行分配,蓝海公司采用品种法计算成本。

7.2.2 知识准备

1. 产品成本计算的方法

企业可以根据生产工艺特点、生产经营组织类型和成本管理要求,具体确定成本计算方法。成本计算的基本方法有品种法、分批法和分步法三种。其中,品种法是最基础的成本计算方法,因为无论采用什么方法都要计算各种产品的成本。

1) 品种法

品种法是以产品品种为产品成本的计算对象,归集和分配生产费用的方法。成本计算对象是产品品种。如果企业只生产一种产品,全部生产费用都是直接费用,可直接计入该产品成本;如果企业生产多种产品,间接费用则要采用适当的方法,在各产品间进行分配。

采用品种法时一般定期(每月末)计算产品成本。如果企业月末有在产品,基本生产成本要在完工产品和在产品之间进行分配。品种法下成本计算的一般程序如图 7-3 所示。

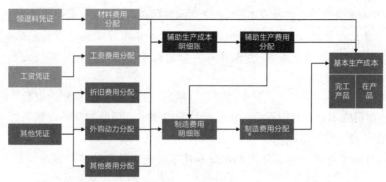

图 7-3 品种法

2) 分批法

产品成本计算的分批法,是按照产品批别归集生产费用、计算产品成本的方法,由于产品的批别大多是根据销货订单确定的,因此,这种方法又称为订单法。

分批法下,产品成本的计算是与生产任务通知单的签发和生产任务的完成紧密配合的,成本计算期与产品生产周期基本一致,因此一般不存在完工产品与在产品之间分配费用的问题。

3) 分步法

产品成本计算的分步法,是按照产品生产步骤和产品品种来归集和分配生产费用、计算产品成本的方法,包括逐步结转分步法和平行结转分步法,这里主要介绍逐步结转分步法。

逐步结转分步法是按照产品的加工顺序,逐步计算并结转半成品成本,直到最后加工步骤才能计算出产成品成本的方法。它是按照产品加工顺序先计算第一个加工步骤的半成品成本,然后结转给第二个加工步骤。这时,第二步把第一步转来的半成品成本加上本步骤耗用的材料和加工费用,即可求得第二个加工步骤的半成品成本。如此顺序逐步转移累计,直到最后一个加工步骤才能计算出产成品的成本。

逐步结转分步法适用于大量大批连续式复杂生产的企业。这种企业,有的不仅将最终产品作为商品对象销售,而且生产中所产的半成品也经常作为商品对象销售。

逐步结转分步法按照成本在下一步骤成本计算单中的反映方式,还可以分为综合结转和分项结转两种方法。综合结转法,是指上一步骤转入下一步骤的半成品成本,以"直接材料"或专设的"半成品"项目综合列入下一步骤的成本计算单中。分项结转法,是指上一步骤半成品成本按原始成本项目分别转入下一步骤成本单中相应的成本项目内。

2. 存货发出的计价方法

在核算存货的发出计价时,可以按照实际成本或者计划成本计价,如果发出的存货是采用实际成本计价的,可以选择个别计价法、先进先出法、移动加权平均法、月末一次加权平均法计价。

1) 个别计价法

采用个别计价法核算成本需要单独登记不同价格购进的商品。如 A 产品的进价是 20 元/件,20 元/件就是 A 产品的成本。采用个别计价法成本计算准确,但工作量大,一般应用于价格昂贵、不能替代使用的存货,如珠宝、名画等贵重物品。

2) 先进先出法

先进先出法的假设前提就是先购进的存货先发出,可以随时结转存货发出成本,但步骤烦琐。

3) 移动加权平均法

移动加权平均法是指以每次进货的成本加上原有库存存货的成本,除以每次进货数量与原有库存存货的数量之和,据以计算加权平均单位成本,作为在下次进货前计算各次发出存货成本的依据,即:

存货单位成本=(原有库存存货的实际成本+本次进货的实际成本)÷(原有库存存货数量+本次进货数量)

本次发出存货的成本=本次发货的数量×本次发货前存货的单位成本

本月末库存存货成本=月末库存存货的数量×本月末存货单位成本

4) 月末一次加权平均法

月末一次加权平均法,是指以当月全部进货数量加上月初存货数量作为权数,去除当月全部进货成本加上月初存货成本,计算出存货的加权平均单位成本,以此为基础计算当月发出存货的成本和期末存货的成本的一种方法,即:

存货单位成本=[月初库存存货的实际成本+Σ(本月各批进货的实际单位成本×本月各批进货的数量)]÷(月初库存存货的数量+本月各批进货数量之和)

本月发出存货的成本=本月发出存货的数量×存货单位成本

本月末库存存货成本=月末库存存货的数量×存货单位成本

7.2.3 任务要求

根据 7-2 产生成本统计表及本章 7.1 节任务计算的 AD 车间和 KD 车间费用表,利用 Python 计算产品生产成本,具体要求及说明如下:

- 采用综合结转的逐步结转分步法计算 KD 板的生产成本;
- AD 板(半成品)的成本在 KD 板各产品按产品数量进行分配;
- 其他 KD 板的车间费用按产品的定额成本进行分配;
- 计算 AD 板和 KD 板的生产成本和单位生产成本;
- 将计算结果导出为 Excel 表格。

➤ 实验数据

实验数据包括以下两个表(扫描二维码查看详细数据)。

- 7-2-1 产品成本统计表;
- 7-2-2 生产费用的归集与分配。

7-2-1 产品成本统计表

7-2-2 生产费用的归集与分配

7.2.4 任务解析

根据任务要求分析 Python 的编写流程,参考思路如下。

根据任务要求,Python 代码的编号分为以下步骤。

(1) 读取提供的数据表和任务 7-1 计算的车间成本数据表。

(2) 从本章 7.1 节任务生成的数据表获取 AD 板的生产费用,并计算 KD 板需分摊的总的 AD 费用,计算公式为

KD 板需分摊的 AD 半成品费用=(AD 板的生产费用÷AD 板的产量)×生产领用数量

(3) 在 KD 板各产品之间按产量分配领用 AD 板的半成品费用,计算公式为

产品分配的 AD 半成品费用=该产品产量×(KD 板需分摊的 AD 半成品费用÷KD 板的总产量)

(4) 计算 KD 产品的定额总成本，并计算获得 KD 车间制造成本的分配率，计算公式为
KD 板的定额总成本=KD 车间制造成本分配率=KD 车间制造成本÷KD 板的定额总成本
(5) 将 KD 的车间制造成本按分配率分配至每种 KD 板产品，计算公式为

产品的分配费用=该产品定额成本×该产品的分配率

(6) 计算产品的生产成本和单位生产成本，计算公式为

生产成本=分配的 AD 半成品费用+分配的 KD 车间制造成本

单位生产成本=生产成本÷产量

(7) 导出计算结果为 Excel 表格。
根据任务解析编写代码。

>>> **动手实践**

☐ **产品成本计算**

```
1   import pandas as pd
2
3   # 读取数据
4   product = pd.read_excel("7-2-1 产品成本统计表.xlsx")
5   cost = pd.read_excel("7-2-2 生产费用的归集与分配.xlsx").iloc[:,1:]
6
7   # 计算 KD 板需分摊的总的 AD 费用(等于总成本/总的产量*生产领用数量)
8   cost_ad_total = (cost.loc[0,"合计"] / product.loc[0,"入库数量"]) * product.loc[0,"生产领用数量"]
9
10  # 在 KD 板分配领用 AD 板的材料费用
11  # 计算分配率 15
12  cost_ad_ass = cost_ad_total / (product.loc[1:,"入库数量"].sum())
13  # 计算每项 KD 板产品分配的 AD 板材料费用
14  product["AD 材料费"] = (cost_ad_ass * product["入库数量"]).round(2)
15  # 将第一行 AD 板的 AD 板领用费用赋值为 0
16  product.loc[0,"AD 材料费"] = 0
17
18  # 计算每个 KD 产品的定额总成本
19  product["定额总成本"] = product["定额成本"] * product["入库数量"]
20  cost_quota = product["定额总成本"].sum()
21
22  # 计算车间发生的分配费用
23  cost_kd_total = cost.loc[1,"合计"].sum()
24  product["车间费用"] = (cost_kd_total * product["定额总成本"]/cost_quota).round(2)
25  # 修改 AD 板的车间费用
26  product.loc[0,"车间费用"] = cost.loc[0,"合计"]
27
28  # 分配产品的总生产成本
29  product["生产成本"] = product["车间费用"] + product["AD 材料费"]
30
31  # 计算产品的单位生产成本
32  product["单位生产成本"] = (product["生产成本"]/product["入库数量"]).round(2)
```

```
33
34  product.to_excel("生产成本计算表.xlsx")
```

7.3 标准成本差异分析

7.3.1 任务背景

为有效控制生产成本，蓝海公司制定了直接材料、直接人工、变动制造费用和固定制造费用的标准成本。财务部完成当期的成本核算后，需要对成本执行的情况进行分析，包括与标准成本的偏离程度，以及偏离的主要原因。

7.3.2 知识准备

标准成本是通过精确的调查、分析与技术测定而制定的，用来评价实际成本、衡量工作效率的一种目标成本。标准成本法是为了克服实际成本计算系统的缺陷(尤其是不能提供有助于成本控制的确切信息的缺陷)，而研究出来的一种会计信息系统和成本控制系统。

实施标准成本法一般有以下几个步骤。
(1) 制定单位产品标准成本。
(2) 根据实际产量和成本标准计算产品的标准成本。
(3) 汇总计算实际成本。
(4) 计算标准成本与实际成本的差异。
(5) 分析成本差异发生的原因。
(6) 提供成本控制报告。

标准成本是一种目标成本，由于各种原因，产品的实际成本与目标成本往往不一致。实际成本与标准成本之间的差额，称为标准成本差异，或简称成本差异。成本差异是反映实际成本脱离预定目标程度的信息。为控制乃至消除这种偏差，需要对产生的成本差异进行分析，找出原因和可能的对策，以便采取措施加以纠正。

1. 变动成本差异分析

直接材料、直接人工和变动制造费用都属于变动成本，其成本差异分析的基本方法相同。由于它们实际成本的高低取决于实际用量和实际价格，标准成本的高低取决于标准用量和标准价格，所以其成本差异可以归结为价格脱离标准造成的价格差异与用量脱离标准造成的数量差异两类。计算公式为

$$成本差异 = 实际成本 - 标准成本$$
$$= 实际数量 \times 实际价格 - 标准数量 \times 标准价格$$
$$= 实际数量 \times 实际价格 - 实际数量 \times 标准价格 + 实际数量 \times 标准价格 - 标准数量 \times 标准价格$$
$$= 实际数量 \times (实际价格 - 标准价格) + 标准价格 \times (实际数量 - 标准数量)$$
$$= 价格差异 + 数量差异$$

以上有关变量之间的关系如图 7-4 所示。

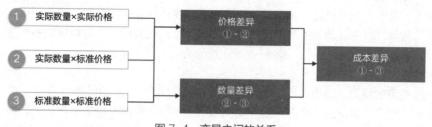

图 7-4 变量之间的关系

1) 直接材料成本差异分析

直接材料实际成本与标准成本之间的差额,是直接材料成本差异。一般有两个基本原因导致差异的形成:一是价格脱离标准形成的差异;二是用量脱离标准形成的差异。前者按实际用量计算,称为价格差异(价差);后者按标准价格计算,称为数量差异(量差)。价格差异与数量差异之和,等于直接材料成本的总差异。其计算公式为

直接材料成本差异=实际成本-标准成本

直接材料价格差异=实际数量×(实际价格-标准价格)

直接材料数量差异=(实际数量-标准数量)×标准价格

直接材料成本差异的计算结果,如是正数,则是超支,属于不利差异,通常用 U 表示;如是负数,则是节约,属于有利差异,通常用 F 表示(直接人工成本差异、变动制造费用差异与此同理)。

材料价格差异是在材料采购过程中形成的,不应由耗用材料的生产部门负责,而应由材料的采购部门负责并说明原因。采购部门未能按标准价格进货的原因有许多,如供应厂家调整售价、本企业未批量进货、未能及时订货造成的紧急订货、采购时舍近求远使运费和途耗增加、使用不必要的快速运输方式、违反合同被罚款、承接紧急订货造成额外采购等。对此需要进行具体分析和调查,才能明确最终原因和责任归属。

材料数量差异是在材料耗用过程中形成的,反映生产部门的成本控制业绩。材料数量差异形成的具体原因也有许多,如工人操作疏忽造成废品或废料增加、操作技术改进而节省材料、新工人上岗造成用料增多、机器或工具不适造成用料增加等。有时用料量增多并非生产部门的责任,可能是由于购入材料质量低劣、规格与使用量不符;也可能是由于工艺变更、检验过严使数量差异加大。对此,需要进行具体的调查研究,才能明确责任归属。

2) 直接人工成本差异分析

直接人工成本差异,是指直接人工实际成本与标准成本之间的差额。它亦可区分为"价差"和"量差"两部分。价差是指直接人工实际工资率脱离标准工资率,其差额按实际工时计算确定的金额,又称为直接人工工资率差异;量差是指直接人工实际工时脱离标准工时,其差额按标准工资率计算确定的金额,又称为直接人工效率差异(人工效率通常直接体现为时间的节约)。其计算公式为

直接人工成本差异=实际直接人工成本-标准直接人工成本

直接人工工资率差异=实际工时×(实际工资率-标准工资率)

直接人工效率差异=(实际工时-标准工时)×标准工资率

直接人工工资率差异与直接人工效率差异之和,应当等于直接人工成本总差异,并可据此验算差异分析计算的正确性。

直接人工工资率差异的形成原因,包括直接生产工人升级或降级使用、奖励制度未产生实效、工资率调整、加班或使用临时工、出勤率变化等。一般而言,这主要由人力资源部门管控,形成差异的具体原因会涉及生产部门或其他部门。

直接人工效率差异的形成原因也很多,包括工作环境不良、工人经验不足、劳动情绪不佳、新

工人上岗太多、机器或工具选用不当、设备故障较多、生产计划安排不当、产量规模太小而无法发挥经济批量优势等。这主要属于生产部门的责任，但也不是绝对的，如材料质量不高也会影响生产效率。

3) 变动制造费用差异分析

变动制造费用的差异，是指实际变动制造费用与标准变动制造费用之间的差额。它也可以分解为"价差"和"量差"两部分。价差是指变动制造费用的实际小时分配率脱离标准，按实际工时计算的金额，反映耗费水平的高低，故称为"耗费差异"；量差是指实际工时脱离标准工时，按标准的小时费用率计算确定的金额，反映工作效率变化引起的费用节约或超支，故称为"效率差异"。其计算公式为

变动制造费用成本差异=实际变动制造费用-标准变动制造费用

变动制造费用耗费差异=实际工时×(变动制造费用实际分配率-变动制造费用标准分配率)

变动制造费用效率差异=(实际工时-标准工时)×变动制造费用标准分配率

变动制造费用的耗费差异，是实际支出与按实际工时和标准费率计算的预算数之间的差额。由于后者承认实际工时是在必要的前提下计算出来的弹性预算数，因此该项差异反映耗费水平即每小时业务量支出的变动制造费用脱离了标准。耗费差异是部门经理的责任，他们有责任将变动制造费用控制在弹性预算限额之内。

变动制造费用效率差异，是由于实际工时脱离了标准工时，多用工时导致的费用增加，因此其形成原因与人工效率差异相似。

2. 固定制造费用差异分析

固定制造费用的差异分析与各项变动成本差异分析不同，其分析方法有二因素分析法和三因素分析法两种。

1) 二因素分析法

二因素分析法，是将固定制造费用差异分为耗费差异和能量差异。耗费差异是指固定制造费用的实际金额与固定制造费用的预算金额之间的差额。固定费用与变动费用不同，不因业务量而变，故差异分析有别于变动费用。在考核时不考虑业务量的变动，以原来的预算数作为标准，实际数超过预算数即视为耗费过多。其计算公式为

固定制造费用耗费差异=固定制造费用实际数-固定制造费用预算数

能量差异是指固定制造费用预算与固定制造费用标准成本的差额，或者说是生产能量与实际业务量的标准工时的差额用标准分配率计算的金额。它反映实际产量标准工时未能达到生产能量而造成的损失。其计算公式为

固定制造费用能量差异=固定制造费用预算数-固定制造费用标准成本

=固定制造费用标准分配率×生产能量-固定制造费用标准分配率×实际产量标准工时

=(生产能量-实际产量标准工时)×固定制造费用标准分配率

2) 三因素分析法

三因素分析法，是将固定制造费用成本差异分为耗费差异、效率差异和闲置能量差异三部分。耗费差异的计算与二因素分析法相同。不同的是要将二因素分析法中的能量差异进一步分为两部分：一部分是实际工时未达到生产能量而形成的闲置能量差异；另一部分是实际工时脱离标准工时而形成的效率差异。因为固定制造费用一般与形成企业生产能力的机械设备和厂房相联系。比如，一台机器，它每月设计可运行1000小时，这是它的能力或能量，但实际一个月运转了800小时，那它就闲置了200小时/月，这就会产生闲置能量差异。实际产量标准工时是根据实际产量和每件产品在这

些机器上加工的单位标准工时计算的工时,但实际加工时会有实际工时,这两者之间的差,体现了效率,由此产生的差异称为效率差异。其计算公式为

固定制造费用闲置能量差异=固定制造费用预算-实际工时×固定制造费用标准分配率
=(生产能量-实际工时)×固定制造费用标准分配率

固定制造费用效率差异=实际工时×固定制造费用标准分配率-实际产量标准分配率
=(实际工时-实际产量标准工时)×固定制造费用标准分配率

7.3.3 任务要求

7-3-1 直接材料标准成本表是蓝海公司制定的直接材料标准成本,根据本章 7.1 节任务中的 7-1-1 生产材料领用表及 7-1-4 产品进销存统计表中的 AD 板生产相关数据,分析 AD 板的直接材料价格差异、数量差异和成本差异,并就重大差异分析可能的原因。

▸ 实验数据

实验数据包括以下几个表(扫描二维码查看详细数据)。
- 7-1-1 生产领料汇总表;
- 7-1-4 产品进销存统计表;
- 7-3-1 直接材料标准成本表。

7-1-1 生产领料汇总表

7-1-4 产品进销存统计表

7-3-1 直接材料标准成本表

7.3.4 任务解析

根据任务要求分析 Python 的编写流程,参考思路如下。

根据任务要求,Python 代码的编号分为以下步骤。
(1) 读取本任务涉及的三个数据表。
(2) 整理计算需要的数据,然后考虑各数据的来源。
- 实际数量:汇总统计 "7-1-1 生产领料汇总表" 中 AD 板领用各种材料的数量。
- 标准数量:引入 "7-1-4 产品进销存统计表" 中的产量乘以 "7-3-1 直接材料标准成本表" 中的单位成本数量。
- 实际价格:汇总统计 "7-1-1 生产领料汇总表" 中 AD 板领用各种材料的金额除以实际数量。
- 标准价格:"7-3-1 直接材料标准成本表" 已直接给出。

(3) 根据上述来源分别获取数据并汇总至一张数据表中。
(4) 根据知识准备中的分析公式进行计算。
根据任务解析编写代码。

>>> **动手实践**

☐ 标准成本差异分析

```
1  import pandas as pd
2
3  material = pd.read_excel("7-1-1生产领料汇总表.xlsx")
```

```
 4  inventtory = pd.read_excel("7-1-4 产品进销存统计表.xlsx")
 5  material_s = pd.read_excel("7-3-1 直接材料标准成本表.xlsx")
 6
 7  # 将标准成本表中的物料编码设置为索引
 8  material_s = material_s.set_index("物料编码")
 9
10  # 将产品进销存统计表中的 AD 产量引入
11  material_s["产量"] = inventtory.loc[0,"本期生产入库"]
12
13  # 对生产领料汇总表中筛选出 AD 车间的全部领料，并按物料编码进行汇总
14  grouped_ad=material[material["车间"]=="AD车间"].groupby(["物料编码"]).sum()
15
16  # 删除汇总时对单价进行加总的错误计算列
17  grouped_ad = grouped_ad.drop(["单价"],axis = 1)
18
19  # 将处理好的标准成本表和 AD 车间领料表按索引 (物料编码) 进行合并
20  analysis = pd.merge(material_s,grouped_ad,left_index = True,right_index = True)
21
22  # 根据分析公式计算价格差异、数量差异和成本差异
23  analysis["价格"] = analysis["金额"]/analysis["数量"]
24  analysis["价格差异"] = analysis["数量"]*(analysis["价格"]-analysis["标准价格"])
25  analysis["数量差异"] = analysis["标准价格"]*(analysis["数量"]-analysis["标准数量"]*analysis["产量"])
26  analysis["成本差异"] = analysis["价格差异"] + analysis["数量差异"]
27
28  analysis.round(2)
```

>>> **运行结果**

物料编码	物料名称	车间	单位	...	价格差异	数量差异	成本差异
C0001	原木	AD车间	立方	...	-135063.52	2935745.83	2800682.31
C0002	柴油	AD车间	pc	...	-5330.48	-73880.20	-79210.68
C0003	液压油	AD车间	pc	...	44656.52	6561.18	51217.70
C0004	机油滤芯	AD车间	pc	...	-13168.88	19541.05	6372.17
C0005	输送带	AD车间	pc	...	3329.70	29919.96	33249.66
C0006	带锯条	AD车间	pc	...	-36999.00	33966.96	-3032.04
C0007	打包机夹子	AD车间	pc	...	1363.04	7305.58	8668.62
C0008	打包机拉紧器	AD车间	pc	...	-7490.40	-13631.23	-21121.63
C0009	油锯齿	AD车间	pc	...	1554.28	3578.18	5132.46
C0010	钢丝刷	AD车间	pc	...	-3155.36	2059.87	-1095.49

7.4 作业成本法

7.4.1 任务背景

中科永磁公司的铁氧体工厂主要生产永磁铁氧体磁体,由于不同客户对产品性能、外观、尺寸的要求差异较大,具有小批量、多品种的生产特点。目前,中科永磁生产的永磁铁氧体磁体共有 21 种牌号,规格齐全,形成了较为完整的产品集群,可广泛应用于消费电子、节能家电、工业设备、汽车工业、风力发电、智能制造、电动工具等领域,产品样品如图 7-5 所示。

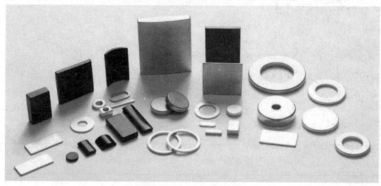

图 7-5 铁氧体磁体

铁氧体工厂采用作业成本法对各产品进行成本核算,财务部已整理了生产环节的作业,具体包括订单处理、设备调试、原料配比、机器运行、生产协调、清洁、材料移动、检验、包装共 9 个作业。相关的资源成本已经通过资源动因分配到了具体的作业。目前,需要根据作业动因将消耗的资源分配给各个产品。

7.4.2 知识准备

随着技术的发展,工业自动化程度不断深入,企业的经营环境正在发生巨大变革,产品的成本结构也发生了重大改变,表现为直接人工成本比重大幅降低,而制造费用的比重则大幅增加。因此,制造费用的分配对于成本计算的准确性和成本控制的有效性愈发重要。

在传统的成本计算方法下,制造费用通常按直接人工等产量基础分配。实际上,有许多制造费用项目不是产量的函数,而与生产批次等其他变量存在因果关系。作业成本法便是针对这一缺陷而提出的。

所谓作业,是指企业中特定组织重复执行的任务或活动。例如,将材料运达仓库、对材料进行质量检验等。作业成本法是将间接成本和辅助费用更准确地分配到产品和服务中的一种成本计算方法,其基本指导思想是"作业消耗资源,产品消耗作业"。在计算产品成本时,首先按经营活动中发生的各项作业来归集成本,计算出作业成本;然后按各项作业成本与成本对象(产品、服务或顾客)之间的因果关系,将作业成本分配到成本对象。

作业成本计算的基本程序就是把资源耗费予以分解并分配给作业,再将各作业汇集的价值分配给最终产品或服务。主要步骤如下。

(1) 资源成本分配到作业。资源成本借助于资源成本动因(即驱动作业成本增加的因素)分配到各项作业。资源成本动因和作业成本之间一定要存在因果关系。例如,机器运行作业的资源成本动因可能为机器小时,清洁作业的成本动因可能为清洁的具体面积。

(2) 作业成本分配到成本对象。在确定了作业成本之后，根据作业成本动因计算单位作业成本，再根据作业量计算成本对象应负担的作业成本。

单位作业成本=本期作业成本库归集的总成本÷作业量

(3) DataFrame 的复制与处理。有时候，我们需要复制一个 DataFrame 对象，然后对其进行编辑，这时可以通过 copy()方法进行复制。

【示例1】创建一个 DataFrame 对象，并进行复制。

>>> 动手实践

□ 复制 DataFrame

```
1  # 创建 DataFrame 对象并复制
2  import pandas as pd
3
4  dic = {"activity":["配料","调试","检验"],
5         "quantity":[23,12,14],"price":[3,7,9],
6         "amount":[69,84,126]}
7  df1 = pd.DataFrame(dic)
8  df2 = df1.copy()
9  df2
```

>>> 运行结果

	activity	quantity	price	amount
0	配料	23	3	69
1	调试	12	7	84
2	检验	14	9	126

在代码中，用 copy()方法复制 DataFrame。复制出的 df2 可以进行编辑，例如对列标题进行转换，可以使用 columns()方法进行自定义。

【示例2】对示例1中的 df2 变更列标题，第一列为"作业"，后三列的标题选取 df1 中"activity"列三行的值。

>>> 动手实践

□ 调整列名

```
1  # 调整列名
2  df2.columns = ["作业"] + df1["activity"].tolist()
3  df2
```

>>> 运行结果

	作业	配料	调试	检验
0	配料	23	3	69
1	调试	12	7	84
2	检验	14	9	126

在上面的代码中，df1["activity"].tolist()将 df1 中"activity"列的值转换为一个列表，所用的方法

就是 tolist()。["作业"] + df1["activity"].tolist()将"作业"这个字符串添加到列表的开头。最后,将重新定义的列名列表赋值给 df2.columns,这样 df2 的列名就修改完成。

7.4.3 任务要求

中科永磁财务部已经统计了铁氧体工厂的作业消耗的资源、作业动因和作业数量,详见"7-4-1 作业成本法数据表"(扫描右侧二维码获取)中的"作业"表单。该数据表的"产品"表单统计了各产品消耗的作业数量。

要求使用 Python 根据作业动因将作业成本分配给不同的产品牌号。

7-4-1 作业成本法数据表

➤ 实验数据

7-4-1 作业成本法数据表。

7.4.4 任务解析

根据任务要求分析 Python 的编写流程,参考思路如下。

根据任务要求,Python 代码的编号分为以下步骤。

(1) 分别读取本任务涉及数据表中的两个表单,并观察表单的结构。

(2) 为便于两个表单计算,将读取的"作业"表单(假设表名为"activity")进行转置。

(3) 根据任务要求,需要得到的结果表单的格式与读取的"产品"表单(假设表名为"product")的格式相近,因此可以先复制该对象(假设表名为"cost"),并将列标题替换为各作业名称。

(4) 目前 cost 中的数据为各产品消耗的作业数量,要将其转换为消耗的作业成本,根据作业成本的分配公式,可以通过两次 for 循环实现各数据的计算。

根据任务解析编写代码。

>>> **动手实践**

☐ 作业成本分配

```
1   import pandas as pd
2
3   activity = pd.read_excel("7-4-1作业成本法数据表.xlsx","作业")
4   product = pd.read_excel("7-4-1作业成本法数据表.xlsx","产品")
5
6   activity = activity.T
7   cost = product.copy()
8   cost.columns = ["产品牌号"] + activity.loc["作业"].tolist()
9
10  for i in range(product.shape[0]):
11      for n in range(1,product.shape[1]):
12          cost.iloc[i,n] = product.iloc[i,n] * activity.iloc[1,n-1] /
13  activity.iloc[3,n-1]
14
15  cost["总成本"] = cost.iloc[:,1:].sum(axis = 1)
16  cost.round(2)
```

>>> 运行结果

	产品牌号	订单处理	设备调试	原料配比	...	检验	包装	总成本
0	ZK-2B	5425.65	1985.17	12371.56	...	5038.94	733.59	91841.37
1	ZK-3B	5425.65	13896.22	7422.94	...	3156.69	10025.77	72591.14
2	ZK-3H	1808.55	1985.17	9897.25	...	2392.03	9047.65	55453.96
3	ZK-3N	3617.10	17866.57	22268.81	...	2392.03	11982.02	155740.15
4	ZK-4B	5425.65	5955.52	2474.31	...	2744.95	6357.81	45665.17
5	ZK-4H	3617.10	17866.57	19794.50	...	5666.36	4401.56	130297.29
...	...	...	...	...	...	...	...	...
19	ZK-12H	904.28	11911.05	14845.88	...	3999.78	6846.87	83060.94
20	ZK-12N	5425.65	3970.35	12371.56	...	2921.41	3667.97	113295.52

第 8 章 本量利分析

↗ 学习目标

1. 掌握本量利分析的基本概念与原理
2. 掌握盈亏平衡点的概念
3. 掌握利润敏感性分析的原理与应用
4. 能够利用 Python 对混合成本进行分解
5. 能够利用 Python 进行保本分析
6. 能够利用 Python 进行利润敏感性分析

↗ 学习导图

学习导图如图 8-1 所示。

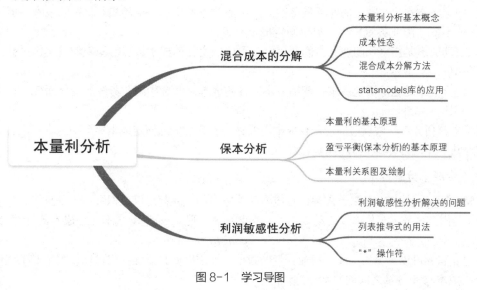

图 8-1 学习导图

8.1 混合成本的分解

8.1.1 任务背景

蓝天公司属于重工生产制造行业,拥有大量的生产设备,也因此产生大额维修费用。维修费的金额主要受产量的影响,与产量呈正相关,但也存在一部分费用是每个月固定需要支出的,例如,每个月的人工、常规保养等支出。

8.1.2 知识准备

1. 本量利分析基本概念

利润是企业某一时期内经营成果的一个重要衡量指标,而企业利润的高低取决于成本和收入的多少,其中收入主要由售价和销售量来决定。企业想获得更多利润,必须尽可能地降低成本,提高售价,增加销售量。显而易见,成本、业务量和利润三者之间存在着密切关系。为了获得最大利润,必须客观分析这三者之间的内在规律,寻找三者之间的均衡点,为企业经营决策和目标控制提供有效的管理信息。

本量利分析(cost-volume-profit analysis,简称 CVP 分析),是指以成本性态分析和变动成本法为基础,运用数学模型和图式,对成本、利润、业务量与单价等因素之间的依存关系进行分析,发现变动的规律性,为企业进行预测、决策、计划和控制等活动提供支持的一种分析方法。其中,"本"是指成本,包括固定成本和变动成本;"量"是指业务量,一般指销售量;"利"一般指营业利润。本量利分析主要包括盈亏平衡分析、目标利润分析、敏感性分析、边际分析等内容。

2. 成本性态

成本性态是指成本总额与数量(产量、销量等)之间的内在关系,可以分为固定成本、变动成本、混合成本三大类。

- 固定成本是指在特定的业务量范围内,不随业务量变化,金额相对稳定的成本,但并非一成不变。随业务量增加,单位固定成本被摊薄。
- 变动成本是指金额随业务量的变化而呈正比例变化的成本。保持稳定的是比例系数,称作单位变动成本。
- 混合成本是指除固定成本、变动成本之外的成本。其金额随业务量的变化而变化,但不是正比例关系。

基于本量利分析的假设前提,混合成本需要进一步分解成为固定成本和变动成本,混合成本的分解也是进行下一步本量利分析的基础。

3. 混合成本分解方法

在特定期间、特定业务量范围内,总成本和业务量的关系都可以近似看成一条直线。令 y 是总成本,a 是固定成本,b 是单位变动成本,x 是业务量,则 bx 是变动成本,总成本的计算公式为

$$y=a+bx$$

确定 a 和 b 可以参考历史成本和业务量的数据,使用回归直线法;也可以使用工业工程法,即仔细分析成本与业务量之间的数量原理。

回归直线法运用最小平方法的原理,对所观测到的全部数据加以计算,从而勾画出最能代表平均成本水平的直线,这条通过回归分析而得到的直线就称为回归直线,它的截距就是固定成本 a,斜率就是单位变动成本 b。又因为回归直线可以使各观测点的数据与直线相应各点误差的平方和最小,所以这种分解方法又称为最小平方法。

$$a=\frac{\sum x_i^2 \sum y_i - \sum x_i \sum x_i y_i}{n\sum x_i^2 - (\sum x_i)^2}$$

$$b=\frac{n\sum x_i y_i - \sum x_i \sum y_i}{n\sum x_i^2 - (\sum x_i)^2}$$

工业工程法是运用工业工程的研究方法来研究影响各有关成本项目数额大小的每个因素,并在

此基础上直接估算出固定成本和单位变动成本的一种成本分解方法。

4. statsmodels 库的应用

statsmodels 库是一个用于统计分析的 Python 库,提供了一系列用于估计和测试统计模型的工具。该库包含了线性模型、时间序列等多种统计模型及各种检验和数据探索工具,可以用于执行各种统计分析任务。本任务中将用到以下项目。

(1) add_constant()。add_constant()是 statsmodels 库中的一个函数,用于向矩阵添加常数列(截距列),以便在线性回归模型中考虑截距,其必要参数为 data,即输入的数据,可以是一个数组、Series 或 DataFrame。示例代码如下。

```
x = sm.add_constant('自变量')
y = '因变量'
```

(2) OLS()。OLS()是 statsmodels 库中的一个类,表示普通最小二乘(OLS)线性回归模型,用于拟合一个线性方程。OLS()有两个必要参数。

- endog:因变量(因子变量),可以是一个一维数组、Series 或 DataFrame。
- exog:自变量(解释变量),可以是一个一维或二维数组、Series 或 DataFrame。

OLS()构建了 OLS 模型对象后,可以通过调用.fit()方法来执行实际的拟合操作。例如,OLS(y, x).fit()表示使用 OLS 构建一个普通最小二乘线性回归模型,其中 y 是因变量,x 是自变量,然后通过.fit()方法对模型进行拟合。示例代码如下。

```
model = sm.OLS(y, x).fit()
```

(3) model.params。model.params 是 statsmodels OLS 拟合对象的属性,包含拟合模型的参数,即回归方程中的截距和各个自变量的系数。示例代码及释义如下。

```
intercept = model.params['const']  # 获取拟合结果中的截距
slope = model.params['产量(件)']    # 获取拟合结果的斜率
```

8.1.3 任务要求

(1) 根据任务背景,利用 statsmodels 库中的相关类或函数,对提供的数据表通过回归直线分析拟合维修费对于产量的固定成本和变动成本直线方程并输出结果。

(2) 假设 2024 年预计产量为 9000 件,测算维修费用,并输出计算结果。

8-1 混合成本的分解数据表

 实验数据

本实验数据保存在"8-1 混合成本的分解数据表"中。

8.1.4 任务解析

根据任务要求分析 Python 的编写流程,参考思路如下。

根据任务要求,Python 代码的编号分为以下步骤。

(1) 导入必要的库,包括:

- Pandas 库用于数据处理;
- statsmodels 库用于统计模型和测试。

注意在导入 statsmodels 库时，因为 statsmodels 库采用了模块化的设计，提供了不同的模块和子模块来组织其功能。可以采用 import statsmodels.api 的方式导入，api 是一个方便的入口点，直接从主模块中导入常用的对象和函数，而不必显式指定子模块。例如，在导入 OLS 回归模型时，如果不采用.api 的方式导入，则需要指定模块，代码如下。

```
import statsmodels.regression.linear_model as lm
model = lm.OLS(y, x).fit()
```

采用.api，则可以使用以下代码导入。

```
import statsmodels.api as sm
model = sm.OLS(y, x).fit()
```

(2) 利用 Pandas 库读取 DataFrame 文件。
(3) 通过 statsmodels 库进行回归分析并提取回归系数(截距与斜率)。
(4) 输出直线方程。
(5) 代入 2024 年销量数据(直线方程中的 x 值)，输出预测的 2024 年维修费用。
根据任务解析编写代码。

>>> **动手实践**

☐ 回归拟合并测算维修费

```
1   import pandas as pd
2   import statsmodels.api as sm
3
4   # 读取 Excel 文件
5   df = pd.read_excel("8-1 混合成本的分解数据表.xlsx")
6
7   # 进行回归直线分析
8   x = sm.add_constant(df['产量(件)'])
9   y = df['维修费(元)']
10  model = sm.OLS(y, x).fit()
11
12  # 提取回归系数(即截距与斜率)
13  intercept = model.params['const']
14  slope = model.params['产量(件)']
15
16  # 输出结果
17  print(f"截距 = {intercept:.2f}")
18  print(f"斜率 = {slope:.2f}")
19  print(f"直线方程: y = {intercept:.2f} + {slope:.2f}x")
20  print(f"2024 年预计维修费：{(intercept+slope*9000):.2f}")
```

视频 8-1

>>> **运行结果**

```
截距 = 1530.26
斜率 = 1.00
直线方程: y = 1530.26 + 1.00x
2024 年预计维修费：10485.56
```

8.2 保本分析

8.2.1 任务背景

乖乖宠物食品公司一直实行以销定产的生产制度，因此可以实现产销平衡。近期销售部门拟引进一款鱼肉罐头产品，管理层要求财务部门对引进该产品的相关固定成本、变动成本进行统计分析，并确定产品定价。

但销售部对于市场的接受程度只能确定一个最小值，到底能实现多少销量尚无法确定。因此，管理层要求财务部门就现有信息对产品进行保本分析，以结合市场信息分析该产品在最小销量下能否给企业带来盈利。

8.2.2 知识准备

1. 本量利的基本原理

本量利分析所考虑的相关因素主要包括销售量、单价、销售收入、单位变动成本、固定成本、营业利润等。这些因素之间的关系的计算公式为

$$利润 = 销售收入 - 总成本$$
$$= 销售收入 - (变动成本 + 固定成本)$$
$$= 销售量 \times 单价 - 销售量 \times 单位变动成本 - 固定成本 = 销售量 \times (单价 - 单位变动成本) - 固定成本$$

以上公式是明确表达本量利之间数量关系的基本关系式，含有 5 个相互联系的变量，给定其中 4 个变量，便可求出另外一个变量的值。本量利分析的基本原理就是在假设单价、单位变动成本和固定成本为常量及产销一致的基础上，将利润、产销量分别作为因变量与自变量，给定产销量，便可以求出其利润，或者给定目标利润，计算出目标产量。

2. 盈亏平衡分析(保本分析)的基本原理

所谓盈亏平衡分析(也称保本分析)，是指分析、测定盈亏平衡点，以及有关因素变动对盈亏平衡点的影响等，是本量利分析的核心内容。盈亏平衡分析的原理是，通过计算企业在利润为零时处于盈亏平衡的业务量，分析项目对市场需求变化的适应能力等。当企业的业务量等于盈亏平衡点的业务量时，企业处于盈亏平衡状态；当企业的业务量高于盈亏平衡点的业务量时，企业处于盈利状态；当企业的业务量低于盈亏平衡点的业务量时，企业处于亏损状态。通常，盈亏平衡分析包括单一产品的盈亏平衡分析和产品组合的盈亏平衡分析。

3. 本量利关系图及绘制

在进行本量利分析时，不仅可以通过数据计算出达到盈亏平衡状态时的销售量与销售额，还可以通过绘制本量利关系图的方法进行分析。在本量利关系图上，可以描绘出影响利润的因素，包括单价、销售量、单位变动成本、固定成本。因此，借助本量利关系图不仅可以得出达到盈亏平衡状态的销售量和销售额，还可以一目了然地观察到相关因素变动对利润的影响，从而有助于管理者进行各种短期经营决策。根据数据信息的差异和分析目的的不同，本量利关系图有多种表现形式，按照数据的特征和目的可以分为传统式、边际贡献式和利量式三种图形。

传统式本量利关系图是最基本、最常见的本量利关系图形。在直角坐标系中，以横轴表示销售量，以纵轴表示销售收入或成本，在纵轴上找出固定成本数值，即以(0,固定成本数值)为起点，绘制一条与横轴平行的固定成本线；以(0,固定成本数值)为起点，以单位变动成本为斜率，绘制总成

本线；总成本线和销售收入线的交点就是盈亏平衡点，如图 8-2 所示。

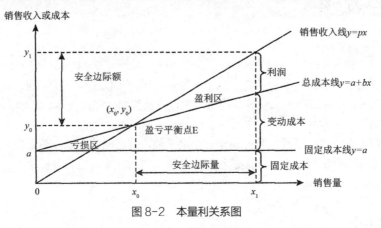

图 8-2 本量利关系图

通过结合使用 sign()、duff()、argwhere()，可以找到两条直接的交叉点。

(1) np.sign()。

【示例 1】np.sign()用于返回一个数组中各元素的符号信息：
- 如果输入元素为正数，返回 1；
- 如果输入元素为负数，返回-1；
- 如果输入元素为零，返回 0。

>>> 动手实践

- **np.sign 示例**

```
1  import numpy as np
2  arr = np.array([-2, 0, 3, -5, 1])
3  result = np.sign(arr)
4  print(result)
```

>>> 运行结果

```
[-1  0  1 -1  1]
```

(2) np.diff()。

【示例 2】np.diff()用于计算数组中元素之间的差值。对于一维数组，np.diff 返回相邻元素的差值。

>>> 动手实践

- **np.diff 示例**

```
1  arr = np.array([1, 3, 7, 11, 18])
2  result = np.diff(arr)
3  print(result)
```

>>> 运行结果

```
[2 4 4 7]
```

如果通过 np.sign()得到一个由-1、0、1 组成的数组，以 np.diff()计算各元素的差值，那么获取到的第一个非零的元素就是元素符号变动的前一个索引上的元素。

(3) np.argwhere()。

【示例 3】np.argwhere()用于查找数组中满足条件的元素的索引。np.argwhere()返回一个包含输入数组中非零元素索引的数组。具体而言，返回的数组的每一行表示一个非零元素的索引，每列对应于数组的一个维度。

>>> 动手实践

☐ np.argwhere 示例

```
1  arr = np.array([[1, 0, 0],
2                 [0, 2, 0],
3                 [0, 0, 3]])
4  result = np.argwhere(arr != 0)
5  print(result)
```

>>> 运行结果

```
[[0 0]
 [1 1]
 [2 2]]
```

【示例4】如果要取第一个非零元素的索引，可以用np.argwhere()[0][0]获取返回数组的第一个非零元素的索引。

>>> 动手实践

☐ np.argwhere 示例

```
1  arr = np.array([-1,-1,-1,0,1,1,1,1])
2  result1 = np.diff(arr)
3  result2 = np.argwhere(result1)[0][0]
4  print(result2)
```

>>> 运行结果

```
2
```

注意，由于用np.diff()计算result1的结果为[0 0 1 1 0 0 0]，因此result2获取的是result1的第一个非零元素的索引，结果为2。

另外，因原数组 arr 第一个为 0 的数值索引为 3，如果要查找原数组为 0 的索引，应在np.argwhere()[0][0]的结果上加1。这个计算逻辑在下面的任务中会用到。

8.2.3　任务要求

乖乖宠物食品公司管理层制定鱼肉罐头产品的销售单价为100元，财务部分析的该产品单位变动成本为60元，全年固定成本为200 000元。

根据以上信息绘制本量利关系图：以横轴为销量，纵轴为金额，生成销量范围数据，分别绘制销量与销售收入、销量与成本的直线，并标注两条直线交叉点为盈亏平衡点，输出盈亏平衡点的坐标。

8.2.4　任务解析

根据任务要求分析 Python 的编写流程，参考思路如下。

根据任务要求，Python 代码的编号分为以下步骤。

(1) 导入必要的库，包括：

☐ NumPy 用于数据统计；

☐ matplotlib.pyplot 用于可视化呈现。

(2) 定义已知数据：销售单价、单位变动成本和全年固定成本。
(3) 根据本量利分析等式自定义利润计算函数，其参数应为未知变量"销量"。
(4) 为绘制图形，需要生成销量数据，根据计算设置合适的销量范围以确保可以显示盈亏平衡点。
(5) 计算销售收入与销量、总成本与销量的直线。
(6) 利用本任务的知识准备中提到的 NumPy 函数找到盈亏平衡点。
(7) 使用 Matplotlib 绘制销售收入线、总成本线。在盈亏平衡点处添加红色散点，并显示图表。
根据任务解析编写代码。

>>> 动手实践

❑ 计算盈亏平衡点

```
1   import matplotlib.pyplot as plt
2   import numpy as np
3
4   # 已知数据
5   selling_price = 100        # 销售单价
6   variable_cost = 60         # 单位变动成本
7   fixed_cost =200000         # 全年固定成本
8
9   # 计算利润函数
10  def calculate_profit(quantity):
11      revenue = selling_price * quantity
12      total_cost = fixed_cost + variable_cost * quantity
13      profit = revenue -total_cost
14      return profit
15
16  # 生成销量数据
17  quantity_range = np.arange(0,20001)
18
19  # 计算销售收入与销量的直线
20  revenue_line = selling_price * quantity_range
21
22  # 计算总成本与销量的直线
23  total_cost_line = fixed_cost + variable_cost * quantity_range
24
25  # 找到盈亏平衡点
26  breakeven_point_quantity =
    np.argwhere(np.diff(np.sign(revenue_line-total_cost_line)))[0][0]+1
27  breakeven_point = (quantity_range[breakeven_point_quantity], \
    revenue_line[breakeven_point_quantity])
28
29  # 显示中文
30  plt.rcParams["font.family"] = "sans-serif"
31  plt.rcParams["font.sans-serif"] = "SimHei"
32  plt.rcParams["axes.unicode_minus"] = False
33
34  # 绘制本量利关系图
35  plt.plot(quantity_range, revenue_line, label='销售收入线')
36  plt.plot(quantity_range, total_cost_line, label='总成本线')
37  plt.scatter(*breakeven_point, color='red', label='盈亏平衡点')
38  plt.axhline(0, color='black',linewidth=0.5)
```

```
39    plt.axvline(0, color='black',linewidth=0.5)
40    plt.title('保本分析')
41    plt.xlabel('销量')
42    plt.ylabel('金额')
43    plt.legend()
44    plt.grid(color = 'gray', linestyle = '--', linewidth = 0.5)
45    plt.show()
46
47    # 显示盈亏平衡点坐标
48    print(f"盈亏平衡点：销量 = {breakeven_point[0]}, 销售额 = {breakeven_point[1]}")
```

>>> 运行结果

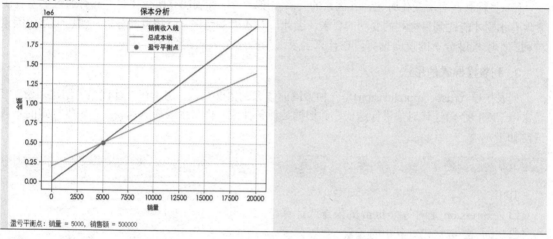

8.3 利润敏感性分析

8.3.1 任务背景

丁小弦大学毕业后回乡创业，承包了山地，用于种植一种新品种的葡萄。经过考察，该葡萄苗株耐寒抗旱且产量很高，预计市场售价为 10 元/公斤，葡萄园的固定成本为 7 万元，单位变动成本为 3 元/公斤，预计明年可产销葡萄 3 万公斤。

由于是新品种，丁小弦对于预计的销量、市场价格及成本的数据不是非常确定，因此想要分析各因素的变化对利润的影响程度，从而更好地进行成本管理及定价决策。

8.3.2 知识准备

1. 利润敏感性分析解决的问题

在计算盈亏平衡点时，假定单价、固定成本、单位变动成本等诸多因素均不变动，但实际上，这种静态平衡不可能维持很久，这些因素也往往会发生变化，如价格波动、成本升降等。所谓利润敏感性分析，就是研究本量利分析中影响利润的诸因素发生微小变化时，对利润的影响方向和程度。

本量利分析的基本内容是确定企业的盈亏平衡点，并规划目标利润。因此，基于本量利分析的利润敏感性分析主要应解决两个问题：一是各因素的变化对最终利润变化的影响程度；二是当目标利润要求变化时允许各因素的升降幅度。

(1) 各因素对利润的影响程度。各相关因素变化都会引起利润的变化，但其影响程度各不相同。如有些因素虽然只发生了较小的变动，却导致利润很大的变动，利润对这些因素的变化十分敏感，称这些因素为敏感因素。与此相反，有些因素虽然变动幅度很大，却有可能只对利润产生较小的影响，称为不敏感因素。反映各因素对利润敏感程度的指标为利润的敏感系数，其计算公式为

$$敏感系数 = \frac{利润变动百分比}{因素变动百分比}$$

敏感系数大于 0 的参数与目标值同向变化，小于 0 的参数与目标值反向变化。通常认为，敏感系数绝对值大于 1 的因素是敏感参数，小于 1 的因素是不敏感参数。

(2) 目标利润有所变化时允许各因素的升降幅度。当目标利润有所变化时，只有通过调整各因素现有水平才能达到目标利润变动的要求。因此，对各因素允许升降幅度的分析，实质上是各因素对利润影响程度分析的反向推算，在计算上表现为敏感系数的倒数。

2. 列表推导式的用法

列表推导式(list comprehension)是一种紧凑而强大的语法结构，用于在一行代码中创建列表。它通常用于对一个可迭代对象进行迭代，并根据某种条件或操作来生成新的列表。列表推导式的一般语法如下。

```
[expression for item in iterable if condition]
```

其中：
- expression 是对每个 item 的操作或计算；
- item 是可迭代对象中的元素；
- iterable 是可迭代对象(例如列表、字符串、元组等)；
- if condition 是可选的条件，用于过滤要包含在结果列表中的元素。

【示例 5】生成一个包含 0~9 的平方数的列表。

>>> 动手实践

□ 列表推导式
```
1  # 生成平方数列表
2  [x**2 for x in range(10)]
```

>>> 运行结果
```
[0, 1, 4, 9, 16, 25, 36, 49, 64, 81]
```

【示例 6】列表推导式也可以进行嵌套，创建一个包含布尔值的列表，布尔值表示在给定范围内的每个 x 是否等于相应的 y。

>>> 动手实践

□ 列表推导式嵌套
```
1  [x == y for x in range(3) for y in range(3)]
```

>>> 运行结果
```
[True, False, False, False, True, False, False, False, True]
```

上述代码的具体含义如下。
- 对于 x 等于 0，它比较 0 和 0、1、2：[True, False, False]。
- 对于 x 等于 1，它比较 1 和 0、1、2：[False, True, False]。
- 对于 x 等于 2，它比较 2 和 0、1、2：[False, False, True]。

因此最终返回结果：[True, False, False, False, True, False, False, False, True]。

3. "*"操作符

"*"操作符在 Python 中有多种用法，可用于解包(unpacking)序列或可迭代对象，在函数调用时传递参数。

【示例7】用"*"操作符传递函数的参数。

>>> 动手实践
- *传递参数

```
1  def example_function(a, b, c):
2      print(a, b, c)
3  # 使用解包传递参数
4  values = (7, 8, 9)
5  example_function(*values)
```

>>> 运行结果

```
7 8 9
```

【示例8】在 Python 中，True 被视为整数 1，而 False 被视为整数 0，用"*"操作符传递可迭代对象。

>>> 动手实践
- *传递可迭代对象

```
1  def calculate_example(a, b, c, d):
2      return a + b + c + d
3  calculate_example(*(x == y for x in range(2) for y in range(2)))
```

>>> 运行结果

```
2
```

上面这段代码中，x == y for x in range(2) for y in range(2)生成一个迭代器：True, False, False, True。传递给自定义函数的参数为 calculate_example(1,0,0,1)。因此，计算结果为 2。

8.3.3 任务要求

帮助丁小弦分析单价、单位变动成本、固定成本、销量等 4 个因素对利润的影响并进行可视化呈现(同步呈现单价、单位变动成本、固定成本、销量 4 个因素对利润的敏感系数，其中横轴为因素变动的百分比，纵轴为利润变动的百分比，斜率为敏感系数)。

8.3.4 任务解析

根据任务要求分析 Python 的编写流程，参考思路如下。
根据任务要求，Python 代码的编号分为以下步骤。

(1) 导入必要的库，包括：
- NumPy 用于数据统计；
- matplotlib.pyplot 用于可视化呈现。

(2) 定义已知信息：单价、单位变动成本、销量和全年固定成本。

(3) 定义各因素的变动百分比范围，主要是定义进行可视化呈现时横纵坐标的取值。

(4) 自定义利润计算函数，用于计算在各因素变动某个百分比时新的利润值。

(5) 通过本任务知识准备中提到的列表推导式和"*"操作符传递参数给利润计算函数，进行各因素敏感性分析。

(6) 绘制图形，也可以通过列表推导式和"*"操作符简化代码。

(7) 设置图形属性并显示图形，包括设置图形的标题、横纵坐标标题、添加图例、网络线等。

根据任务解析编写代码。

>>> **动手实践**

☐ 利润敏感性分析

```python
import numpy as np
import matplotlib.pyplot as plt

# 定义已知信息
selling_price, variable_cost, fixed_cost, quantity = 10, 3, 70000, 30000

# 定义敏感度分析的百分比变动范围
percentage_changes = np.linspace(-20, 20, 100)

# 计算利润
def calculate_profit(price_change=0, cost_change=0, fixed_cost_change=0, quantity_change=0):
    changes = np.array([price_change, cost_change, fixed_cost_change, quantity_change])
    new_values = np.array([selling_price, variable_cost, fixed_cost, quantity]) * (1 + changes / 100)
    return (new_values[0] - new_values[1]) * new_values[3] - new_values[2]

# 计算基础利润
base_profit = calculate_profit()

# 计算敏感系数
sensitivity_labels = ['单价', '单位变动成本', '固定成本', '销量']
sensitivity_results = [(calculate_profit(*[i == j for j in range(4)]) - base_profit) / base_profit * 100 for i in range(4)]
# 显示中文
plt.rcParams["font.family"] = "sans-serif"
plt.rcParams["font.sans-serif"] = "SimHei"
plt.rcParams["axes.unicode_minus"] = False

# 绘制敏感度分析图
fig, ax = plt.subplots(figsize=(10, 6))

# 绘制直线并标注敏感系数数值
for i in range(4):
```

```
35      slope = sensitivity_results[i]       # 敏感系数即为斜率
36      line = slope*percentage_changes # 因素不变时，利润不变，因此直线过原点，即截距为0
37      ax.plot(percentage_changes, line, label=f'{sensitivity_labels[i]}敏感系数：{slope:.2f}')
38
39  # 设置图表标题和标签
40  ax.set_title('利润敏感性分析')
41  ax.set_xlabel('因素变动百分比')
42  ax.set_ylabel('利润变动百分比')
43
44  # 添加图例
45  ax.legend()
46  ax.grid(True)
47
48  # 显示图表
49  plt.show()
```

>>> **运行结果**

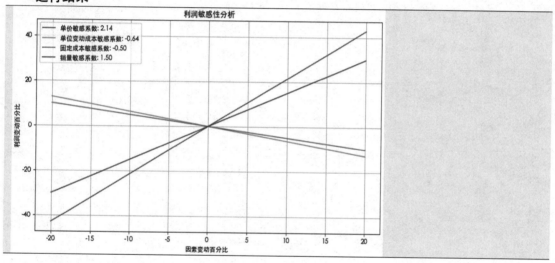

第 9 章 短期经营决策

📌 **学习目标**

1. 掌握追加订单的处理决策方法及应用
2. 掌握约束资源最优利用决策方法及应用
3. 掌握产品成本功能决策方法及应用
4. 掌握产品定价决策原理及线性回归模型的应用

📌 **学习导图**

学习导图如图 9-1 所示。

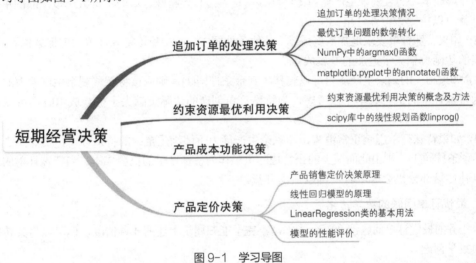

图 9-1　学习导图

9.1 追加订单的处理决策

9.1.1 任务背景

广东牛栏山冰箱公司生产 X 型号冰箱,具备年生产能力 50 000 台,售价 3000 元/台,财务核算的单位变动生产成本为 1300 元,详见表 9-1 所示。

表 9-1　成本费用信息

费用项目	金额
直接材料	800
直接人工	200
变动制造费用	300
合计	1300

X型号冰箱的固定制造费用为30 000 000元。企业本期已获得正常订单30 000台,现有某意向客户正在与销售人员商谈新订单事宜,经多次商谈,预计该客户愿意接受的价格仅为2000元/台,订单数量在5000~20 000台之间,销售人员咨询可以接受的最优订单数量。

该企业剩余20 000台冰箱的生产能力,当新增订单数量为5000台时,需要增加员工加班费等增量成本100元/台,之后订单数量每递增100件,需要在原增量成本的基础上再多支出增量成本5元/台。

➚ 知识准备

1. 追加订单的处理决策情况

企业往往会面对一些特殊的订货合同,这些订货合同的价格有时会低于市场价格,甚至低于平均单位成本。在决定是否接受这些特殊订货时,决策分析的基本思路是比较该订单所提供的边际贡献是否能够大于该订单所增加的相关成本。企业管理人员应针对各种不同情况,进行具体分析,并作出决策。

(1) 如果特殊订单不影响正常销售的完成,即利用剩余生产能力就可以完成特殊订单,又不需要追加专属成本,而且剩余生产能力无法转移。这时,只要特殊订单的单价大于该产品的单位变动成本,就可以接受该特殊订单。

(2) 如果特殊订单要求追加专属成本,其他条件同(1),则接受该特殊订单的前提条件就应该是:该方案的边际贡献大于追加的专属成本。

(3) 如果相关的剩余生产能力可以转移,其余条件同(1),则应该将转移剩余生产能力的可能收益作为特殊订单的机会成本予以考虑,当特殊订单创造的边际贡献大于机会成本时,可以接受该订货。

(4) 如果特殊订单影响正常销售,即剩余生产能力不够满足全部的特殊订单,从而减少正常销售,其余条件同(1),则由此而减少的正常边际贡献作为特殊订单的机会成本。当特殊订单的边际贡献足以补偿这部分机会成本时,可以接受订货。

2. 最优订单问题的数学转化

本任务的最优订单问题涉及混合成本,不完全能归属于上述的4种情况,但可以将其转换为抛物线的数学问题。

任务中给出的条件较多,但只需要提取与决策相关的信息。如果设置接受订单的增量利润为y,设置接受订单的数据为x,通过任务信息提取y与x的方程式为

$$y=(售价2000-变动成本1300-增量成本100)\times x-\frac{(x-5000)}{100}\times x$$

简化后为一元二次方程,即一段抛物线,方程为

$$y=850x-\frac{x^2}{20}$$

3. NumPy中的argmax()函数

argmax()是NumPy库中的一个函数,用于找到数组中最大值的索引。

【示例 1】用 argmax()找到数组中最大值的索引。

>>> 动手实践

□ 找到最大索引

```
1  import numpy as np
2  array = np.array([1, 5, 3, 9, 2])
3  max_index = np.argmax(array)
4  print(f"最大值的索引：{max_index}")
```

>>> 运行结果

最大值的索引：3

4. matplotlib.pyplot 中的 annotate()函数

annotate()函数用于在图形上添加注释，基本语法如下：

```
plt.annotate(text, xy, xytext, arrowprops, **kwargs)
```

其中：
- text 为注释文本内容；
- xy 为要注释的点的坐标，是一个包含两个元素的元组(x, y)；
- xytext 为注释文本的位置，也是一个包含两个元素的元组(x, y)；
- arrowprops 为一个字典，用于指定箭头的样式和其他属性，例如，颜色、线型等。

【示例 2】在折线图中标注一个点。

>>> 动手实践

□ 在折线图上标注点

```
1   import matplotlib.pyplot as plt
2
3   # 显示中文
4   plt.rcParams["font.family"] = "sans-serif"
5   plt.rcParams["font.sans-serif"] = "SimHei"
6   plt.rcParams["axes.unicode_minus"] = False
7   # 创建一个简单的折线图
8   x = [1, 2, 3, 4, 5]
9   y = [2, 4, 6, 8, 10]
10  plt.plot(x, y, label='折线')
11  # 在图上标注一个点
12  plt.scatter(3, 6, color='red', label='标注点')
13  # 添加注释
14  plt.annotate('标注点 (3, 6)',
15               xy=(3, 6),
16               xytext=(4, 8),
17               arrowprops=dict(arrowstyle='->', color='blue'),
18               fontsize=10,
19               color='green')
20  # 设置图例
22  plt.legend()
23  # 显示图形
24  plt.show()
```

>>> 运行结果

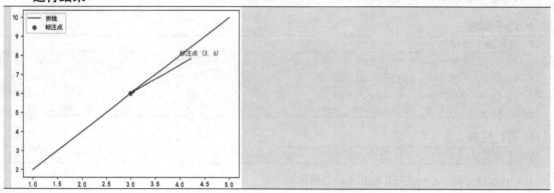

9.1.2 任务要求

用 Python 求解可以接受的最优订单量,以及对应的可以增加的利润,并进行可视化呈现。

9.1.3 任务解析

根据任务要求分析 Python 的编写流程,参考思路如下。

根据任务要求,Python 代码的编号分为以下步骤。

(1) 导入必要的库,包括:
- NumPy 用于数据统计;
- matplotlib.pyplot 用于可视化呈现。

(2) 根据任务背景中的信息设置初始利润、增量成本和初始订单量的变量。

(3) 定义增量利润与追加订单量的方程式函数。

(4) 根据订单量的范围生成订单量数据,并利用自定义函数生成增量利润的值。

(5) 绘制抛物线图形,可使用 plt.plot(横轴为订单量,纵轴为利润)。

(6) 使用 NumPy 的 argmax 函数找到利润数组中的最大值索引,然后获取对应的订单量和利润值。

(7) 使用 plt.scatter 在最大利润点上绘制一个红色的散点,并使用 plt.annotate 在该点添加标签。

(8) 最后显示图例和图形。

根据任务解析编写代码。

视频 9-1

>>> 动手实践

- 计算可接受的最优订单量

```
1   import matplotlib.pyplot as plt
2   import numpy as np
3
4   # 参数设置
5   initial_margin = 2000 - 1300 - 100    # 增量利润 = 单价-原变动成本-增量成本
6   additional_cost = 5                    # 每递增 100 台订单增加的成本
7   initial_order = 5000                   # 初始订单量
8
9   # 定义 profit 函数
10  def profit_function(order_quantity):
11      return initial_margin * order_quantity - additional_cost * \
```

```
12              ((order_quantity - initial_order) / 100) * order_quantity
13
14   # 生成一系列订单量
15   order_quantities = np.arange(0, 20000, 1)
16
17   # 计算对应订单量下的利润值
18   profits = [profit_function(order_quantity) for order_quantity in
19   order_quantities]
20
21   # 显示中文
22   plt.rcParams["font.family"] = "sans-serif"
23   plt.rcParams["font.sans-serif"] = "SimHei"
24   plt.rcParams["axes.unicode_minus"] = False
25
26   # 绘制抛物线图形
27   plt.plot(order_quantities, profits, label='利润线')
28
29   # 找到顶点坐标(最大利润点)
30   max_profit_index = np.argmax(profits)
31   max_profit_order_quantity = order_quantities[max_profit_index]
32   max_profit_value = profits[max_profit_index]
33
34   # 添加标签和标题
35   plt.xlabel('订单量')
36   plt.ylabel('增量利润')
37
38   # 标注顶点坐标
39   plt.scatter(max_profit_order_quantity, max_profit_value, color='red',
     label='最优订单量')
40   plt.annotate(f'\n最优订单量: {max_profit_order_quantity}\n最大增量利润:
     {max_profit_value}',
                 xy=(max_profit_order_quantity, max_profit_value),
                 xytext=(max_profit_order_quantity + 50, max_profit_value + 500))
41
42   # 显示图例
43   plt.legend()
44   # 显示图形
45   plt.show()
```

>>> **运行结果**

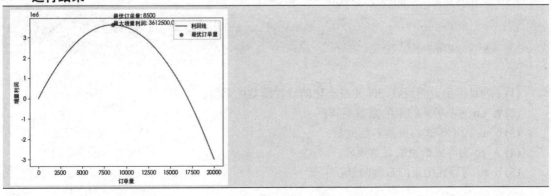

9.2 约束资源最优利用决策

9.2.1 任务背景

喵喵宠物食品公司生产三类共 15 项产品，同时，该企业生产环节中存在一些约束因素，包括受烘干隧道、饲料自动生产线、切片/成型机、杀菌釜、滚揉机、包装线-Aug 6 类设备的最大工时，以及直接人工的最大工时共 7 项因素的限制。

每项产品的预计销量、单位边际贡献，以及上述受限资源的单位用量、各项资源的年度工人工时数详见"9-2-1 产品信息表"。

➔ 知识准备

1. 约束资源最优利用决策的概念及方法

约束资源，是指企业实际拥有的资源能力小于需要的资源能力的资源，即制约企业生产经营目标的瓶颈资源，也称最紧缺资源，如流动资金、原材料、劳动力、生产设备、技术等要素及要素投入的时间安排等。

每个单位都有自己的最紧缺资源，有的企业最缺乏关键技术人才，有的企业最缺乏关键设备，有的企业最缺资金，有的企业最缺水，有的企业最缺电。约束资源满足不了企业的所有需要，因资源有限，就存在企业如何来安排生产的问题，即优先生产哪种产品，才能最大限度地利用好约束资源，让企业产生最大的经济效益。我们把这种决策称为约束资源最优利用决策。这类决策也是企业在日常生产经营中经常会遇到的决策问题。

在这类决策中，通常是短期的日常的生产经营安排，因此固定成本对决策没有影响，或者影响很小。决策原则主要是考虑如何安排生产才能最大化企业总的边际贡献，这里需要运用一个核心指标：单位约束资源边际贡献。它等于单位产品边际贡献除以该单位产品耗用的约束资源量，计算公式为

$$单位约束资源边际贡献 = \frac{单位产品边际贡献}{该单位产品耗用的约束资源量}$$

使用单位约束资源边际贡献进行决策的方法可称为单位约束资源边际贡献分析法，本质上是一种边际贡献分析法。

2. scipy 库中的线性规划函数 linprog()

线性规划是一种数学优化方法，linprog()用于最小化或最大化线性目标函数，同时满足一组线性等式和不等式约束。linprog()函数的基本用法如下。

```
scipy.optimize.linprog(c, A_ub=None, b_ub=None, A_eq=None, b_eq=None, bounds=None, method='simplex')
```

其中：

(1) c 为目标函数的系数，即要最小化的线性函数的系数；

(2) A_ub 为不等式约束的系数矩阵；

(3) b_ub 为不等式约束的右侧向量；

(4) A_eq 为等式约束的系数矩阵；

(5) b_eq 为等式约束的右侧向量；

(6) bounds 为变量的取值范围，可以指定每个变量的上下限；

(7) method 为求解线性规划问题的算法，可以选择 'simplex'(单纯形法)或 'highs'(HiGHS 方法)。'simplex' 更适用于小到中等规模的问题；'highs' 是一种更先进的线性规划求解方法，适用于大规模的线性规划问题。

【示例 3】假设某人正在制作一份营养食谱，共有三种食物可供选择，每份食物都有不同的营养价值，每种食物最多可能选 2 磅。他希望在一定的热量控制和费用控制下通过最大化营养价值来优化选择。以下是相关限制条件。

```
# 每种食物的热量
calorie=[1, 2, 3]
# 每种食物的费用
cost=[10, 25, 15,]
# 每种食物的营养价值
nutritional=[2, 5, 3]
# 允许摄入的总热量
total_calorie=6
# 可用的总预算
total_budget=60
```

可以使用 linprog()来解决这个问题，具体如下。

❑ 假设每种食物可取用的重量分别为 x0、x1、x2，则目标函数是最大化总营养价值，由于 linprog() 只解决最小化问题，在求解最大化问题时，需要在目前函数前加负号，即 -nutritional [0]*x0-nutritional [1]*x1-nutritional [2]*x2。

❑ 约束条件包括总时间不能超过 total_calorie，总费用不能超过 total_budget，以及每个项目的数量不能超过 2 磅，即在(0，2)之间。

编写 Python 代码，用 linprog()解决上述问题。

>>> 动手实践

❑ **linprog()函数应用**

```
1  from scipy.optimize import linprog
2
3  # 目标函数，求解食物搭配的最大营养价值
4  fun_level = [-2, -5, -3]   # 注意这里是负数，因为 linprog 是最小化问题
5
6  # 约束矩阵和右侧向量
7  A_ub = [
8      [1, 2, 3],             # 每份食物的热量，即 1*x0 - 2*x1 + 3*x2 <= 6
9      [10, 25, 15],          # 每份食物的成本，即 10*x0 + 25*x1 - 15*x2 <= 60
10     ]
11
12 b_ub = [6, 60]  # 总热量和总成本限制
13
14 # 决策变量的取值范围，每份食物最多取食 2 磅
15 bounds = [(0, 2), (0, 2), (0, 2)]
16
17 # 定义线性规划问题
18 result = linprog(c=fun_level, A_ub=A_ub, b_ub=b_ub, bounds=bounds,
```

```
        method='highs')
19
20  # 输出结果
21  print("最大营养价值:", -result.fun)   # 这里要取负号,因linprog是最小化问题
22  print(f"食谱方案:",result.x)
```

>>> 运行结果

```
最大营养价值: 12.0
食谱方案: [0.        2.        0.66666667]
```

上面代码中调用 linprog()函数来求解,将问题的参数传递给函数。函数返回一个结果对象给 result,其中 x 成员包含最优解的坐标,fun 成员包含目标函数的最优值,即将食物 2 取 2 磅,食物 3 取 0.66666667 时的营养价值最高(为 12.0)。

9.2.2 任务要求

根据本任务提供的实验数据,利用 Python 求解在不超过各受限资源最大工时的基础上,可以获得最大边际贡献的产品生产组合。

↗ 实验数据

本次实验数据包括以下两个表(扫描二维码获取):
- ❑ 9-2-1 产品信息表;
- ❑ 9-2-2 资源统计表。

9-2-1 产品信息表

9-2-2 资源统计表

↗ 任务解析

根据任务要求分析 Python 的编写流程,参考思路如下。

根据任务要求,Python 代码的编号分为以下步骤。

(1) 导入必要的库,包括:
- ❑ NumPy 用于数据统计;
- ❑ Pandas 用于读取和处理数据;
- ❑ scipy.optimize.linprog 用于线性规划的函数。

(2) 使用 Pandas 的 read_excel 函数从 Excel 文件中读取本任务提供的两张数据表。

(3) 构建不等式约束矩阵和右侧向量:从产品信息表中选择除了前 5 列之外的所有列为约束矩阵,并注意需要进行转置;从资源统计表中选择"最大工时"列为右侧向量。

(4) 设置决策变量的范围,其上限不超过产品信息表中"预计销量"列提供的数据。

(5) 使用 linprog()函数解决线性规划问题。传入目标函数的系数向量、不等式约束矩阵、不等式右侧向量、决策变量的范围,以及指定求解方法为 HiGHS 方法。

(6) 输出求解状态和最优解。遍历每个产品的最优销量并输出,最后输出合计最大边际贡献(注意:由于 linprog()求解的是最小化问题,输出时应为求解数据的负值)。

根据任务解析编写代码。

>>> 动手实践
❑ 最大边际贡献的产品生产组合

```
1   import numpy as np
2   import pandas as pd
3   from scipy.optimize import linprog
4
5   # 读取数据表
6   products = pd.read_excel("9-2-1 产品信息表.xlsx")
7   resources = pd.read_excel("9-2-2 资源统计表.xlsx")
8
9   # 构建目标函数的系数向量
10  c = -products["单位边际贡献"]
11
12  # 构建不等式约束矩阵和右侧向量
13  A_ub = np.array(products.iloc[:, 5:]).T
14  b_ub = np.array(resources["最大工时"])
15
16  # 设置决策变量的范围
17  bounds = [(0, quantity) for quantity in products["预计销量"]]
18
19  # 求解线性规划问题
20  result = linprog(c, A_ub=A_ub, b_ub=b_ub, bounds=bounds, method='highs')
21
22  # 输出结果
23  print("Status:", result.message)
24  print("Optimal Solution:")
25  for i, quantity in enumerate(result.x):
26      print(f"{products.loc[i, '产品名称']}: {int(quantity)} 吨")
27
28  print(f"合计最大边际贡献:{-result.fun:.2f}")
```

>>> 运行结果

```
Status: Optimization terminated successfully. (HiGHS Status 7: Optimal)
Optimal Solution:
鸡肉片: 1356 吨
鸡肉钙骨: 1025 吨
鸡肉卷鳕鱼: 789 吨
三明治: 1971 吨
鸡肉哑铃: 1640 吨
牛肉罐头: 1182 吨
角切鸡肉: 0 吨
犬用鲜封包: 440 吨
清香鳕鱼角切: 969 吨
鸡肉慕斯: 94 吨
幼猫猫粮: 0 吨
成猫猫粮: 1175 吨
小型犬幼犬粮: 620 吨
贵宾犬幼犬粮: 1932 吨
中大型犬幼犬粮: 0 吨
合计最大边际贡献:86517652.16
```

9.3 产品成本功能决策

9.3.1 任务背景

时间工匠是一家手表制造商，设计部门正在研究是否增加新款手表的功能，现有 4 项可添加的功能，包括光波、防水、蓝牙、心率测试，其功能的增量成本如表 9-2 所示。

表 9-2　手表功能的增量成本

	光波	防水	蓝牙	心率
成本	187	133	29	88

时间工匠拟就每两项功能之间哪一项功能相对更为重要，征求用户的意见。例如，让用户在光波和夜光之间选择更为重要的一项，用户选择较为重要的得 1 分，否则为 0 分。然后，根据功能评分和成本信息评估其价值，以确定添加的优先顺序。

9.3.2 知识准备

在保证产品质量的前提下，改进产品设计结构可以大大降低产品成本。国内外有关资料显示，通过改进产品设计结构所降低的成本数额占事前成本决策取得成本降低额的 70%～80%。可见，大力推广功能成本决策，不仅可以保证产品必要的功能及质量，而且可以确定努力实现的目标成本，从而降低产品成本。产品功能成本决策是将产品的功能(产品所担负的职能或所起的作用)与成本(为获得产品一定的功能必须支出的费用)对比，寻找降低产品成本途径的管理活动。其目的在于以最低的成本实现产品适当的、必要的功能，提高企业的经济效益。

产品功能与成本之间的比值关系称为价值，计算公式为

$$价值(V) = \frac{功能(F)}{成本(C)}$$

从上式可以看出，以更小的成本开发更好的功能可以提高产品价值。因此，需要对功能进行量化评价，以方便不同功能的比较。功能评价的基本方法主要有评分法和强制确定法。评分法是按产品或零部件的功能重要程度打分，通过确定不同方案的价值系数来选择最优方案。

强制确定法也称为一对一比较法或"0"-"1"评分法，就是把组成产品的功能排列起来，一对一进行对比，凡功能相对重要的功能得 1 分，功能相对不重要的功能得 0 分。然后，将全部零件得分总数除以各零件得分总数，即可求得零件的功能评价系数，计算公式为

$$各功能评价系数=该功能评价得分÷总得分$$

在功能评价系数确定后，应计算各零件的成本系数和价值系数，计算公式为

$$各功能成本系数=该功能的增量成本÷总的增量成本$$
$$各功能价值系数=该功能的评价系数÷该功能的成本系数$$

价值系数表示功能与成本之比，如果需要在各功能之间选择，应选价值系数较高的功能。

↗ 任务要求

根据用户输入的对比信息，求解各功能的价值系数，并按大小进行排序。

↗ 任务解析

根据任务要求分析 Python 的编写流程，参考思路如下。

根据任务要求，Python 代码的编写分为以下步骤。

(1) 先定义待评估的功能列表和初始得分列表 scores，给每个功能的初始得分赋值为 0，然后以字典的形式定义功能成本。

(2) 先通过自定义一个函数获取用户对于两个功能之间偏好的输入，并返回用户的选择；然后通过循环执行获取用户输入信息，以简化代码。

(3) 使用嵌套循环，对于每两个功能的组合，调用步骤(2)定义的函数获取用户的选择，并根据选择更新相应功能的得分。如果用户选择第一个功能，增加第一个功能的得分；否则增加第二个功能的得分。

(4) 计算所有功能的得分总和与成本总和。

(5) 依次计算每个功能的评价系数、成本系数和价值系数。

(6) 对价值系数进行降序排序，并输出结果。

根据任务解析编写代码。

>>> **动手实践**

❑ **求解产品功能的价值系数**

```python
1   # 定义功能名称和初始得分
2   features = ['光波', '防水', '蓝牙', '心率']
3   scores = [0, 0, 0, 0]
4   
5   # 定义用户选择的提示信息
6   def get_user_input(feature1, feature2):
7       print(f"在{feature1}和{feature2}这两项功能中,请问您更偏向于哪一项？{feature1}输入 1, {feature2}输入 2: ")
8       return int(input())
9   
10  # 根据用户选择更新得分
11  for i in range(len(features)):
12      for j in range(i + 1, len(features)):
13          x = get_user_input(features[i], features[j])
14          if x == 1:
15              scores[i] += 1
16          else:
17              scores[j] += 1
18  
19  # 计算总得分
20  total_score = sum(scores)
21  
22  # 定义功能成本
23  costs = {'光波': 187, '防水': 133, '蓝牙': 29, '心率': 88}
24  
25  # 计算总成本
26  total_cost = sum(costs.values())
27  
28  # 计算评价系数和成本系数
29  evaluation_coefficients = {feature: score / total_score for feature, score in zip(features, scores)}
30  cost_coefficients = {feature: cost / total_cost for feature, cost in costs.items()}
31  # 计算价值系数
```

```
32    value_coefficients = {feature: evaluation_coefficients[feature] /
      cost_coefficients[feature] for feature in features}
33
34    # 对价值系数进行排序
35    sorted_values = sorted(value_coefficients.items(), key=lambda x: x[1],
      reverse=True)
36
37    # 输出排序后的结果
38    for i, (feature, value) in enumerate(sorted_values, 1):
39        print(f"价值排第{i}位的为：{feature}")
40        print(f"价值系数为：{round(value, 3)}\n")
```

>>> **运行结果**

在光波和防水这两项功能中，请问您更偏向于哪一项？光波输入1，防水输入2：
1
在光波和蓝牙这两项功能中，请问您更偏向于哪一项？光波输入1，蓝牙输入2：
1
在光波和心率这两项功能中，请问您更偏向于哪一项？光波输入1，心率输入2：
1
在防水和蓝牙这两项功能中，请问您更偏向于哪一项？防水输入1，蓝牙输入2：
1
在防水和心率这两项功能中，请问您更偏向于哪一项？防水输入1，心率输入2：
1
在蓝牙和心率这两项功能中，请问您更偏向于哪一项？蓝牙输入1，心率输入2：
1
价值排第1位的为：蓝牙
价值系数为：2.511

价值排第2位的为：光波
价值系数为：1.168

价值排第3位的为：防水
价值系数为：1.095

价值排第4位的为：心率
价值系数为：0.0

9.4 产品定价决策

9.4.1 任务背景

喵喵宠物食品公司发现其客户群体对价格非常敏感，定价与销量之间存在较强的反向关系。喵喵宠物食品公司统计了近年来的历史销售数据(见9-4产品定价决策数据表)，拟利用Python通过线性回归模型拟合一条关于价格与销量的直线，通过价格与销量的关系直线得到可以使收入最大的定价。

9.4.2 知识准备

1. 产品销售定价决策原理

产品销售定价决策是企业生产经营活动中一个极为重要的问题，它关系生产经营活动的全局。作为一种重要的竞争工具，销售价格在竞争激烈的市场上往往可以作为企业的制胜武器。在市场经济环境中，产品的销售价格是由供需双方的力量对比所决定的。

在企业的销售定价决策过程中，我们学习过成本加成法、市场定价法等定价决策方法，随着信息技术的飞速发展，可以加持大数据挖掘模型以做出更精准的定价决策。

2. 线性回归模型的原理

线性回归的基本原理是通过最小化实际观测值与模型预测值之间的残差平方和来找到最佳拟合直线。残差平方和是指线性回归模型预测值与实际观测值之间差异的平方和，可以通过最小二乘法得到。

最小二乘法的目标是最小化残差平方和公式为

$$\text{minimize} \sum_{i=1}^{n}(y_i - \hat{y}_i)^2$$

其中，y_i 是实际观测值，$\hat{y}_i$ 是模型的预测值。

线性回归模型的预测公式为

$$\hat{y} = \beta_0 + \beta_1 x_1 + \beta_2 x_2 + \cdots + \beta_n x_n$$

其中，β_0 是截距，β_1、β_2、$\cdots$、β_n 是特征的系数。

通过调整这些系数，模型会尽量拟合输入特征与输出目标之间的线性关系。

3. LinearRegression 类的基本用法

LinearRegression 是 scikit-learn 库中用于实现线性回归模型的类。线性回归是一种用于建模和预测连续数值输出的监督学习算法。其基本用法如下。

(1) 导入库。

```
from sklearn.linear_model import LinearRegression
```

(2) 创建模型对象。

```
model=LinearRegression()
```

(3) 拟合模型。

```
model.fit(X, y)
```

其中：
- x 为输入特征的二维数组或矩阵；
- y 为输出目标的一维数组。

例如，在构建价格对销量的线性模型时，价格为自变量，即 x，销量为因变量，即 y。

(4) 模型预测。

```
y_pred=model.predict(X_new)
```
模型构建后可以输入新的 x，从而得到预测的 y 值。

4. 模型的性能评价

评价模型性能的作用主要是为了帮助用户了解模型在解决特定问题上的效果，是否具备必要的泛化能力，并且可以用于比较不同模型之间的优劣。在线性回归模型中，常用的性能评价指标包括均方根误差(RMSE)和决定系数(R-squared)。

1) 均方根误差(RMSE)

均方根误差(RMSE)是预测值与实际观测值之间差异的平方均值的平方根。RMSE 越小，表示模型的预测值与实际值之间的差异越小。RMSE 的应用代码如下。

```
from sklearn.metrics import mean_squared_error
rmse=np.sqrt(mean_squared_error(y_true, y_pred))
```

其中，y_true 表示实际值；y_pred 表示模型的预测值。

2) 决定系数(R-squared)

决定系数(R-squared)用于衡量模型对总方差的解释程度，即模型可以解释目标变量方差的比例。其计算方式是实际值与预测值之间的残差平方和占实际值与均值之间的总平方和的比例。

R-squared 常用于线性回归模型的评价。在解释性强的模型中，R-squared 接近 1，表示模型能够较好地解释目标变量的变化。在实际应用中，需要谨慎使用 R-squared，因为它可能对模型过度拟合敏感。

过度拟合是指模型在训练阶段过分复杂，以至于学到了训练数据中的噪声和随机性，而导致在新数据上的泛化性能下降。当模型过度拟合时，它可能在训练数据上表现得非常好，但在未见过的数据上表现较差。这是因为模型过于复杂，已经记住了训练数据中的特定细节和噪声，而不是学到了普适性的规律。当引入新的、稍微不同的数据时，过度拟合的模型可能无法正确泛化，因为它对训练数据中的细微变化非常敏感。

R-squared 的应用代码如下。

```
from sklearn.metrics import r2_score
r2=r2_score(y_true, y_pred)
```

9.4.3 任务要求

根据提供的数据表，利用线性回归模型拟合直线并进行可视化呈现，同时根据模型判断喵喵宠物食品公司将产品定价为多少，可以让其总收入最大。

↗ 实验数据
9-4 产品定价决策数据表

9-4 产品定价
决策数据表

9.4.4 任务解析

根据任务要求分析 Python 的编写流程，参考思路如下。

根据任务要求，Python 代码的编写分为以下步骤。

(1) 导入所需的库：
- Pandas 用于数据处理；
- matplotlib.pyplot 用于可视化；

❑ LinearreGression 用于构建线性回归模型。

(2) 利用 Pandas 读取任务中的 Excel 数据表，并从中提取价格(作为特征 X)和销量(目标变量 y)的数据。

(3) 创建一个线性回归模型对象，并使用 fit 方法拟合模型，使其学习训练数据中价格和销量之间的线性关系。

(4) 使用训练好的模型对价格进行预测，将预测结果保存在 DataFrame 中。

(5) 使用 Matplotlib 可视化数据。可以用散点图显示实际销量，用红色线条表示线性回归模型的拟合结果，同时设置轴标签、标题和图例等。

(6) 以价格和模型预测的销量计算收入，可以通过 idxmax()方法得到收入最大值及对应的价格并输出。

根据任务解析编写代码。

>>> **动手实践**

❑ **产品定价决策**

```
1   import pandas as pd
2   import matplotlib.pyplot as plt
3   from sklearn.linear_model import LinearRegression
4   
5   # 读取 Excel 数据
6   excel_file = "9-4 产品定价决策数据表.xlsx"
7   df = pd.read_excel(excel_file)
8   
9   # 提取价格和销量数据
10  X = df[['价格']]
11  y = df['销量']
12  
13  # 构建线性回归模型
14  model = LinearRegression()
15  model.fit(X, y)
16  
17  # 预测销量
18  df['销量预测'] = model.predict(X)
19  
20  # 显示中文
21  plt.rcParams["font.family"] = "sans-serif"
22  plt.rcParams["font.sans-serif"] = "SimHei"
23  plt.rcParams["axes.unicode_minus"] = False
24  
25  # 可视化线性回归拟合结果
26  plt.scatter(X, y, label='实际销量')
27  plt.plot(X, df['销量预测'], color='red', label='线性回归拟合')
28  plt.xlabel('价格')
29  plt.ylabel('销量')
30  plt.title('价格与销量线性关系拟合')
31  plt.legend()
32  plt.show()
33  
34  # 找出合适的定价以使收入最大
35  df['收入'] = df['价格'] * df['销量预测']
```

```
36    optimal_price_index = df['收入'].idxmax()
37    optimal_price = df.at[optimal_price_index, '价格']
38    max_revenue = df.at[optimal_price_index, '收入']
39
40    print(f"最大收入对应的定价为：{optimal_price}")
41    print(f"最大收入为：{max_revenue:.2f}")
```

>>> **运行结果**

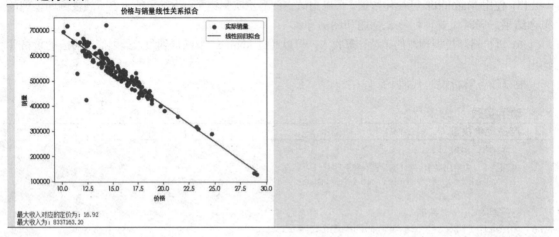

第 10 章 财务报表分析

> **学习目标**
> 1. 掌握报表项目结构分析相关知识
> 2. 掌握报表项目趋势分析相关知识
> 3. 掌握财务指标分析相关知识
> 4. 掌握杜邦分析相关知识

> **学习导图**

学习导图如图 10-1 所示。

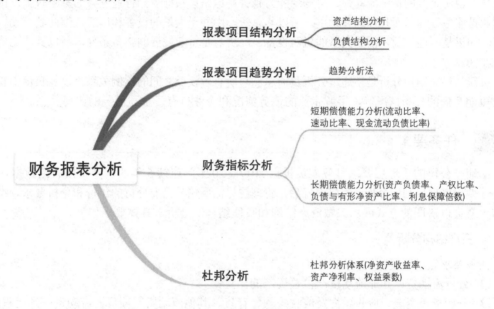

图 10-1 学习导图

10.1 报表项目结构分析

10.1.1 任务背景

公司管理层需要财务人员提供资产负债表的结构分析数据,帮助管理层判断企业目前的资产负债表的结构是否合理,为了能够保证企业长期健康的发展,管理层需要根据结构分析的结果来做出资产结构和负债结构的调整决策。因此,财务人员在工作中需要随时根据管理层决策需求,快速提供资产负债表的结构分析的可视化结果。此时,财务人员可以通过 Python 编写资产负债表的结构分析程序,从而在工作中快速地根据管理层需要提供分析数据。

思考

分组讨论财务人员在做资产负债表的结构分析时,会重点做哪些结构分析?

答案

10.1.2 知识准备

企业的资产和负债是从两个不同角度反映同一经营活动的两种记录。资产是反映企业可支配资金的多少,通过现金、存货、固定资产等形式反映资金存在的状况;而负债是企业资金取得的途径,反映的是资产筹集的来源,如短期借款、长期借款等。

资产负债表结构分析,是指通过分析报表各个组成部分占总资产的比率,来评价和衡量企业的财务状况。

资产负债表资产结构分析,是指通过分析企业的流动资产、长期投资、固定资产、无形资产及其他资产占资产总额的比重,了解企业的资产结构是否合理。一般来说,流动资产占资产总额的比例越高,说明企业的资金流动性、可变现能力越强,但是该指标受到行业差异的影响较大。例如,餐饮业是服务行业,而且以送餐为主,所以其总资产中并无大量的设备和厂房,因此其流动资产率较高。如果是制造行业,由于大量的机器设备、厂房等是企业发展的必备条件,所以其流动资产率一般在30%左右。

负债与权益结构分析是指通过分析负债总额与所有者权益之间的比例关系,以及负债中长期负债与短期负债的分布情况等,了解企业的债务情况和企业自有资金与债务的比率关系。

10.1.3 任务要求

A 地产公司的管理层要求财务人员根据 2017—2021 年连续 5 年的资产负债表的数据,通过 Python 做报表项目结构分析。程序编好后,管理层只需要输入需要分析的年份和分析要求,结构分析结果就会以饼图的方式展示。做资产结构和负债结构的分析,具体要求如下。

1. 资产结构分析

任务要求做以下资产结构分析:

☐ 分析流动资产和非流动资产占总资产的比重;

☐ 分析货币资金、应收票据及应收账款、存货、其他流动资产项目占流动资产的比重;

☐ 分析长期股权投资、固定资产、无形资产、商誉、其他非流动资产项目占非流动资产的比重。

2. 负债结构分析

任务要求做以下负债结构分析:

☐ 分析流动负债和非流动负债占总负债的比重;

☐ 分析预收账款、合同负债、应付票据及应付账款、其他流动负债项目占流动负债的比重;

☐ 分析长期借款、应付债券、租赁负债、其他非流动负债占非流动负债的比重。

管理层希望程序编写完成后,实现的分析效果如图 10-2 所示。

第 10 章 财务报表分析

```
可输入的正确年份范围是[2017—2021]，请输入要分析的年份：2020
可以按以下说明，选择合适的分析类型编号输入，来获取报表结构分析的结果。
1：资产结构分析
2：负债结构分析
请输入要分析的编号：1
```

图 10-2　使用 Python 程序做资产结构和负债结构分析

▎ 实验数据

本任务提供"10-1-企业资产负债表-东方财富-A.xlsx"作为实验数据(扫描右侧二维码获取)。

10-1-企业资产负债表-东方财富-A

10.1.4　任务解析

任务编码思路如下。

(1) 通过 input 函数获取需要分析的年份和分析类型。
(2) 通过 Pandas 读取 Excel 中资产负债表 5 年的数据。
(3) 通过 Pandas 中的 DataFrame 获取要分析的报表项目的数据。
(4) 调用 Pyplot 的 subplot()和 pie()绘制图像。
根据任务解析编写代码。

视频 10-1

>>> 动手实践

□　报表项目结构分析

```
1   # 报表项目结构分析
2   import matplotlib.pyplot as plt
3   import pandas as pd
4
5   plt.rcParams["font.sans-serif"] = ["SimHei"]
6   plt.rcParams["axes.unicode_minus"] = False
7
8   # 获取输入的年份和分析类型，并判断是否输入正确
9   years = ['2017', '2018', '2019', '2020', '2021']   # 合法年份列表
10  year = input("可输入的正确年份范围是[2017-2021]，请输入要分析的年份：")
```

```
11    ycount = years.count(year)
12    print("可以按以下说明,输入合适的分析类型编号,来获取报表结构分析的结果。")
13    print("1: 资产结构分析")
14    print("2: 负债结构分析")
15    typecodes = ['1', '2']    # 合法的报表结构分析编号
16    typecode = input("请输入要分析的编号:")
17    tcount = typecodes.count(typecode)
18
19    if ycount == 1 and tcount == 1:    # 输入正确,开始做结构分析
20        df = pd.read_excel(r'10-1-企业资产负债表-东方财富-A.xlsx')
21        yeartemp = year + "年报"
22        plt.figure(figsize=(10, 6))
23
24        if typecode == "1":    # 资产结构分析
25            lable1 = ["流动资产合计", "非流动资产合计"]
26            y1 = [0, 0]
27            y1[0] = df[yeartemp].loc[17]    # 流动资产合计
28            y1[1] = df[yeartemp].loc[32]    # 非流动资产合计
29            plt.subplot(2, 1, 1)
30            plt.pie(y1, labels=lable1, autopct='%.2f%%', labeldistance=1)
31            plt.title(year + "年资产结构分析")
32
33            lable2 = ["货币资金", "应收票据及应收账款", "存货", "其他"]
34            y2 = [0, 0, 0, 0]
35            y2[0] = df[yeartemp].loc[0]    # 货币资金
36            y2[1] = df[yeartemp].loc[3]    # 应收票据及应收账款
37            y2[2] = df[yeartemp].loc[11]   # 存货
38            y2[3] = (df[yeartemp].loc[17] - df[yeartemp].loc[0]
                    - df[yeartemp].loc[3] - df[yeartemp].loc[11])    # 其他
39            plt.subplot(2, 2, 3)
40            plt.pie(y2, labels=lable2, autopct='%.2f%%', labeldistance=1)
41            plt.title(year + "年流动资产分析")
42
43            # 长期股权投资、固定资产、无形资产、商誉
44            lable3 = ["长期股权投资", "固定资产", "无形资产", "商誉", "其他"]
45            y3 = [0, 0, 0, 0, 0]
46            y3[0] = df[yeartemp].loc[19]    # 长期股权投资
47            y3[1] = df[yeartemp].loc[23]    # 固定资产
48            y3[2] = df[yeartemp].loc[25]    # 无形资产
49            y3[3] = df[yeartemp].loc[26]    # 商誉
50            y3[4] = (df[yeartemp].loc[32] - df[yeartemp].loc[19]
                    - df[yeartemp].loc[23] - df[yeartemp].loc[25]
                    - df[yeartemp].loc[26])    # 其他
51            plt.subplot(2, 2, 4)
52            plt.pie(y3, labels=lable3, autopct='%.2f%%', labeldistance=1)
53            plt.title(year + "年非流动资产分析")
54            plt.show()    # 显示图形
```

```
55
56          elif typecode == "2":   # 负债结构分析
57              lable4 = ["流动负债合计", "非流动负债合计"]
58              y4 = [0, 0]
59              y4[0] = df[yeartemp].loc[54]    # 流动负债合计
60              y4[1] = df[yeartemp].loc[63]    # 非流动负债合计
61              plt.subplot(2, 1, 1)
62              plt.pie(y4, labels=lable4, autopct='%.2f%%', labeldistance=1)
63              plt.title(year + "年负债结构分析")
64
65              lable5 = ["预收账款", "合同负债", "应付票据及应付账款", "其他"]
66              y5 = [0, 0, 0, 0]
67              y5[0] = df[yeartemp].loc[42]    # 预收账款
68              y5[1] = df[yeartemp].loc[43]    # 合同负债
69              y5[2] = df[yeartemp].loc[39]    # 应付票据及应付账款
70              y5[3] = (df[yeartemp].loc[54] - df[yeartemp].loc[42]
                        - df[yeartemp].loc[43] - df[yeartemp].loc[39])  # 其他
71              plt.subplot(2, 2, 3)
72              plt.pie(y5, labels=lable5, autopct='%.2f%%', labeldistance=1)
73              plt.title(year + "年流动负债分析")
74
75              # 长期借款、应付债券、租赁负债、其他
76              lable6 = ["长期借款", "应付债券", "租赁负债", "其他"]
77              y6 = [0, 0, 0, 0]
78              y6[0] = df[yeartemp].loc[55]    # 长期借款
79              y6[1] = df[yeartemp].loc[56]    # 应付债券
80              y6[2] = df[yeartemp].loc[57]    # 租赁负债
81              y6[3] = (df[yeartemp].loc[63] - df[yeartemp].loc[55]
                        - df[yeartemp].loc[56] - df[yeartemp].loc[57])  # 其他
82              plt.subplot(2, 2, 4)
83              plt.pie(y6, labels=lable6, autopct='%.2f%%', labeldistance=1)
84              plt.title(year + "年非流动负债分析")
85              plt.show()   # 显示图形
86
87      else:
88          print("输入的年份和结构分析编号有误,请重新运行输入!")
```

运行结果与题目要求的相同,此处不再重复展示。

10.2 报表项目趋势分析

10.2.1 任务背景

公司管理层在阅读会计报表的时候如果不运用分析技巧,不借助分析工具,只是简单地浏览表面数字,就难以获取有用的信息,甚至还会被会计数据引入歧途,被表面假象所蒙蔽。为了使报表

使用者正确掌握各种会计数据之间存在的关系，全面反映企业经营成绩和财务状况，公司管理层会要求财务人员提供报表项目的趋势分析图，帮助其了解企业的真实财务状况，辅助企业战略决策。财务人员在工作中需要随时根据管理层决策需求，快速提供三大报表的趋势分析图，因此需要掌握用 Python 编写代码分析报表项目趋势的技能。

思考
分组讨论财务人员在做三大报表的趋势分析时，会做哪些报表项目的趋势分析？

答案

10.2.2 知识准备

趋势分析法也称为比较分析法或水平分析法，它是通过分析财务报表中各类相关数字资料，将两期或多期连续的相同指标或比率进行定基对比和环比对比，得出它们的增减变动方向、数额和幅度，以揭示企业的财务状况、经营情况和现金流量变化趋势的一种分析方法。

其具体做法为：先应计算出趋势比率或指数；然后根据指数计算结果，评价和判断企业该指标的变动趋势与合理性，预测未来的发展趋势。

10.2.3 任务要求

A 地产公司的管理层要求财务人员根据2017—2021年连续5年的利润表的数据，通过 Python 绘制报表项目趋势分析。

实验数据
本任务提供"10-2-企业利润表-东方财富-A.xlsx"作为实验数据(扫描右侧二维码获取)。

10-2-企业利润表-
东方财富-A

10.2.4 任务解析

任务编码思路如下：
(1) 通过 Pandas 读取 Excel 中利润表 5 年的数据。
(2) 通过 Pandas 中的 DataFrame 获取要报表中要分析的营业总收入、营业总成本、利润总额和净利润 4 个报表项目数据存入列表中。
(3) 调用 Pyplot 的 plot ()绘制营业总收入、营业总成本、利润总额和净利润 4 个报表项目的折线图。
(4) 使用循环语句计算营业总收入、营业总成本、利润总额和净利润 4 个项目的环比增长率，环比增长率=(本期数-上期数)÷上期数×100%。
(5) 调用 Pyplot 的 plot ()绘制营业总收入、营业总成本、利润总额和净利润 4 个报表项目增长率的折线图。

根据任务解析编写代码。

>>> **动手实践**

☐ 利润表项目趋势分析

```python
1   # 报表项目趋势分析
2   import matplotlib.pyplot as plt
3   import pandas as pd
4   plt.rcParams["font.sans-serif"]=["SimHei"]
5   plt.rcParams["axes.unicode_minus"]=False
6   
7   years = ["2017","2018","2019","2020","2021"] # 年份列表
8   # 相对路径,excel 文件和代码放一个文件夹
9   df=pd.read_excel(r'10-2-企业利润表-东方财富-A.xlsx')
10  # print(df)
11  yyzsr=[]       # 营业总收入
12  yyzcb=[]       # 营业总成本
13  lrze=[]        # 利润总额
14  jlr=[]         # 净利润
15  for i in years:
16      year = i + "年报"
17      yyzsr.append(df[year].loc[0])     # 营业总收入
18      yyzcb.append(df[year].loc[2])     # 营业总成本
19      lrze.append(df[year].loc[27])     # 利润总额
20      jlr.append(df[year].loc[29])      # 净利润
21  
22  print(years)
23  print(yyzsr)
24  print(yyzcb)
25  print(lrze)
26  print(jlr)
27  
28  plt.plot(years,yyzsr,'-o',label='营业总收入')
29  plt.plot(years,yyzcb,'-o',label='营业总成本')
30  plt.plot(years,lrze,'-o',label='利润总额')
31  plt.plot(years,jlr,'-o',label='净利润')
32  plt.legend()          # 显示图例
33  plt.xlabel("年份")
34  plt.ylabel("金额")
35  plt.title("利润表项目趋势分析")
36  plt.show()
37  
38  years1 = ["2018","2019","2020","2021"] # 增长率年份列表
39  yyzsrzzl=[]      # 营业总收入增长率
40  yyzcbzzl=[]      # 营业总成本增长率
41  lrzezzl=[]       # 利润总额增长率
42  jlrzzl=[]        # 净利润增长率
43  index=1
44  while index<len(yyzsr):
45      temp1=(yyzsr[index]-yyzsr[index-1])/yyzsr[index-1] # 营业总收入增长率
46      # temp2= '{:.2%}'.format(temp1)
47      yyzsrzzl.append(temp1)
```

```
48      temp1=(yyzcb[index]-yyzcb[index-1])/yyzcb[index-1]    # 营业总成本增长率
49      yyzcbzzl.append(temp1)
50      temp1=(lrze[index]-lrze[index-1])/lrze[index-1]       # 利润总额增长率
51      lrzezzl.append(temp1)
52      temp1=(jlr[index]-jlr[index-1])/jlr[index-1]          # 净利润增长率
53      jlrzzl.append(temp1)
54      index=index+1
55
56  print(years1)
57  print(yyzsrzzl)
58  print(yyzcbzzl)
59  print(lrzezzl)
60  print(jlrzzl)
61
62  plt.plot(years1,yyzsrzzl,'-o',label='营业总收入增长率')
63  plt.plot(years1,yyzcbzzl,'-o',label='营业总成本增长率')
64  plt.plot(years1,lrzezzl,'-o',label='利润总额增长率')
65  plt.plot(years1,jlrzzl,'-o',label='净利润增长率')
66  plt.legend()    # 显示图例
67  plt.xlabel("年份")
68  plt.ylabel("增长率")
69  plt.title("利润表项目增长率趋势分析")
70  plt.show()
```

>>> 运行结果

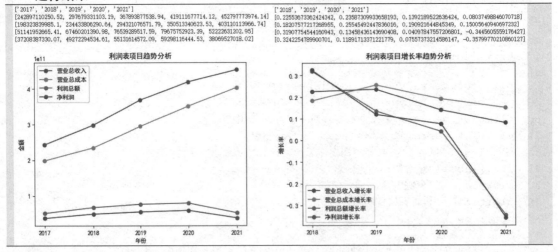

10.3 财务指标分析

10.3.1 任务背景

在企业经营的过程中管理层需要评价和总结企业在一定时期内的财务状况与利润效益等情况，因此，对财务人员来说，通过总结和评价企业财务状况与经营成果的分析指标，包括偿债能力指标、运营能力指标、盈利能力指标和发展能力指标，可以帮助企业管理层有效地掌握企业生产经营的规律，了解企业现状和存在的问题，及时发现企业的优缺点并做出调整，从而实现企业长期健康发展的目标。

思考

分组讨论财务人员应该关注的财务指标有哪些，以及具体的计算公式和报表项目的关系。

答案

10.3.2 知识准备

财务指标分析是指总结和评价企业财务状况与经营成果的分析指标，包括偿债能力指标、运营能力指标、盈利能力指标和发展能力指标。

偿债能力是指企业偿还到期债务(包括本息)的能力。偿债能力分析包括短期偿债能力分析和长期偿债能力分析。

1. 短期偿债能力分析

短期偿债能力是指企业流动资产对流动负债及时足额偿还的保证程度，是衡量企业当前财务能力，特别是流动资产变现能力的重要标志。

企业短期偿债能力分析主要采用比率分析法，衡量指标主要有流动比率、速动比率和现金流动负债率。

1) 流动比率

流动比率是流动资产与流动负债的比率，反映了企业的流动资产偿还流动负债的能力，其计算公式为

$$流动比率 = 流动资产 \div 流动负债$$

一般情况下，流动比率越高，反映企业短期偿债能力越强。因为该比率越高，不仅反映企业拥有较多的营运资金抵偿短期债务，而且表明企业可以变现的资产数额较大，债权人的风险越小。但是，过高的流动比率并不都是好现象。

从理论上讲，流动比率维持在 2:1 是比较合理的。但是，由于行业性质不同，流动比率的实际标准也不同。所以，在分析流动比率时，应将其与同行业平均流动比率和本企业历史的流动比率进行比较，才能得出合理的结论。

2) 速动比率

速动比率又称酸性测试比率，是企业速动资产与流动负债的比率，其计算公式为

$$速动比率 = 速动资产 \div 流动负债$$

构成流动资产的各项目，流动性差别很大。其中货币资金、以公允价值计量且其变动计入当期损益的金融资产和各种应收款项，可以在较短时间内变现，称为速动资产；另外的流动资产，包括存货、预付款项、一年内到期的非流动资产和其他流动资产等属于非速动资产。由于剔除了存货等变现能力较差的资产，速动比率比流动比率能更准确、可靠地评价企业资产的流动性及偿还短期债务的能力。

速动比率表明每 1 元流动负债有多少速动资产作为偿债保障。一般情况下，速动比率越大，短期偿债能力越强。由于通常认为存货占了流动资产的一半左右，因此剔除存货影响的速动比率至少是 1。速动比率过低，企业面临偿债风险；速动比率过高，会因占用现金及应收账款过多而增加企业的机会成本。

本任务中速动资产的计算公式为

$$速动资产=货币资金+交易性金融资产+衍生金融资产+应收票据及应收账款$$

3) 现金流动负债比率

流动负债比率是企业一定时期的经营现金净流量与流动负债的比率，它可以从现金流量角度来反映企业当期偿付短期负债的能力。其计算公式为

$$现金流动负债比率=年经营现金净流量÷年末流动负债$$

现金流动负债比率是企业一定时期的经营现金流同流动负债的比率，可以从现金流入和流出的动态角度对企业实际偿债能力进行考察，用以反映企业当期偿债能力。该指标较大，表明企业经营活动产生的现金净流量较多，能够保障企业按时偿还到期债务(但也不是越大越好，太大则表示企业流动资金利用不充分，收益能力不强)。

2. 长期偿债能力分析

长期偿债能力是指企业偿还长期负债的能力。它的大小是反映企业财务状况稳定与否及安全程度高低的重要标志。其分析指标主要有以下 4 项。

1) 资产负债率

资产负债率又称负债比率，是企业的负债总额与资产总额的比率。它表示企业资产总额中，债权人提供资金所占的比重，以及企业资产对债权人权益的保障程度，其计算公式为

$$资产负债率=(负债总额÷资产总额)×100\%$$

资产负债率高低对企业的债权人和所有者具有不同的意义。资产负债率越低，表明企业的偿债能力越强。对所有者而言，最关心的是投入资本的收益率。只要企业的总资产收益率高于借款的利息率，举债越多，即负债比率越大，所有者的投资收益越大。

一般情况下，企业负债经营规模应控制在一个合理的水平，负债比重应掌握在一定的标准内。

2) 产权比率

产权比率是指负债总额与所有者权益总额的比率，是企业财务结构稳健与否的重要标志，也称资本负债率，其计算公式为

$$负债与所有者权益比率=(负债总额÷所有者权益总额)×100\%$$

产权比率反映了所有者权益对债权人权益的保障程度，即在企业清算时债权人权益的保障程度。该指标越低，表明企业的长期偿债能力越强，债权人权益的保障程度越高，承担的风险越小，但企业不能充分地发挥负债的财务杠杆效应。

3) 负债与有形净资产比率

负债与有形净资产比率是负债总额与有形净资产的比例关系，表示企业有形净资产对债权人权益的保障程度，其计算公式为

$$负债与有形净资产比率=(负债总额÷有形净资产)×100\%$$

$$有形净资产=所有者权益-无形资产-递延资产$$

企业的无形资产、递延资产等一般难以作为偿债的保证，从净资产中将其剔除，可以更合理地衡量企业清算时对债权人权益的保障程度。该比率越低，表明企业长期偿债能力越强。

4) 利息保障倍数

利息保障倍数又称为已获利息倍数，是企业息税前利润与利息费用的比率，是衡量企业偿付负债利息能力的指标，其计算公式为

$$利息保障倍数=税息前利润÷利息费用$$

以上公式中，利息费用是指本期发生的全部应付利息，包括流动负债的利息费用，长期负债中进入损益的利息费用，以及进入固定资产原价中的资本化利息。

利息保障倍数越高，说明企业支付利息费用的能力越强；利息保障倍数越低，说明企业难以保证用经营所得来及时足额地支付负债利息。因此，它是企业是否举债经营，衡量其偿债能力强弱的主要指标。

若要合理地确定企业的利息保障倍数，需将该指标与其他企业，特别是同行业平均水平进行比较。根据稳健原则，应以指标最低年份的数据作为参照物。一般情况下，利息保障倍数不能低于1。

10.3.3 任务要求

A 地产公司的管理层要求财务人员根据2017—2021年连续5年的资产负债表的数据，通过 Python 计算流动比率、速动比率、资产负债率的数值，画出折线图，并对 A 地产公司的偿债能力进行分析，财务指标计算公式为

$$流动比率 = 流动资产 \div 流动负债$$
$$速动比率 = 速动资产 \div 流动负债$$

其中：

$$速动资产 = 流动资产 - 预付账款 - 存货$$
$$资产负债率 = 负债总额 \div 资产总额 \times 100\%$$

10-1-企业资产负债表-东方财富-A

▸ 实验数据

本任务实验数据参见"10-1-企业资产负债表-东方财富-A.xlsx"。

10.3.4 任务解析

任务编码思路如下。

(1) 通过 Pandas 读取 Excel 中资产负债表5年的数据。
(2) 通过 Pandas 中 DataFrame 获取报表中与流动比率、速动比率、资产负债率相关的报表项目数据并做计算。
(3) 通过 print 打印计算出来的流动比率、速动比率、资产负债率。
(4) 调用 Pyplot 的 plot()绘制流动比率、速动比率、资产负债率的折线图。

根据任务解析编写代码。

>>> 动手实践

财务指标分析

```
1   # 财务指标分析
2   import matplotlib.pyplot as plt
3   import pandas as pd
4   plt.rcParams["font.sans-serif"]=["SimHei"]
5   plt.rcParams["axes.unicode_minus"]=False
6
7   years =['2017','2018','2019','2020','2021']
8   df=pd.read_excel(r'10-1-企业资产负债表-东方财富-A.xlsx')
9
10  ldbl=[]              # 流动比率
11  sdbl=[]              # 速动比率
12  zcfzl=[]             # 资产负债率
```

```
13
14  for i in years:
15      year = i + "年报"
16      temp = df[year].loc[17]/df[year].loc[54]   # 流动比率=流动资产合计/流动负债合计
17      ldbl.append(temp)# 流动比率
18      # 速动比率=速动资产/流动负债
19      # 其中：速动资产=货币资金+交易性金融资产+衍生金融资产+应收票据及应收账款
20      temp = (df[year].loc[0]+df[year].loc[1]+df[year].loc[2]+
21      df[year].loc[3])/df[year].loc[54]
22      sdbl.append(temp)                                    # 速动比率
23      temp = df[year].loc[66]/df[year].loc[35] *100  # 负债合计/资产合计*100%
24      zcfzl.append(temp)                                   # 资产负债率
25
26  print("以下数据是A公司2017—2021年的流动比率、速动比率、资产负债率")
27  print(years)
28  print(ldbl)
29  print(sdbl)
30  print(zcfzl)
31
32  plt.figure(figsize=(10, 5))
33  plt.subplot(1, 2, 1)
34  plt.plot(years,ldbl,'-o',label='流动比率')
35  for i,j in zip(years,ldbl):
36      jtext=str(round(j,2))
37      plt.text(i,j,jtext,color='m')
38  plt.xlabel("年份")
39  plt.ylabel("流动比率")
40  plt.title("流动比率")
41  plt.subplot(1, 2,2)
42  plt.plot(years,sdbl,'-o',label='速动比率')
43  for i,j in zip(years,sdbl):
44      jtext=str(round(j,2))
45      plt.text(i,j,jtext,color='m')
46  plt.xlabel("年份")
47  plt.ylabel("速动比率")
48  plt.title("速动比率")
49  plt.show()
50
51  plt.figure(figsize=(10, 5))
52  plt.plot(years,zcfzl,'-o',label='资产负债率')
53  for i,j in zip(years,zcfzl):
54      jtext=str(round(j,2))+"%"
55      plt.text(i,j,jtext,color='m')
56  plt.xlabel("年份")
57  plt.ylabel("资产负债率(%)")
58  plt.title("资产负债率")
59  plt.show()
```

>>> 运行结果

以下数据是万科2017-2021年的流动比率、速动比率、资产负债率
['2017', '2018', '2019', '2020', '2021']
[1.2008571565977153, 1.1543341535325672, 1.1307384300069765, 1.1744938505595248, 1.2202315131774044]
[0.41440652357558533, 0.4178737052892301, 0.34902632257486055, 0.3666635521693031, 0.3487911606991686]
[83.98125602717742, 84.5856396660383, 84.3589508606722, 81.28350307388364, 79.73975799244909]

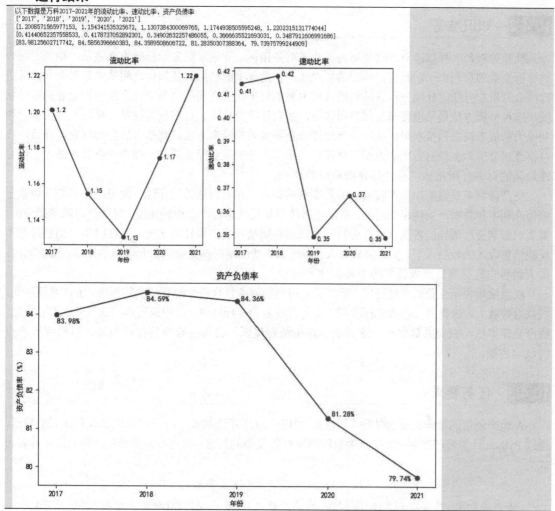

10.4 杜邦分析

10.4.1 任务背景

  1912年，在美国杜邦任职的法兰克，为了向公司管理层阐述公司运营效率问题，写了一份报告。报告中写道"要分析用公司自己的钱赚取的利润率"并且将利润率进行拆解。拆解后的比率可以诠释三方面的公司管理问题：

- 公司业务有没有盈利；
- 公司资产使用效率如何；
- 公司债务负担如何。

  财务人员通过杜邦分析可以了解企业财务状况的全貌及各项财务分析指标之间的结构关系，查

明各项财务指标增减变动的影响因素及其存在的问题。为了进一步采取具体措施指明方向，财务人员在实际应用的过程中，用 Python 来读取报表数据，快速计算杜邦分析下指标的能力。

10.4.2 知识准备

杜邦分析是一种以净资产收益率为核心的财务指标，它通过财务指标的内在联系，系统、综合地分析企业的盈利水平，具有很鲜明的层次结构，是典型的利用财务指标之间的关系对企业财务进行综合分析的方法。杜邦分析就是利用几种主要的财务比率之间的关系来综合地分析企业的财务状况，这种分析方法最早由美国杜邦公司使用，故名杜邦分析法。杜邦分析法是一种用来评价公司盈利能力和股东权益回报水平，从财务角度评价企业绩效的经典方法。其基本思想是将企业净资产收益率逐级分解为多项财务比率乘积，这样有助于深入分析企业经营业绩。净资产收益率是一个综合性最强的财务分析指标，是杜邦分析系统的核心。

资产净利率是影响净资产收益率的最重要的指标，具有很强的综合性，而资产净利率又取决于销售净利率和总资产周转率的高低。总资产周转率是反映总资产的周转速度。对资产周转率的分析，需要对影响资产周转的各因素进行分析，以判明影响公司资产周转的主要问题在哪里。销售净利率反映销售收入的收益水平。扩大销售收入，降低成本费用是提高企业销售利润率的根本途径；同时，扩大销售也是提高资产周转率的必要条件和途径。

权益乘数表示企业的负债程度，反映了公司利用财务杠杆进行经营活动的程度。资产负债率高，权益乘数就大，这说明公司负债程度高，公司有较多的杠杆利益，但相应所承担的风险也高；反之，资产负债率低，权益乘数就小，这说明公司负债程度低，公司有较少的杠杆利益，但相应所承担的风险也低。

10.4.3 任务要求

A 地产公司的管理层要求财务人员根据 2017—2021 年连续 5 年的资产负债表和利润表的数据，通过 Python 计算资产净利率、权益乘数和净资产收益率的数值，并进行简要分析，相关指标计算公式为

$$权益乘数=总资产÷总权益资本$$

$$资产净利率=销售净利率(即净利润÷营业总收入) × 资产周转率(即营业总收入÷总资产)$$
$$=净利润÷总资产$$

$$净资产收益率=资产净利率 × 权益乘数=净利润÷总权益资本$$

➚ **实验数据**

本任务实验数据包括以下两个表：
☐ 10-1-企业资产负债表-东方财富-A.xlsx；
☐ 10-2-企业利润表-东方财富-A.xlsx。

10-1-企业资产负债表-东方财富-A

10-2-企业利润表-东方财富-A

10.4.4 任务解析

任务编码思路如下。

(1) 通过 Pandas 读取 Excel 中资产负债表和利润表 5 年的数据。

(2) 通过 Pandas 中的 DataFrame 获取报表中与资产净利率、权益乘数和净资产收益率计算相关

的报表项目数据并做计算。

(3) 通过 print 打印计算出来的资产净利率、权益乘数和净资产收益率。

根据任务解析编写代码。

>>> 动手实践

❑ 杜邦分析

```
1   # 杜邦分析
2   import pandas as pd
3   
4   years = ["2017","2018","2019","2020","2021"]           # 年份列表
5   df1=pd.read_excel(r'10-1-企业资产负债表-东方财富-A.xlsx')    # 读取资产负债表
6   df2=pd.read_excel(r'10-2-企业利润表-东方财富-A.xlsx')      # 读取利润表
7   
8   zzc=[]      # 总资产
9   zqy=[]      # 总权益资本
10  yyzsr=[]    # 营业总收入
11  jlr=[]      # 净利润
12  
13  for i in years:
14      year = i + "年报"
15      zzc.append(df1[year].loc[35])      # 总资产
16      zqy.append(df1[year].loc[77])      # 总权益资本(股东权益合计)
17      yyzsr.append(df2[year].loc[0])     # 营业总收入
18      jlr.append(df2[year].loc[29])      # 净利润
19  
20  # print(zzc)
21  # print(zqy)
22  # print(yyzsr)
23  # print(jlr)
24  
25  xsjll=[]    # 销售净利率
26  zczzl=[]    # 资产周转率
27  zcjll=[]    # 资产净利率
28  qycs=[]     # 权益乘数
29  jzzsyl=[]   # 净资产收益率
30  
31  index=0
32  while index<len(zzc):
33      temp1=jlr[index]/yyzsr[index]     # 销售净利率
34      # temp2= '{:.2%}'.format(temp1)
35      xsjll.append(temp1)
36      temp1=yyzsr[index]/zzc[index]     # 资产周转率
37      zczzl.append(temp1)
38      temp1=jlr[index]/zzc[index]       # 资产净利率
39      zcjll.append(temp1)
40      temp1=zzc[index]/zqy[index]       # 权益乘数
41      qycs.append(temp1)
42      temp1=jlr[index]/zqy[index]       # 净资产收益率
43      jzzsyl.append(temp1)
44      index=index+1
45  
```

```
46    # print(xsjll)
47    # print(zczzl)
48    # print(zcjll)
49    # print(qycs)
50    # print(jzzsyl)
51
52    print(f'年份\t\t 销售净利率\t 资产周转率\t 资产净利率\t 权益乘数\t 净资产收益率')
53
54    for i in range(len(years)):
55        # 销售净利率做格式化处理,保证占用 6 个字符串位置,主要为了方便 print 输出
56        temp = '{:.2%}'.format(xsjll[i]).center(6)
57        print(
58            years[i], '\t\t', temp, '\t',
59            '{:.2%}'.format(zczzl[i]), '\t',
60            '{:.2%}'.format(zcjll[i]), '\t\t',
61            round(qycs[i], 2), '\t\t',
62            '{:.2%}'.format(jzzsyl[i]),
63            end='\n'
64        )
```

>>> **运行结果**

年份	销售净利率	资产周转率	资产净利率	权益乘数	净资产收益率
2017	15.32%	20.84%	3.19%	6.24	19.93%
2018	16.55%	19.47%	3.22%	6.49	20.91%
2019	14.99%	21.27%	3.19%	6.39	20.38%
2020	14.15%	22.42%	3.17%	5.34	16.95%
2021	8.41%	23.36%	1.96%	4.94	9.69%

第 11 章 财务预测与预算管理

↗ 学习目标

1. 掌握销售预测相关知识并能用 Python 进行销售预测
2. 掌握融资预测相关知识并能用 Python 进行融资预测
3. 掌握收入预算相关知识并能用 Python 进行收入预算
4. 掌握现金预算相关知识并能用 Python 进行现金预算

↗ 学习导图

学习导图如图 11-1 所示。

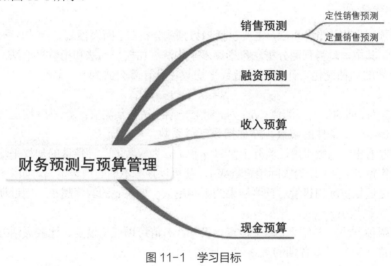

图 11-1 学习目标

11.1 销售预测

11.1.1 任务背景

销售预测，是企业对未来销售情况进行预测。对于一个运营企业而言，无论其规模大小、销售人员多少，销售预测准确与否都会对销售管理的各方面工作产生重大影响，虽然销售预测一般由销售部门来主导，但是财务也不能完全不闻不问。从财务角度看销售预测，重点要关注的是预测的合理性，减少企业经营生产的盲目性，取得较好的经济效益。

11.1.2 知识准备

财务预测是根据财务活动的历史资料,考虑现实的要求和条件,对未来的财务活动和财务成果做出科学的预计和测算。财务预测的目的是,测算企业投资、筹资各项方案的经济效益,为财务决策提供依据,预计财务收支(现金流量)的发展变化情况,为编制财务计划服务。

财务预测的基本步骤包括:做销售预测,估计经营资产和经营负债,估计各项费用和留存收益,以及估计外部融资需求。

财务预测的起点是销售预测,销售预测对财务预测的质量有重大影响。

销售预测的基本方法可以分为定性销售预测法和定量销售预测法两种。

1. 定性销售预测

定性销售预测分为判断分析法和调查分析法。判断分析法是指通过一些具有市场经验的经营管理人员或专家对企业未来某一特定时期的产品销售业务情况进行综合研究,并做出推测和判断的方法。调查分析法是指通过对有代表性顾客的消费意向的调查,了解市场需求的变化趋势,并进行销售预测的一种方法。

2. 定量销售预测

定量销售预测也称数量分析法,主要包括趋势预测分析法、因果预测分析法、季节预测分析法、购买力指数法。其中,趋势预测分析法包括算术平均法、加权平均法和指数平滑法,其中指数平滑法是加权平均法的一种变化,计算的是指数平均数,其计算公式为

$$S_t = aX_{t-1} + (1-a)S_{t-1}$$

公式中,S_t 为 t 期的销售预测值;S_{t-1} 为 t 期上一期的销售预测值;X_{t-1} 为 t 期上一期的销售实际值;a 为满足 $0<a<1$ 条件的常数,亦称指数平滑系数。

从公式可以看出,指数平滑法实际上是以 a 和 $1-a$ 为权数的一种特殊的加权平均法,只要知道上期的预测销售量 S_{t-1} 和上期的实际销售量 X_{t-1},就可以预测本期的销售量 S_t。如果指数平滑系数 a 的取值越大,则近期实际销售量对预测结果的影响越大;如果 a 的取值越小,则近期实际销售量对预测结果的影响也越小。

相较于前两种方法,它有以下两个优点:第一,a 值可以任意设定,比较灵活方便;第二,在不同程度上考虑了以往所有各期的观察值,比较全面。

11.1.3 任务要求

某公司主要生产 6 种产品,已知各产品 1—11 月的实际销售量情况和各产品 1 月的销售量预测值,要求用 Python 计算:输入不同的指数平滑系数 a 可以计算出各产品连续 12 个月的销售量预测值,对实际销量和预测销量进行可视化对比分析,并根据可视化分析情况保存预测数据到新的表格中。

> **实验数据**
> 本任务实验数据参见"11-1 销售预测.xls"(扫描右侧二维码获取)。

11-1 销售预测

11.1.4 任务解析

任务编码思路如下。

(1) 通过 Pandas 读取 Excel 中实际销售量和预测销量。
(2) 通过 input 函数获取指数系数。
(3) 根据指数计算公式 $S_t=aX_{t-1}+(1-a)S_{t-1}$ 计算各产品的预测销售数据。
(4) 通过 print 函数输出各产品的预测销售数据。
(5) 调用 Pyplot 的 subplot()和 plot()绘制图像，实现实际销售量和预测销量的可视化分析；
(6) 调用 openpyxl 的 Workbook()、create_sheet ()、save()创建 Excel 表并保存。
根据任务解析编写代码。

>>> 动手实践

❑ 销售预测

```
1   # 11-1 销售预测任务
2   import matplotlib.pyplot as plt
3   import pandas as pd
4   from openpyxl import Workbook
5   plt.rcParams["font.sans-serif"]=["SimHei"]
6   plt.rcParams["axes.unicode_minus"]=False
7
8   df1=pd.read_excel(r'11-1 销售预测.xls',sheet_name='实际销售量')
9   # 读取 1—11 月的实际销售量
10  month=df1["月份"].tolist()
11  productAsjxl = df1["A 产品"].tolist()# A 产品实际销量
12  productBsjxl = df1["B 产品"].tolist()# B 产品实际销量
13  productCsjxl = df1["C 产品"].tolist()# C 产品实际销量
14  productDsjxl = df1["D 产品"].tolist()# D 产品实际销量
15  productEsjxl = df1["E 产品"].tolist()# E 产品实际销量
16  productFsjxl = df1["F 产品"].tolist()# F 产品实际销量
17
18  df2=pd.read_excel(r'11-1 销售预测.xls',sheet_name='预测销售量')
19  # 读取 1 月的预测销售量
20  productAycxl = []
21  productBycxl = []
22  productCycxl = []
23  productDycxl = []
24  productEycxl = []
25  productFycxl = []
26  productAycxl.append(df2["A 产品"].loc[0])# A 产品 1 月份预测销售量
27  productBycxl.append(df2["B 产品"].loc[0])# B 产品 1 月份预测销售量
28  productCycxl.append(df2["C 产品"].loc[0])# C 产品 1 月份预测销售量
29  productDycxl.append(df2["D 产品"].loc[0])# D 产品 1 月份预测销售量
30  productEycxl.append(df2["E 产品"].loc[0])# E 产品 1 月份预测销售量
31  productFycxl.append(df2["F 产品"].loc[0])# F 产品 1 月份预测销售量
32
33  # St=aXt-1+(1-a)St-1 根据指数平滑法计算各产品的预测销售量
34  stra = input("请输入指数系数，系数范围是 0≤α≤1：")
35
36  try:
37      a=float(stra)
```

```
38          if 0 <= a <= 1:  # 系数在范围内,进行预测
39              index=1
40              while index<len(month):
41                  temp = a*productAsjxl[index-1]+(1-a)*productAycxl[index-1]
42                  productAycxl.append(temp)
43                  temp = a*productBsjxl[index-1]+(1-a)*productBycxl[index-1]
44                  productBycxl.append(temp)
45                  temp = a*productCsjxl[index-1]+(1-a)*productCycxl[index-1]
46                  productCycxl.append(temp)
47                  temp = a*productDsjxl[index-1]+(1-a)*productDycxl[index-1]
48                  productDycxl.append(temp)
49                  temp = a*productEsjxl[index-1]+(1-a)*productEycxl[index-1]
50                  productEycxl.append(temp)
51                  temp = a*productFsjxl[index-1]+(1-a)*productFycxl[index-1]
52                  productFycxl.append(temp)
53                  index = index+1
54
55              print("用指数平滑法做销售预测,当系数为"+stra+"时,各产品的预测数据如下: ")
56
57              print("----------------------------------------------------------------")
58              print(f'月份\tA 产品\tB 产品\tC 产品\tD 产品\tE 产品\tF 产品')
59
60              i=0
61              while i<len(month):
62                  print(month[i], end = '\t')
63                  print(f'{round(productAycxl[i],2)}', end = '\t')
64                  print(f'{round(productBycxl[i],2)}', end = '\t')
65                  print(f'{round(productCycxl[i],2)}', end = '\t')
66                  print(f'{round(productDycxl[i],2)}', end = '\t')
67                  print(f'{round(productEycxl[i],2)}', end = '\t')
68                  print(f'{round(productFycxl[i],2)}', end = '\t')
69                  i=i+1
70                  print('\n')
71
72              # 实际销量和预测销量可视化分析
73              plt.figure(figsize=(10, 8))
74              plt.subplot(3, 2, 1)
75              plt.plot(month,productAsjxl,'-o',label='A 产品实际销售额')
76              plt.plot(month,productAycxl,'-o',label='A 产品预测销售额')
77              plt.legend()  # 显示图例
78              plt.subplot(3, 2, 2)
79              plt.plot(month,productBsjxl,'-o',label='B 产品实际销售额')
80              plt.plot(month,productBycxl,'-o',label='B 产品预测销售额')
81              plt.legend()  # 显示图例
82              plt.subplot(3, 2, 3)
83              plt.plot(month,productCsjxl,'-o',label='C 产品实际销售额')
84              plt.plot(month,productCycxl,'-o',label='C 产品预测销售额')
```

```
85              plt.legend()    # 显示图例
86              plt.subplot(3, 2, 4)
87              plt.plot(month,productDsjxl,'-o',label='D产品实际销售额')
88              plt.plot(month,productDycxl,'-o',label='D产品预测销售额')
89              plt.legend()    # 显示图例
90              plt.subplot(3, 2, 5)
91              plt.plot(month,productEsjxl,'-o',label='E产品实际销售额')
92              plt.plot(month,productEycxl,'-o',label='E产品预测销售额')
93              plt.legend()    # 显示图例
94              plt.subplot(3, 2, 6)
95              plt.plot(month,productFsjxl,'-o',label='F产品实际销售额')
96              plt.plot(month,productFycxl,'-o',label='F产品预测销售额')
97              plt.legend()    # 显示图例
98              plt.show()
99
100             # 往表格中写数据保存预测数据
101             strsave = input("是否保存该指数的预算销售量,请输入是 或 否")
102             if strsave=='是':
103                 wb = Workbook()
104                 ws1 = wb.create_sheet('产品预测销售量', 0)
105                 ws1.append(["1月份","2月份","3月份","4月份","5月份","6月份","7月份","8月份","9月份","10月份","11月份","12月份","产品"])
106                 productAycxl.append("A产品")
107                 ws1.append(productAycxl)
108                 productBycxl.append("B产品")
109                 ws1.append(productBycxl)
110                 productCycxl.append("C产品")
111                 ws1.append(productCycxl)
112                 productDycxl.append("D产品")
113                 ws1.append(productDycxl)
114                 productEycxl.append("E产品")
115                 ws1.append(productEycxl)
116                 productFycxl.append("F产品")
117                 ws1.append(productFycxl)
118                 title = "产品预测销售量-系数为"+stra+".xlsx"
119                 wb.save(title)
120                 print("预算销售量已经写入表格中。")
121
122         else: # 系数不在范围内,提示重新输入
123             print("输入系数不在范围内,系数范围是0≤α≤1,请重新运行输入!")
124 except ValueError:
125     print("输入错误,请重新运行输入指数系数,系数范围是0≤α≤1!")
126
```

>>> 运行结果

```
请输入指数系数，系数范围是0≤α≤1：0.5
用指数平滑法做销售预测，当系数为0.5时，各产品的预测数据如下：
月份  A产品    B产品    C产品    D产品    E产品    F产品
1    1250.0   1150.0   1000.0   900.0    1400.0   1750.0

2    1177.0   1152.0   1047.5   921.5    1405.5   1800.5

3    1198.5   1193.5   1016.75  894.25   1406.25  1883.25

4    1127.25  1253.25  1052.38  904.12   1378.62  1844.12

5    1186.12  1205.62  1115.19  942.56   1408.81  1700.06

6    1182.56  1269.31  1019.59  945.78   1400.91  1804.03

7    1158.28  1191.66  1084.3   973.89   1445.95  1884.02

8    1177.14  1161.83  1061.15  970.95   1394.48  1928.51

9    1147.07  1254.91  1108.57  898.47   1432.24  1737.25

10   1114.04  1184.96  1079.29  849.74   1370.62  1797.13

11   1151.02  1175.48  1004.14  937.87   1413.31  1896.06

12   1170.01  1233.24  967.07   948.43   1403.65  1916.03
```

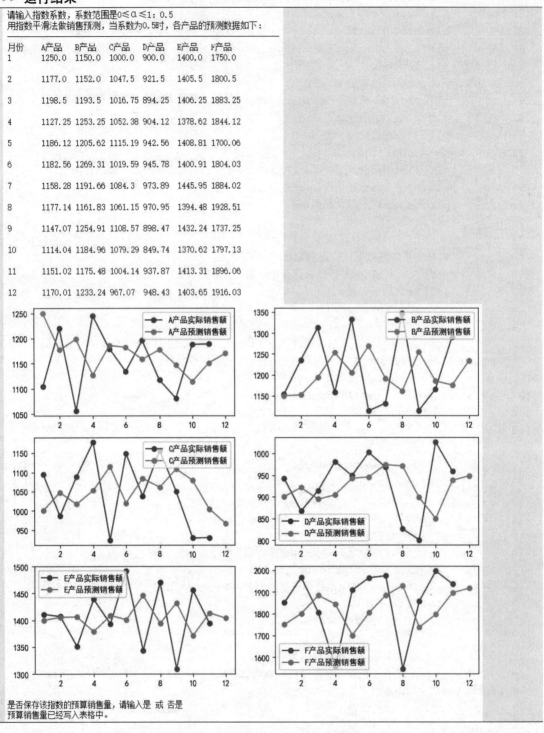

```
是否保存该指数的预算销售量，请输入是 或 否是
预算销售量已经写入表格中。
```

11.2 融资预测

11.2.1 任务背景

狭义的财务预测是估计企业未来的融资需求，融资总需求的预测，需要根据预计的销售预测来进行，财务人员需要根据销售预测数据快速地得到融资总需求。

11.2.2 知识准备

狭义的财务预测仅指估计企业未来的融资需求(需要通过金融活动筹措的资金,即对净负债和股东权益的需求)，涉及筹资决策；广义的财务预测包括编制全部的预计财务报表。

财务预测的方法包括销售百分比法、回归分析法、运用信息技术预测等。其中，销售百分比法最为常用。

销售百分比法假设相关(即经营性)资产、负债与营业收入存在稳定的百分比关系(与营业收入同比增长、周转率不变)，然后根据预计营业收入和相应的百分比预计相关资产、负债，最后确定融资需求(需要增加的净负债和股东权益)。经营活动所需的资产称为经营资产，经营活动涉及的负债称为经营负债。

销售百分比法的基本原理：销售增长引起经营资产、经营负债同比增长，即引起净经营资产同比增长，进而产生融资总需求和外部融资需求。

经营性资产(负债)销售百分比=经营性资产(负债)÷营业收入

经营资产(负债)增加额 = 基期经营资产(负债) × 销售增长率

= 销售增加额 × 经营资产(负债)销售百分比

净经营资产增加额(融资总需求) = 经营资产增加额−经营负债增加额

11.2.3 任务要求

已知公司 2×21 年实际营业收入是 3000 万元,同时有公司 2×21 年的资产负债表数据,假设 2×21 年的各项销售百分比在 2×22 年可以持续，以 2×21 年为基期，根据销售百分比法,用 Python 实现输入 2×22 年预计营业收入后算出 2×22 年融资总需求。

▶ **实验数据**

本任务实验数据参见"11-2 融资需求预测.xls"(扫描右侧二维码获取)。

11-2 融资需求预测

11.2.4 任务解析

任务编码思路如下。

(1) 输入 2×22 年的预计营业收入。
(2) 通过 Pandas 读取 Excel 中资产负债表的数据。
(3) 通过 Pandas 中的数据结构 DataFrame 的读取获取经营资产和经营负债数据。
(4) 根据 2×21 年的营业收入、经营资产和经营负债数据计算出经营资产(负债)销售百分比。

(5) 根据预测营业收入增加额计算 2×22 年的融资总需求并输出。

根据任务解析编写代码。

>>> **动手实践**

☐ **融资预测**

```
1   # 融资预测任务
2   import pandas as pd
3
4   sjyysr = 3000
5   df1=pd.read_excel(r'11-2 融资需求预测.xls')  # 读取 2×21 年的资产负债表数据
6   stryjyysr = input("请输入 2×22 年预计的营业收入(单位：万元)")
7   yjyysr = float(stryjyysr)
8
9   jyzc = df1.iloc[15][1]           # 读取经营资产合计
10  jyzcxsbfb = jyzc/3000            # 计算经营资产销售百分比
11  jyfz = df1.iloc[24][1]           # 读取经营负债合计
12  jyfzxsbfb = jyfz/3000            # 计算经营负债销售百分比
13
14  # 融资总需求=经营资产增加额(销售增加额×经营资产销售百分比)—\
15  # 经营负债增加额((销售增加额×经营资产销售百分比))
16  rzzxq = (yjyysr-3000)* jyzcxsbfb- (yjyysr-3000)* jyfzxsbfb
17  print("-----------------------------------------------")
18  print("根据输入的预计营业收入,可计算得到 2×22 年的融资总需求为:"+str(round(rzzxq))+"万元")
```

>>> **运行结果**

请输入 2×22 年预计的营业收入(单位：万元)2022

根据输入的预计营业收入，可计算得到 2×22 年的融资总需求为：-561 万元

11.3 收入预算

11.3.1 任务背景

现金预算可以预测未来时期企业对到期债务的直接偿付能力，直接地揭示出企业现金短缺的时期，使财务管理部门能够在显露短缺时期来临之前安排筹资，从而避免在债务到期时，因无法偿还而影响企业的信誉，为企业以后融资增加阻力。销售收入预算是现金预算中一个非常重要的部分，财务人员在工作中为了更好地避免财务的支付风险，要能够根据销售预测制定合理的销售收入预算表，以便于做出合理的资金支付排程计划。

11.3.2 知识准备

销售预算是整个预算的编制起点，其他预算的编制都以销售预算为基础。销售预算的主要内容是销售数量、销售单价和销售收入。销售数量是根据市场预测或销货合同并结合企业生产能力确定的，销售单价是通过定价决策确定的，销售收入是两者的乘积，在销售预算中计算得出。

按业务量基础数量特征的不同，营业预算的编制方法可分为固定预算法和弹性预算法两大类。弹性预算法是在成本性态分析的基础上，依据业务量、成本和利润之间的联动关系，按照预算期内相关的业务量(如生产量、销售量、工时等)水平计算其相应预算项目所消耗资源的预算编制方法。

弹性预算法又分为公式法和列表法两种具体方法。公式法是运用总成本性态模型，测算预算期的成本费用额，并编制成本费用预算的方法；列表法是在预计的业务量范围内将业务量分为若干个水平，然后按不同的业务量水平编制预算的方法。应用列表法编制预算，首先要在确定的业务量范围内划分出若干个不同水平，然后分别计算各项预算值，汇总列入一个预算表格。

11.3.3 任务要求

A 公司只生产一种产品，按以往的经营情况预估了 20×2 年度内 12 个月的销售量和每个月的销售单价。公司采用赊销的销售方式，产品的账期为 3 个月，客户需在 3 个月内支付货款，销售款分别在商品售出的第一、二、三个月可收到 50%、30%、20%。预计预算年度第一个月可收回上年最后一个月的应收账款 2 100 000 元。要求用 Python 计算公司的现金收入预算，画出 20×2 年度的现金收入折线图，并将计算结果回填到销售预算表中。

↗ 实验数据

本任务实验数据参见"11-3 销售预算.xlsx"(扫描右侧二维码获取)。

11-3 销售预算

11.3.4 任务解析

任务编码思路如下。
(1) 通过 Pandas 读取 Excel 中销售预算表的数据。
(2) 通过读取的销售单价和销售量，计算各月的预计销售额。
(3) 根据应收款回款规则，计算各月的预计销售收入。
(4) 调用 Pyplot 的 plot ()画出预计销售收入的折线图。
(5) 调用 openpyxl 的 load_workbook()、cell()、save()方法将预计销售收入数据填写到"11-3 销售预算.xlsx"中。

根据任务解析编写代码。

>>> **动手实践**

☐ 收入预算

```
1   收入预算任务
2   import matplotlib.pyplot as plt
3   import pandas as pd
4   from openpyxl import load_workbook
5   # import openpyxl as opxl
6   plt.rcParams["font.sans-serif"]=["SimHei"]
7   plt.rcParams["axes.unicode_minus"]=False
8
9   df1=pd.read_excel(r'11-3 销售预算.xlsx')  # 读取销售预测数据
10
11  month=[]                      # 月份
12  price=[]                      # 预计销售价格
13  salesnum=[]                   # 预计销售量
14  salesvolume=[]                # 预计销售额
15  receivables=df1.iloc[4][1]    # 读取 1 月份可收到的应收款
```

```
16  salesincome=[]                        # 预计销售收入
17
18  # 读取销售量和单价,并计算出 1-12 月的预计销售额
19  i =1
20  while i<=12:
21      month.append(df1.iloc[1][i])
22      price.append(df1.iloc[3][i])
23      salesnum.append(df1.iloc[2][i])
24      salesvolume.append(df1.iloc[3][i]*df1.iloc[2][i])
25      i=i+1
26
27  # 计算每个月预计的销售收入
28  for index in range(len(month)):
29      if index ==0:        # 1 月销售收入预测
30          salesincome.append(receivables+salesvolume[index]*0.5)
31      elif index ==1:      # 2 月销售收入预测
32          salesincome.append(salesvolume[index-1]*0.3+salesvolume[index]*0.5)
33      else:
34
35  salesincome.append(salesvolume[index-2]*0.2+salesvolume[index-1]*0.3+
    salesvolume[index]*0.5)
36
37  print(salesincome)
38  plt.plot(month,salesincome,'-o',label='预计销售收入')
39  plt.title("20×2 年预计销售收入分析")
40  plt.xlabel("月份")
41  plt.ylabel("预计销售收入")
42  plt.show()
43
44  wb = load_workbook('11-3 销售预算.xlsx')
45  sheet=wb['Sheet1']
46
47  for j in range(len(salesincome)):
48      sheet.cell(7,j+2).value=salesincome[j]
49  wb.save('11-3 销售预算.xlsx')
50  print("现金收入预算已填写进表格中!")
```

> **运行结果**

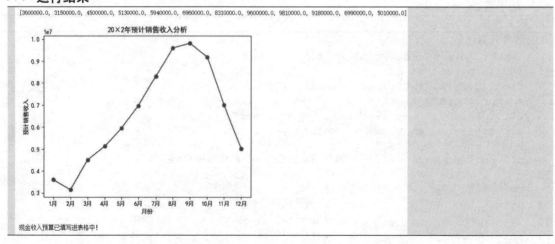

11.4 现金预算

11.4.1 任务背景

企业需要有足够的现金来支付职工工资，偿付应付账款与票据及其他期债务，不能及时偿付债务，称为"无偿债能力"。无偿债能力的企业，可能被迫宣告破产。即使经营管理得很好的企业，在市场银根紧缩、自身搞基本建设、扩大销售活动或生产规模的时期，有时也会感到现金流紧张。因此，企业经营者必须提前规划现金流量，使手头现金随时足够。

11.4.2 知识准备

现金预算的编制，以各项营业预算和资本预算为基础，它反映各预算期的收入款项和支出款项，并做对比说明。

编制现金预算的目的是合理地处理现金收支业务，调度资金，保证企业财务处于良好状态。它包括以下内容。

- 现金收入：包括期初现金结存数和预算期内预计现金收入数，如现金销售收入、回收应收账款、票据贴现等。
- 现金支出：是指预算期内预计现金支出数，如支付材料采购款，支付工资，支付制造费用、管理费用和销售费用，偿还应付账款，交纳税金，购买设备等。
- 现金的多余或不足：现金收支相抵后的余额，若收大于支，表示现金有多余，可用于偿还贷款，购买短期证券；若收小于支，表示现金不足，需设法筹资、融资。如果资金不足，就要向银行借款，或发行短期商业票据以筹集资金，以及还本付息等。

现金预算是反映预期内企业现金流转状况的预算，这里所说的现金，包括企业库存现金、银行存款等货币资金。现金预算具体的内容如下。

- 销售预算：只要商品经济存在，任何企业都必须实行以销定产。因此，销售预算就成为编制全面预算的关键，是整个预算的起点，其他预算都以销售预算为基础。
- 生产预算：是在销售预算的基础上编制出来的，主要包括销售量、期初和期末存货、生产量等。由于存在许多不确定性，企业的生产和销售在时间上和数量上不能完全一致。
- 直接材料预算：是以生产预算为基础编制的，同时要考虑原材料存货水平，主要直接材料的单位产品用量、生产需用量、期初和期末存量等。
- 直接人工预算：是以生产预算为基础编制的，主要包括预计产量、单位产品工时、人工总工时、每小时人工成本和人工总成本等。
- 制造费用预算：是以生产预算为基础来编制的，可根据预计生产量和预计的变动制造费用分配率来计算。制造费用按其习性，可分为变动制造费用和固定制造费用。
- 产品成本预算：是生产预算、直接材料预算、直接人工预算和制造费用预算的汇总，主要包括产品的单位成本和总成本。
- 销售费用预算：是为了实现销售预算所需支付的费用预算。它以销售预算为基础，要分析销售收入、销售利润和销售费用的关系，力求实现销售费用的最有效使用。

11.4.3 任务要求

A 公司要求财务人员在每年的年初编制现金预算表，财务人员为了快速编制现金预算表，需要设计现金预算模板，要求用 Python 读取现金预算模板中的信息，计算直接材料、直接人工、制造费用、销售及管理费用的现金支出，最后通过 Python 自动编制现金预算表，任务编写要求如下。

(1) 现金预算模板中，黄色背景的单元格属于财务人员需要提前填写的内容，白色背景的单元格是需要通过 Python 计算并回填数据。

(2) 直接材料计算的时候，"预计期末材料存量"根据下月生产需用量的一定百分比确定，具体比例作为直接材料预算参数需要在模板中填写。年初材料存量和年末材料存量也作为直接材料预算参数需要在模板中填写。公司材料付款情况都是采购当月和次月按比例付款，付款比例一年定一次，具体比例也作为直接材料预算参数需要在模板中填写。

(3) 直接材料计算公式为

预计材料采购量=(预计生产需用量+预计期末材料存量) − 预计期初材料存量

预计采购金额=预计材料采购量×单价

预计现金支出=本月采购金额×当月付款比例+上月采购应付金额×次月付款比例

(4) 直接人工现金支出计算公式为

预计现金支出=预计生产量×单位产品工时×每小时人工成本

(5) 制造费用现金支出计算公式为

预计现金支出=变动制造费用+固定制造费用=[预计生产量×(间接人工+间接材料+修理费+水电费)]+[修理费+管理人员工资+保险费+财产税]

(6) 销售与管理费用支出计算公式为

预计现金支出=销售人员工资+广告费+保重运输费+管理人员薪金+福利费+保险费+办公费

(7) 现金预算中的销货现金收入数据来源于本章 11.3 节任务中收入预算计算后的数据。

(8) 现金预算表期末现金余额计算公式为

期末现金余额=期初现金余额+销货现金收入+银行借款 − 直接材料 − 直接人工 − 制造费用-销售与管理费用 − 所得税费用 − 购买设备 − 应发股利 − 还银行借款 − 短期借款利息 − 长期借款利息

(9) 现金预算编写完成后通过折线图分析期末余额情况。

↗ 实验数据

本任务实验数据参见"11-4 现金预算.xlsx"(扫描右侧二维码获取)。

11-4 现金预算

11.4.4 任务解析

任务编码思路具体如下。

(1) 在"直接材料"页签中计算并回填数据：

① 通过 Pandas 读取 Excel 中"直接材料"页签中的数据。

② 通过读取的预计生产量和单位产品材料用量，计算各月的预计生产需求和预计期末材料存量。

③ 根据预计生产需求量、预计期末材料存量和参数信息，计算采购现金支出。

④ 调用 openpyxl 的 load_workbook()、cell()、save()方法将采购现金支出数据填写到 11-4 现金预算.xlsx 工作簿的"直接材料"和"现金预算"页签的对应数据区域。

⑤ 具体的计算过程如图 11-2 所示。

直接材料预算												
项目	1月	2月	3月	4月	5月	6月	7月	8月	9月	10月	11月	12月
预计生产量（件）	1080	1560	1800	1950	2400	2800	3250	3780	3300	2880	1760	1240
单位产品材料用量（千克/件）	300	300	300	300	300	300	300	300	300	300	300	300
预计生产需用量（千克）	324000	468000	540000	585000	720000	840000	975000	1134000	990000	864000	528000	372000
加：预计期末材料存量（千克）	93600	108000	117000	144000	168000	195000	226800	198000	172800	105600	74400	85000
合计	417600	576000	657000	729000	888000	1035000	1201800	1332000	1162800	969600	602400	457000
减：预计期初材料存量（千克）	80000	93600	108000	117000	144000	168000	195000	226800	198000	172800	105600	74400
预计材料采购量	337600	482400	549000	612000	744000	867000	1006800	1105200	964800	796800	496800	382600
单价（元/千克）	5	5	5	5	5	5	5	5	5	5	5	5
预计采购金额（元）	1688000	2412000	2745000	3060000	3720000	4335000	5034000	5526000	4824000	3984000	2484000	1913000
预计现金支出												
上年应付账款	2100000											
1月	844000	844000										
2月		1206000	1206000									
3月			1372500	1372500								
4月				1530000	1530000							
5月					1860000	1860000						
6月						2167500	2167500					
7月							2517000	2517000				
8月								2763000	2763000			
9月									2412000	2412000		
10月										1992000	1992000	
11月											1242000	1242000
12月												956500
合计	2944000	2050000	2578500	2902500	3390000	4027500	4684500	5280000	5175000	4404000	3234000	2198500

图 11-2　计算过程示例

根据任务解析编写代码。

>>> **动手实践**

❑ **直接材料预计现金支出**

```
1   # 现金预算任务——在直接材料页签计算并回填预计现金支出
2   import pandas as pd
3   from openpyxl import load_workbook
4
5   df1=pd.read_excel(r'11-4 现金预算.xlsx',sheet_name='直接材料')  # 读取直接材料
6
7   # 读取直接材料预算参数
8   yjqmkcbl=df1.iloc[0][15]      # 预计期末存量比例
9   ncclcl=df1.iloc[1][15]        # 读取年初材料存量
10  nmclcl=df1.iloc[2][15]        # 读取年末材料存量
11  nmyfzk=df1.iloc[3][15]        # 读取上年应付账款
12  dycgfkbl=df1.iloc[4][15]      # 读取采购当月付款比例
13  cycgfkbl=df1.iloc[5][15]      # 读取采购次月付款比例
14
15  yjscxql=[]     # 预计生产需求量
16  yjqmclcl=[]    # 预计期末材料存量
17  yjqcclcl=[]    # 预计期初材料存量
18  yjcgdj=[]      # 预计采购单价
19  yjclcgl=[]     # 预计材料采购量
20  yjcgje=[]      # 预计采购金额
21  yjxjzc=[]      # 预计现金支出
22
23  # 读取表格数据，计算预计生产需求量和预计期末材料存量
24  i =1
25  while i<=12:
26      # 预计生产需求量 = 预计生产量(件) * 单位产品材料用量(千克/件)
27      yjscxql.append(df1.iloc[1][i]*df1.iloc[2][i])
28      yjcgdj.append(df1.iloc[3][i])  # 读取各月的采购单价
29      # 计算 12 个月的预计期末材料存量
```

```python
30      if(i==12):
31          yjqmclcl.append(nmclcl)
32      else:
33          # 预计期末材料存量 = 下个月预计生产需求量*0.2
34          yjqmclcl.append(df1.iloc[1][i+1]*df1.iloc[2][i+1]*yjqmkcbl)
35      i=i+1
36  
37  # 根据生产需求量、预计期末材料存量和参数信息计算采购现金支出
38  for j in range(len(yjscxql)):
39  
40      # 计算12个月的预计期初材料存量
41      if(j==0):
42          yjqcclcl.append(ncclcl)
43      else:
44          # 预计期初材料存量 = 上个月预计期末材料存量
45          yjqcclcl.append(yjqmclcl[j-1])
46  
47      # 预计材料采购量=(预计生产需用量+预计期末材料存量)-预计期初材料存量
48      yjclcgl.append(yjscxql[j]+yjqmclcl[j]-yjqcclcl[j])
49      # 预计采购金额 = 预计材料采购量*单价
50      yjcgje.append(yjclcgl[j]*yjcgdj[j])
51  
52      # 计算各月的预计采购现金支出
53      if(j==0):
54          # 1月份的采购现金支出 = 当月采购支出+读取上年应付账款
55          yjxjzc.append(yjcgje[j]*dycgfkbl + nmyfzk)
56      else:
57          # 预计现金支出 = 本月采购金额*当月付款比例+上月采购应付金额*次月付款比例
58          yjxjzc.append(yjcgje[j]*dycgfkbl + yjcgje[j-1]*cycgfkbl)
59  
60  # 将得到的预计采购现金支出回填到现金预算表格中
61  wb = load_workbook('11-4 现金预算.xlsx')
62  sheet=wb['直接材料']
63  sheet1=wb['现金预算']
64  
65  for index in range(len(yjxjzc)):
66      sheet.cell(6,index+2).value=yjxjzc[index]
67      sheet1.cell(5,index+2).value=yjxjzc[index]
68  
69  wb.save('11-4 现金预算.xlsx')
70  print("直接材料的预计现金支出数据已填写进表格中！")
```

>>> **运行结果**

直接材料的预计现金支出数据已填写进表格中！

(2) 在"直接人工"页签中计算并回填数据。

① 通过 Pandas 读取 Excel 中"直接人工"页签中的数据。

② 通过读取的预计生产量、单位产品工时和每小时人工成本，计算直接人工现金支出。

③ 调用 openpyxl 的 load_workbook()、cell()、save()方法将直接人工现金支出数据填写到 11-4 现金预算.xlsx 工作簿"直接人工"和"现金预算"页签的对应数据区域。

根据任务解析编写代码。

>>> 动手实践

☐ 直接人工预计现金支出

```
1   # 现金预算任务——在直接人工页签计算并回填预计现金支出
2   import pandas as pd
3   from openpyxl import load_workbook
4
5   # 读取直接人工页签数据
6   df1=pd.read_excel(r'11-4 现金预算.xlsx',sheet_name='直接人工')
7
8   yjrgxjzc=[]# 预计直接人工现金支出
9
10  i =1
11  while i<=12:
12      # 预计直接人工现金支出= 预计生产量*单位产品工时*每小时人工成本
13      yjrgxjzc.append(df1.iloc[1][i]*df1.iloc[2][i]*df1.iloc[3][i])
14      i=i+1
15
16  # 将得到的预计直接人工现金支出回填到表格中
17  wb = load_workbook('11-4 现金预算.xlsx')
18  sheet=wb['直接人工']
19  sheet1=wb['现金预算']
20
21  for index in range(len(yjrgxjzc)):
22      sheet.cell(6,index+2).value=yjrgxjzc[index]
23      sheet1.cell(6,index+2).value=yjrgxjzc[index]
24  wb.save('11-4 现金预算.xlsx')
25
26  print("直接人工的预计现金支出数据已填写进表格中!")
```

>>> 运行结果

直接人工的预计现金支出数据已填写进表格中!

(3) 在"制造费用"页签中计算并回填数据。

① 通过 Pandas 读取 Excel 中"制造费用"页签中的数据。

② 通过读取的数据，按现金支出的公式计算。

③ 调用 openpyxl 的 load_workbook()、cell()、save()方法将直接人工现金支出数据填写到 11-4 现金预算.xlsx 工作簿"制造费用"和"现金预算"页签的对应数据区域。

根据任务解析编写代码。

>>> 动手实践

☐ 制造费用预计现金支出

```
1   # 现金预算任务——在制造费用页签计算并回填预计现金支出
2   import pandas as pd
3   from openpyxl import load_workbook
4
5   # 读取制造费用页签数据
6   df1=pd.read_excel(r'11-4 现金预算.xlsx',sheet_name='制造费用')
7
```

```
 8    yjzzxjzc=[]# 预计制造费用现金支出
 9
10    i =1
11    while i<=12:
12        # 预计现金支出 = [预计生产量*(间接人工+间接材料+修理费+水电费)]
13        #             + [修理费+管理人员工资+保险费+财产税]
14        temp1 = df1.iloc[1][i] * (df1.iloc[2][i] + df1.iloc[3][i] + df1.iloc[4][i]
      + df1.iloc[5][i])
15        temp2 = df1.iloc[6][i] + df1.iloc[8][i] + df1.iloc[9][i] + df1.iloc[10][i]
16        yjzzxjzc.append(temp1 + temp2)
17        i = i + 1
18
19    # 将得到的预计制造费用现金支出回填到表格中
20    wb = load_workbook('11-4 现金预算.xlsx')
21    sheet=wb['制造费用']
22    sheet1=wb['现金预算']
23
24    for index in range(len(yjzzxjzc)):
25        sheet.cell(13,index+2).value=yjzzxjzc[index]
26        sheet1.cell(7,index+2).value=yjzzxjzc[index]
27    wb.save('11-4 现金预算.xlsx')
28    print("制造费用的预计现金支出数据已填写进表格中! ")
```

>>> **运行结果**

制造费用的预计现金支出数据已填写进表格中!

(4) 在"销售及管理费用"页签中计算并回填数据。

① 通过 Pandas 读取 Excel 中"销售及管理费用"页签中的数据。

② 通过读取销售和管理费用项目综合计算每月预计现金支出。

③ 调用 openpyxl 的 load_workbook()、cell()、save()方法将直接人工现金支出数据填写到 11-4 现金预算.xlsx 工作簿"销售及管理费用"和"现金预算"页签的对应数据区域。

根据任务解析编写代码。

>>> **动手实践**

❏ **销售及管理费用预计现金支出**

```
 1   # 现金预算任务——在销售及管理费用页签计算并回填预计现金支出
 2   import pandas as pd
 3   from openpyxl import load_workbook
 4
 5   # 读取销售及管理费用页签数据
 6   df1=pd.read_excel(r'11-4 现金预算.xlsx',sheet_name='销售及管理费用')
 7
 8   yjxsxjzc=[]# 预计销售和管理费用现金支出
 9
10   i =1
11   while i<=12:
12       # 预计现金支出= 销售人员工资+广告费+保重运输费+管理人员薪金+福利费+保险费+办公费
13       temp = df1.iloc[1][i]+df1.iloc[2][i]+df1.iloc[3][i]+df1.iloc[4][i]\
14              +df1.iloc[5][i]+df1.iloc[6][i]+df1.iloc[7][i]+df1.iloc[8][i]
15       yjxsxjzc.append(temp)
```

```
16      i=i+1
17
18  # 将得到的预计制造费用现金支出回填到表格中
19  wb = load_workbook('11-4 现金预算.xlsx')
20  sheet=wb['销售及管理费用']
21  sheet1=wb['现金预算']
22
23  for index in range(len(yjxsxjzc)):
24      sheet.cell(11,index+2).value=yjxsxjzc[index]
25      sheet1.cell(8,index+2).value=yjxsxjzc[index]
26  wb.save('11-4 现金预算.xlsx')
27  print("销售及管理费用的预计现金支出数据已填写进表格中!")
```

>>> 运行结果

销售及管理费用的预计现金支出数据已填写进表格中!

(5) 在"现金预算"页签中计算并回填数据。

① 通过 Pandas 读取本书 11-3 销售预算.xlsx 中的销售收入的数据,填写到 11-4 现金预算.xlsx 中。

② 通过 Pandas 读取"现金预算"页签中的数据。

③ 根据获取的现金预算数据计算期初现金余额和期末现金余额。

④ 调用 openpyxl 的 load_workbook()、cell()、save()方法将期初现金余额和期末现金余额数据填写到 11-4 现金预算.xlsx 工作簿"现金预算"页签的对应数据区域。

⑤ 调用 Pyplot 的 plot()绘制图像,做期末现金余额的可视化分析。

根据任务解析编写代码。

>>> 动手实践

❑ **期末现金余额预算分析**

```
1   # 现金预算任务——在现金预算页签计算并回填预计现金支出
2   import matplotlib.pyplot as plt
3   import pandas as pd
4   from openpyxl import load_workbook
5   plt.rcParams["font.sans-serif"]=["SimHei"]
6   plt.rcParams["axes.unicode_minus"]=False
7
8   df1=pd.read_excel(r'11-3 销售预算.xlsx')  # 读取销售预测数据
9
10  salesincome=[]          # 预计销售收入
11  i =1
12  while i<=12:
13
14      salesincome.append(df1.iloc[5][i])
15      i=i+1
16
17  # 将得到的预计销售收入回填到表格中
18  wb = load_workbook('11-4 现金预算.xlsx')
19  sheet1=wb['现金预算']
20  for index in range(len(salesincome)):
21      sheet1.cell(4,index+2).value=salesincome[index]
22  wb.save('11-4 现金预算.xlsx')
```

```python
23  print("销售收入数据已填写进表格中！")
24
25  df=pd.read_excel(r'11-4 现金预算.xlsx',sheet_name='现金预算')
26  # 读取现金预算页签数据
27  qcxjye=[]        # 期初现金余额
28  qmxjye=[]        # 期末现金余额
29  month=[]         # 月份
30
31  # 读取现金预算中的数据，计算出期初现金余额和期末现金余额
32  # 期末现金余额= 期初现金余额+销货现金收入+银行借款-直接材料-直接人工-制造费用
33  # -销售与管理费用-所得税费用-购买设备-应发股利-还银行借款-短期借款利息-长期借款利息
34  j =1
35  while j <= 12:
36      if j == 1:
37          qcxjye.append(df.iloc[1][j])
38          temp = (
                  qcxjye[j - 1] + df.iloc[2][j] + df.iloc[10][j]
                  - df.iloc[3][j] - df.iloc[4][j] - df.iloc[5][j]
                  - df.iloc[6][j] - df.iloc[7][j] - df.iloc[8][j]
                  - df.iloc[9][j] - df.iloc[11][j] - df.iloc[12][j]
                  - df.iloc[13][j]
              )
39          qmxjye.append(temp)
40          month.append(df.iloc[0][j])
41      else:
42          qcxjye.append(qmxjye[j - 2])
43          temp = (
                  qcxjye[j - 1] + df.iloc[2][j] + df.iloc[10][j]
                  - df.iloc[3][j] - df.iloc[4][j] - df.iloc[5][j]
                  - df.iloc[6][j] - df.iloc[7][j] - df.iloc[8][j]
                  - df.iloc[9][j] - df.iloc[11][j] - df.iloc[12][j]
                  - df.iloc[13][j]
              )
44          qmxjye.append(temp)
45          month.append(df.iloc[0][j])
46      j = j + 1
47  # 将得到的现金期初余额和期末余额回填到表格中
48  for index in range(len(qcxjye)):
49      sheet1.cell(3,index+2).value=qcxjye[index]
50      sheet1.cell(16,index+2).value=qmxjye[index]
51  wb.save('11-4 现金预算.xlsx')
52  print("现金预算数据已填写进表格中！")
53
54  plt.plot(month,qmxjye,'-o',label='期末现金余额')
55  plt.title("20×2年期末现金余额预算分析")
56  plt.xlabel("月份")
57  plt.ylabel("期末现金余额")
58  plt.show()
```

>>> 运行结果

销售收入数据已填写进表格中！
现金预算数据已填写进表格中！

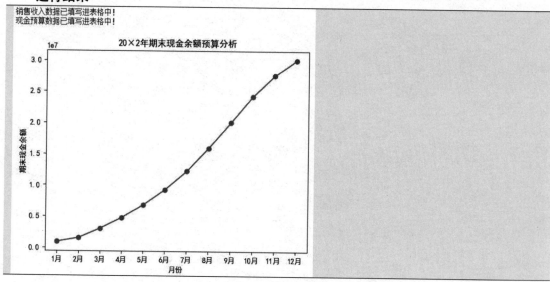

第 12 章
Python在财务中的综合应用

> **学习目标**
> 1. 了解大数据的基本概念
> 2. 了解大数据在各行各业的应用
> 3. 了解大数据在财务领域的应用

> **学习导图**

本章略。

12.1 行业财务报表采集

12.1.1 任务背景

中捷资源投资股份有限公司近年一直处于亏损的状态,为了了解行业其他企业的经营情况,需要财务人员关注同行业的年度财务报表数据做分析,财务任务可以通过编写行业报表采集的 Python 爬虫采集程序来实现同行业全部企业的报表采集。

12.1.2 知识准备

本节无新知识介绍。

12.1.3 任务要求

编写 Python 代码,在新浪财经采集纺织机械行业下全部公司近 10 年的资产负债表、利润表和现金流量表的年报数据。纺织机械行业和该行业下的公司网址查找步骤,可通过扫描二维码了解。

获取步骤

12.1.4 任务解析

任务编码思路如下。

(1) 打开纺织机械行业页面,在开发者工具下,找到该行业下企业的查询接口对应的 url,如图 12-1 所示。

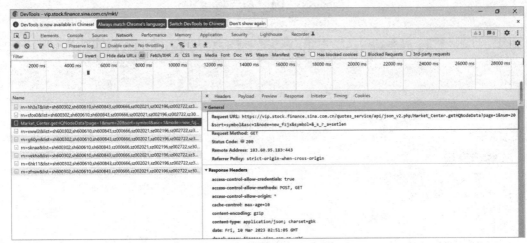

图 12-1　企业查询接口对应的 url

(2) 在开发者工具下，选择 Preview 选项卡，可以看到请求返回的数据是 json 格式的，通过分析数据可知，返回的数据是纺织机械行业下的全部公司，包含公司股票代码、公司代码、公司名称等信息，如图 12-2 所示。

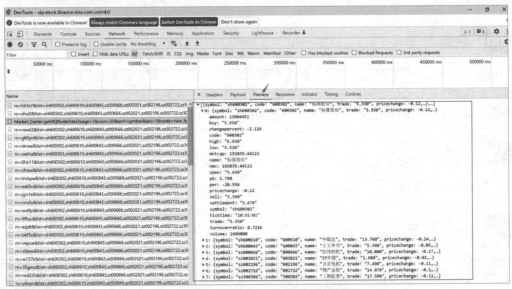

图 12-2　分析 Preview 选项卡中的数据

(3) 以标准股份为例，访问三大报表数据网页后打开开发者工具，切换到年报数据，如图 12-3 所示。

第 12 章 | Python 在财务中的综合应用

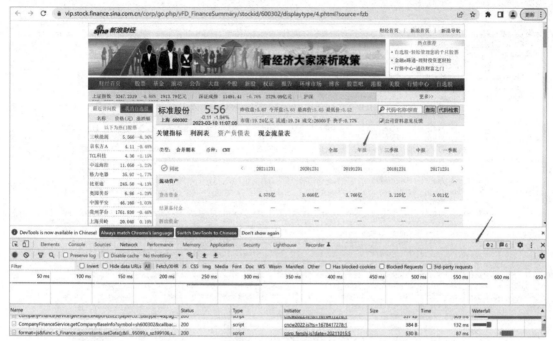

图 12-3 年报数据

(4) 找到标准股份公司的资产负债表年报的查询接口的 url，如图 12-4 所示。

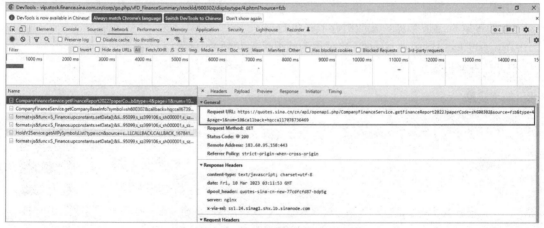

图 12-4 资产负债表年报的查询接口

(5) 用同样的方法找到标准股份公司的利润表年报的查询接口的 url。

(6) 找到标准股份公司的现金流量表年报的查询接口的 url。

(7) 用同样的方法找到其他公司的三大报表年报的查询接口的 url，分析后发现，接口 url 一样，区别在于不同企业在 url 中传入的 paperCode 是不同的企业股票代码。

(8) 根据获取的 url，调用 requests 库的 get 方法来发送请求，通过 text 获取网页相应内容，并将获取的内容转换为 json 格式保存，如图 12-5 所示。

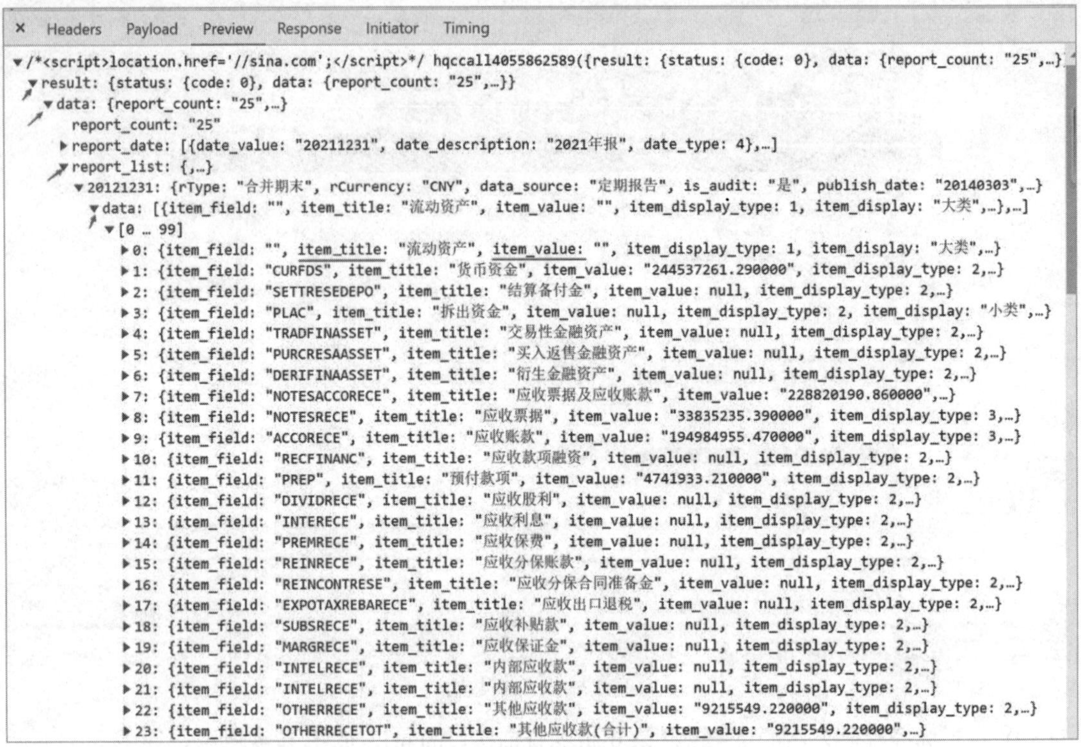

图 12-5 json 格式的内容

(9) 通过解析 json 数据,按数组存放报表数据。
(10) 通过 Pandas 的 to_excel,将采集到的报表保存到 Excel 中。
根据任务解析编写代码。

>>> 动手实践

☐ 采集报表数据

```
1   # 行业财务报表采集任务
2   import requests
3   import json
4   import pandas as pd
5
6   # 根据纺织机械行业的接口 url 爬取数据,获取该行业下的全部公司信息     视频 12-1
7   url = 'https://vip.stock.finance.sina.com.cn/quotes_service/api/
    json_v2.php/Market_Center.\
    getHQNodeData?page=1&num=20&sort=symbol&asc=1&node=new_fzjx&symbol=
    &_s_r_a=setlen'
8   response = requests.get(url=url)
9   companydata=json.loads(response.text )
10  #print(companydata)
11
12  balance_value_rows = []       # 行业下各公司资产负债表
13  profit_value_rows = []        # 行业下各公司利润表
14  cash_value_rows = []          # 行业下各公司现金流量表
15
16  # 循环行业公司信息后,按公司抓取报表数据
17  for company in companydata:
```

```
18          symbol = company['symbol']        # 公司代码
19          code = company['code']            # 公司数字代码
20          name = company['name']            # 公司名称
21          # 资产负债表url
22          balance_sheet_url = "https://quotes.sina.cn/cn/api/openapi.php/
23              CompanyFinanceService.\
24          getFinanceReport2022?paperCode="+symbol+"&source=fzb&type=
25              4&page=1&num=10"
26          # 利润表url
27          profit_sheet_url = "https://quotes.sina.cn/cn/api/openapi.php/
28              CompanyFinanceService.\
29          getFinanceReport2022?paperCode="+symbol+"&source=lrb&type=
30              4&page=1&num=10"
31          # 现金流量表url
32          cash_sheet_url = "https://quotes.sina.cn/cn/api/openapi.php/
33              CompanyFinanceService.\
34          getFinanceReport2022?paperCode="+symbol+"&source=
35              llb&type=4&page=1&num=10"
36
37          # 抓取资产负债表数据并保存到表格中
38          balance_data=[]                              # 资产负债表数据信息
39          balance_response = requests.get(balance_sheet_url)
40          # 发送资产负债表查询请求
41          balance_data = json.loads(balance_response.text)['result']
42              ['data']['report_list']
43          for balance_date in balance_data.keys():    #按报表日期循环
44              balance_d = balance_data[balance_date]  # 按报表日期获取报表数据
45              balance_value_row = {
46                  '报表日期':balance_date,
47                  '公司名称': name
48              }
49              for balance_dd in balance_d['data']:    # 循环读取报表项目数据
50                  balance_dd_title = balance_dd['item_title'] # 报表项目名称
51                  balance_dd_value = balance_dd['item_value'] # 报表项目数据
52                  if balance_dd_value is not None and balance_dd_value != '':
53                      balance_dd_value = float(balance_dd_value)
54                  else:
55                      balance_dd_value = ""
56                  balance_value_row[balance_dd_title] = balance_dd_value
57              balance_value_rows.append(balance_value_row)
58
59          # 抓取利润表数据并保存到表格中
60          profit_data=[]# 利润表数据信息
61          profit_response = requests.get(profit_sheet_url)
62          # 发送利润表查询请求获得数据
63          profit_data = json.loads(profit_response.text)
64              ['result']['data']['report_list']
65          for profit_date in profit_data.keys():      # 按报表日期循环
66              profit_d = profit_data[profit_date]     # 按报表日期获取报表数据
67              profit_value_row = {
68                  '报表日期':profit_date,
```

```python
69                '公司名称': name
70            }
71
72        for profit_dd in profit_d['data']:        # 循环读取报表项目数据
73            profit_dd_title = profit_dd['item_title']  # 报表项目名称
74            profit_dd_value = profit_dd['item_value']  # 报表项目数据
75            if profit_dd_value is not None and profit_dd_value != '':
76                profit_dd_value = float(profit_dd_value)
77            else:
78                profit_dd_value = ""
79            profit_value_row[profit_dd_title] = profit_dd_value
80        profit_value_rows.append(profit_value_row)
81
82    # 抓取现金流量表数据并保存到表格中
83    cash_data=[]#现金流量表数据信息
84    cash_response = requests.get(cash_sheet_url)
85    # 发送现金流量表查询请求获得数据
86    cash_data = json.loads(cash_response.text)['result']
87        ['data']['report_list']
88    for cash_date in cash_data.keys():            # 按报表日期循环
89        cash_d = cash_data[cash_date]             # 按报表日期获取报表数据
90        cash_value_row = {
91            '报表日期':cash_date,
92            '公司名称': name
93        }
94
95        for cash_dd in cash_d['data']:            # 循环读取报表项目数据
96            cash_dd_title = cash_dd['item_title']   # 报表项目名称
97            cash_dd_value = cash_dd['item_value']   # 报表项目数据
98            if cash_dd_value is not None and cash_dd_value != '':
99                cash_dd_value = float(cash_dd_value)
100           else:
101               cash_dd_value = ""
102           cash_value_row[cash_dd_title] = cash_dd_value
103       cash_value_rows.append(cash_value_row)
104
105 balance=pd.DataFrame(balance_value_rows)
106 balance.to_excel('12-2-3 纺织机械行业资产负债表.xlsx', sheet_name=
        '资产负债表',index=False)
107 profit=pd.DataFrame(profit_value_rows)
108 profit.to_excel('12-2-1 纺织机械行业利润表.xlsx', sheet_name=
        '利润表',index=False)
109 cash=pd.DataFrame(cash_value_rows)
110 cash.to_excel('12-2-3 纺织机械行业现金流量表.xlsx', sheet_name=
        '现金流量表',index=False)
111 print("纺织机械行业三大报表数据抓取完毕!")
```

>>> 运行结果

纺织行业三大报表数据抓取完毕!

12.2 行业财务报表分析

12.2.1 任务背景

中捷资源投资股份有限公司财务人员为了做企业和行业财务指标的分析,对采集到的报表做分析,根据分析要求先完成指标分析,再做可视化指标对比分析。

12.2.2 知识准备

本节无新知识介绍。

12.2.3 任务要求

中捷资源投资股份有限公司财务人员针对采集到的行业报表做对应的分析,分析要求如下。
(1) 计算纺织机械行业近 10 年的营业收入与营业利润均值。
(2) 计算纺织机械行业下属全部公司近 10 年的营运能力指标:

$$应收账款周转率=营业收入÷平均应收账款余额$$
$$存货周转率=营业成本÷平均存货余额$$
$$流动资产周转率=营业收入÷平均流动资产余额$$
$$固定资产周转率=营业收入÷平均固定资产余额$$
$$总资产周转率=营业收入÷平均总资产余额$$

注意:
- 上述公式中的平均余额以(上年数+本年数)÷2 计算;
- 固定资产取采集到资产负债表中的固定资产及清理合计这个报表项目。

(3) 可视化分析近 5 年的 ST 中捷与行业的营运能力指标。

注意:行业指标为该行业下全部企业指标的平均值。

▶ 实验数据

本任务实验数据包括以下几个 Excel 工作簿:
- 12-2-1 纺织机械行业利润表.xlsx;
- 12-2-2 纺织机械行业现金流量表.xlsx;
- 12-2-3 纺织机械行业资产负债表.xlsx。

12-2-1 纺织机械行业利润表

12-2-2 纺织机械行业现金流量表

12-2-3 纺织机械行业资产负债表

12.2.4 任务解析

任务编码思路为:按任务要求分多个代码块实现,具体如下。

(1) 计算行业的营业收入和营业利润均值。

① 通过 Pandas 读取 "12-2-1 纺织机械行业利润表.xlsx" 中数据。

② 通过循环生成报表日期列表。

③ 根据报表日期计算该行业的平均营业收入和营业利润。

④ 调用 Pyplot 的 plot ()和 bar ()绘制图像，实现可视化分析。

根据任务解析编写代码。

>>> **动手实践**

□ 行业营业收入和利润分析

```python
1   # 财务报表分析 任务 行业营业收入均值和营业利润均值计算分析
2   import matplotlib.pyplot as plt
3   import pandas as pd
4   plt.rcParams["font.sans-serif"]=["SimHei"]
5   plt.rcParams["axes.unicode_minus"]=False
6
7   # 根据行业利润表计算行业近10年的营业收入与营业利润均值
8   profit_df=pd.read_excel(r'12-2-1 纺织机械行业利润表.xlsx')
9   yearlist=[]        # 报表年份
10  pjyysr=[]          # 平均营业收入
11  pjyylr=[]          # 平均营业利润
12
13  # 获取不重复的报表年份列表
14  datelist = profit_df['报表日期']
15  for date in datelist:
16      if date not in yearlist:
17          yearlist.append(date)
18
19  # 根据年份计算行业的平均营业收入和平均营业利润
20  for year in yearlist:
21      yysr = 0
22      yyrl = 0
23      num = 0
24      # 循环利润表数据按年份计算该行业下的全部企业的营业收入和营业利润总和
25      for index, row in profit_df.iterrows():
26          if(row["报表日期"] == year):
27              yysr = yysr + row["营业收入"]
28              yyrl = yyrl + row["营业利润"]
29              num = num+1
30      pjyysr.append(yysr/num) # 平均营业收入 = 营业收入总和÷企业数量
31      pjyylr.append(yyrl/num) # 平均营业利润 = 营业利润总和÷企业数量
32
33
34  # 输出行业营业收入均值和营业利润均值
35  i =0
36  years=[]
37  while i<len(yearlist):
38      years.append(str(yearlist[i])[0:4])
39      print(str(yearlist[i])[0:4]+"年的行业营业收入均值为",pjyysr[i])
40      print(str(yearlist[i])[0:4]+"年的行业营业利润均值为",pjyylr[i])
41      i=i+1
```

```
42
43  # 可视化分析行业营业收入均值和营业利润均值
44  plt.plot(years,pjyysr,'r-.*',label='营业收入均值')
45  plt.bar(years,pjyylr,label='营业利润均值')
46  plt.xlabel("年份")
47  plt.title("纺织机械行业营业收入和利润均值分析")
48  plt.legend()       # 显示图例
49  plt.show()         # 显示图形
```

>>> 运行结果

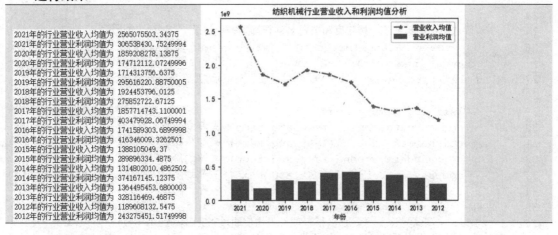

(2) 计算行业中全部企业的营运能力指标。

① 通过 Pandas 读取 12-2 纺织机械行业资产负债表.xlsx 和 12-2 纺织机械行业利润表.xlsx 中的数据。

② 通过 DataFrame.iterrows()循环读取的制作负债表数据，获取资产负债表中需要计算营运能力指标的数据，通过 DataFrame.query 查询出计算营运能力指标所需的利润表的数据。

③ 根据获取的数据计算营运能力的各指标。

④ 调用 DataFrame.to_excel ()将营运能力指标数据写到表格中。

根据任务解析编写代码。

>>> 动手实践

❑ 行业营运能力分析

```
1   # 财务报表分析 任务 行业下全部企业营运能力指标计算
2   import pandas as pd
3
4   profit_df=pd.read_excel(r'12-2-1 纺织机械行业利润表.xlsx')
5   balance_df=pd.read_excel(r'12-2-3 纺织机械行业资产负债表.xlsx')
6
7   clos=["报表年份","公司名称","营业收入","营业成本","平均应收账款","应收账款周转率",\
8       "平均存货","存货周转率","平均流动资产","流动资产周转率","平均固定资产",\
9       "固定资产周转率","平均总资产","总资产周转率"]
10  companydatas=[]
11
12  for index, row in balance_df.iterrows():
13      companydata=[]
14      date = row['报表日期']
```

```
15        year = int(str(date)[:4])
16        company_name = row['公司名称']
17        profit_row= profit_df.query("报表日期=="+str(date)+" and 公司名称
   =='"+company_name+"'")
18
19        companydata.append(year)
20        companydata.append(company_name)
21        companydata.append(profit_row['营业收入'].values[0])
22        companydata.append(profit_row['营业成本'].values[0])
23
24
25        # 筛选出上一年记录,按年度和公司名称查询上一年记录
26        last_row = balance_df.query("报表日期=="+str(year-1)+"1231 and 公司名称
   =='"+company_name+"'")
27        if len(last_row) == 0:    # 公司最后一条记录,那么报表项目平均值设置为空
28
29            last_avg_temp = None
30            companydata.append(last_avg_temp)  # 平均应收账款
31            companydata.append(last_avg_temp)  # 平均存货
32            companydata.append(last_avg_temp)  # 平均流动资产
33            companydata.append(last_avg_temp)  # 平均固定资产
34            companydata.append(last_avg_temp)  # 平均总资产
35
36        else:  # 不是一条记录,那么报表项目平均值通过"(上年数+本年数)÷2"计算得出
37            # 如果报表项目取到空,转化为0处理计算
38            if pd.isna(row['应收账款']):
39                row['应收账款'] = 0
40            if pd.isna(last_row['应收账款'].values[0] ):
41                last_row['应收账款'].values[0] = 0
42            if pd.isna(row['存货']):
43                row['存货'] = 0
44            if pd.isna(last_row['存货'].values[0] ):
45                last_row['存货'].values[0] = 0
46            if pd.isna(row['流动资产合计']):
47                row['流动资产合计'] = 0
48            if pd.isna(last_row['流动资产合计'].values[0] ):
49                last_row['流动资产合计'].values[0] = 0
50            if pd.isna(row['固定资产及清理合计']):
51                row['固定资产及清理合计'] = 0
52            if pd.isna(last_row['固定资产及清理合计'].values[0] ):
53                last_row['固定资产及清理合计'].values[0] = 0
54            if pd.isna(row['资产总计']):
55                row['资产总计'] = 0
56            if pd.isna(last_row['资产总计'].values[0] ):
57                last_row['资产总计'].values[0] = 0
58
59            # 计算各项目平均余额和周转率
60            temp = (row['应收账款'] + last_row['应收账款'].values[0]) / 2
61            # 计算平均应收账款
62            # 计算应收账款周转率 = 营业收入÷平均应收账款余额
63            temp1 = profit_row['营业收入'].values[0] temp
```

```
64          companydata.append(temp)        # 平均应收账款
65          companydata.append(temp1)       # 应收账款周转率
66
67          # 计算存货周转率 = 营业成本÷平均存货余额
68          temp = (row['存货'] + last_row['存货'].values[0]) / 2
69          # 计算平均存货
70          temp1 = profit_row['营业成本'].values[0]/temp
71          companydata.append(temp)        # 平均存货
72          companydata.append(temp1)       # 存货周转率
73
74          temp = (row['流动资产合计'] + last_row['流动资产合计'].values[0]) / 2
75          # 计算平均流动资产
76          # 计算流动资产周转率=营业收入÷平均流动资产余额
77          temp1 = profit_row['营业收入'].values[0]/temp
78          companydata.append(temp)        # 平均流动资产
79          companydata.append(temp1)       # 流动资产周转率
80
81          # 计算平均固定资产
82          temp = (row['固定资产及清理合计'] + last_row['固定资产及清理合计'].values[0]) / 2
83          # 计算固定资产周转率=营业收入÷平均固定资产余额
84          temp1 = profit_row['营业收入'].values[0]/temp
85          companydata.append(temp)        # 平均固定资产
86          companydata.append(temp1)       # 固定资产周转率
87
88          temp = (row['资产总计'] + last_row['资产总计'].values[0]) / 2
89          # 计算平均总资产
90          temp1 = profit_row['营业收入'].values[0]/temp
91          # 总资产周转率=营业收入/平均总资产余额
92          companydata.append(temp)        # 平均总资产
93          companydata.append(temp1)       # 总资产周转率
94
95      companydatas.append(companydata)
96
97  df=pd.DataFrame(companydatas,columns=clos)
98  df.to_excel('纺织机械行业营运能力指标分析数据.xlsx', sheet_name='营运能力数据',index=False)
99  print("营运能力指标数据保存完成。")
```

>>> **运行结果**

营运能力指标数据保存完成。

(3) 可视化分析近 5 年的 ST 中捷与行业的营运能力指标。

① 通过 Pandas 读取上一个代码块生成的营运指标数据。

② 通过 DataFrame.iterrows()循环读取的制作数据，计算出行业指标均值。

③ 调用 Pyplot 的 plot()绘制图像，实现 ST 中捷和行业指标的可视化分析。

根据任务解析编写代码。

>>> **动手实践**

❏ **ST 中捷与行业应用能力指标分析**

```
1   # 财务报表分析 任务 可视化分析 ST 中捷和行业的营运能力指标
```

```python
2   import matplotlib.pyplot as plt
3   import pandas as pd
4   plt.rcParams["font.sans-serif"]=["SimHei"]
5   plt.rcParams["axes.unicode_minus"]=False
6
7   zb_df=pd.read_excel(r'纺织机械行业营运能力指标分析数据.xlsx')
8
9   years=[]              # 报表年份
10  hyyszkzzl=[]          # 行业应收账款周转率均值
11  hychzzl=[]            # 行业存货周转率均值
12  hyldzczzl=[]          # 行业流动资产周转率均值
13  hygdzczzl=[]          # 行业固定资产周转率均值
14  hyzzczzl=[]           # 行业总资产周转率均值
15
16  stzjyszkzzl=[]        # ST中捷应收账款周转率均值
17  stzjchzzl=[]          # ST中捷存货周转率均值
18  stzjldzczzl=[]        # ST中捷流动资产周转率均值
19  stzjgdzczzl=[]        # ST中捷固定资产周转率均值
20  stzjzzczzl=[]         # ST中捷总资产周转率均值
21
22
23  stzj_df = zb_df.query("公司名称=='ST中捷'")
24  for index, row in stzj_df.iterrows():
25      year = row['报表年份']
26
27      hyzj_df = zb_df.query("报表年份=="+str(year))
28      companynum = len(hyzj_df) # 行业下属公司数量
29      hyyszkzzl_temp=0
30      hychzzl_temp=0
31      hyldzczzl_temp=0
32      hygdzczzl_temp=0
33      hyzzczzl_temp=0
34      for i, hyrow in hyzj_df.iterrows():
35          hyyszkzzl_temp = hyyszkzzl_temp+hyrow['应收账款周转率']
36          hychzzl_temp = hychzzl_temp+hyrow['存货周转率']
37          hyldzczzl_temp = hyldzczzl_temp+hyrow['流动资产周转率']
38          hygdzczzl_temp = hygdzczzl_temp+hyrow['固定资产周转率']
39          hyzzczzl_temp = hyzzczzl_temp+hyrow['总资产周转率']
40
41      hyyszkzzl.append(hyyszkzzl_temp/companynum)      # 行业应收账款周转率均值
42      hychzzl.append(hychzzl_temp/companynum)          # 行业存货周转率均值
43      hyldzczzl.append(hyldzczzl_temp/companynum)      # 行业流动资产周转率均值
44      hygdzczzl.append(hygdzczzl_temp/companynum)      # 行业固定资产周转率均值
45      hyzzczzl.append(hyzzczzl_temp/companynum)        # 行业总资产周转率均值
46
47      years.append(year)
48      stzjyszkzzl.append(row['应收账款周转率'])
49      stzjchzzl.append(row['存货周转率'])
50      stzjldzczzl.append(row['流动资产周转率'])
51      stzjgdzczzl.append(row['固定资产周转率'])
52      stzjzzczzl.append(row['总资产周转率'])
```

```
53
54  plt.plot(years,stzjyszkzzl,'-.o',label='ST 中捷')
55  plt.plot(years,hyyszkzzl,'-.o',label='行业均值')
56  plt.xlabel("年份")
57  plt.title("应收账款周转率分析")
58  plt.legend()      # 显示图例
59  plt.show()        # 显示图形
60
61  plt.plot(years,stzjchzzl,'-.o',label='ST 中捷')
62  plt.plot(years,hychzzl,'-.o',label='行业均值')
63  plt.xlabel("年份")
64  plt.title("存货周转率分析")
65  plt.legend()      # 显示图例
66  plt.show()        # 显示图形
67
68  plt.plot(years,stzjldzczzl,'-.o',label='ST 中捷')
69  plt.plot(years,hyldzczzl,'-.o',label='行业均值')
70  plt.xlabel("年份")
71  plt.title("流动资产周转率分析")
72  plt.legend()      # 显示图例
73  plt.show()        # 显示图形
74
75  plt.plot(years,stzjgdzczzl,'-.o',label='ST 中捷')
76  plt.plot(years,hygdzczzl,'-.o',label='行业均值')
77  plt.xlabel("年份")
78  plt.title("固定资产周转率分析")
79  plt.legend()      # 显示图例
80  plt.show()        # 显示图形
81
82  plt.plot(years,stzjzzczzl,'-.o',label='ST 中捷')
83  plt.plot(years,hyzzczzl,'-.o',label='行业均值')
84  plt.xlabel("年份")
85  plt.title("总资产周转率分析")
86  plt.legend()      # 显示图例
87  plt.show()        # 显示图形
```

>>> **运行结果**

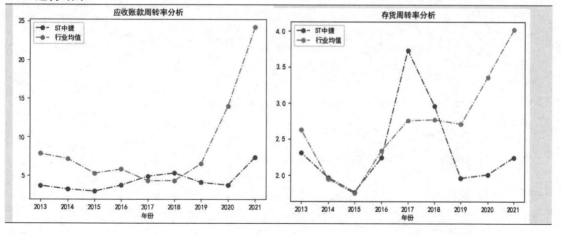

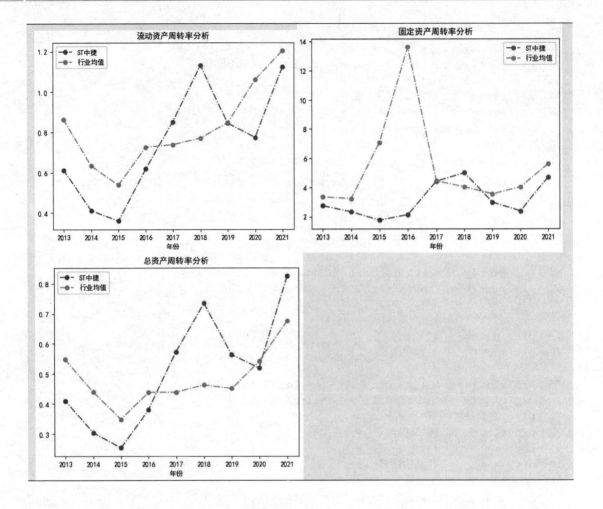